Sieglinde Eva Tömmel

Afghanen zwischen Herkunft und Ankunft

Zuflucht Deutschland?

Sieglinde Eva Tömmel

AFGHANEN ZWISCHEN HERKUNFT UND ANKUNFT

Zuflucht Deutschland?

Bibliografische Information der Deutschen Nationalbibliothek
Die Deutsche Nationalbibliothek verzeichnet diese Publikation in der Deutschen Nationalbibliografie; detaillierte bibliografische Daten sind im Internet über http://dnb.d-nb.de abrufbar.

Bibliographic information published by the Deutsche Nationalbibliothek
Die Deutsche Nationalbibliothek lists this publication in the Deutsche Nationalbibliografie; detailed bibliographic data are available in the Internet at http://dnb.d-nb.de.

Coverfoto: ID 164030739 / Afghan © Jonathan Wilson | Dreamstime.com

Zweite, erweiterte und aktualisierte Auflage 2023.

ISBN-13: 978-3-8382-1896-0
© *ibidem*-Verlag, Stuttgart 2023
Alle Rechte vorbehalten

Das Werk einschließlich aller seiner Teile ist urheberrechtlich geschützt. Jede Verwertung außerhalb der engen Grenzen des Urheberrechtsgesetzes ist ohne Zustimmung des Verlages unzulässig und strafbar. Dies gilt insbesondere für Vervielfältigungen, Übersetzungen, Mikroverfilmungen und elektronische Speicherformen sowie die Einspeicherung und Verarbeitung in elektronischen Systemen.

All rights reserved. No part of this publication may be reproduced, stored in or introduced into a retrieval system, or transmitted, in any form, or by any means (electronical, mechanical, photocopying, recording or otherwise) without the prior written permission of the publisher. Any person who does any unauthorized act in relation to this publication may be liable to criminal prosecution and civil claims for damages.

Printed in the EU

Inhalt

Vorwort zur zweiten Auflage	9
Vorwort	19
Zur Einführung	21

Erster Teil: Herkunft 41

I. Fluchtland Afghanistan 41
  1. Afghanische Stimmen im August 2021 41
  2. Die aktuelle Situation 42
  3. Das Ringen der USA um den Abzug ihrer Truppen in Afghanistan 48
  4. Afghanistan, ein gescheiterter Staat 53

II. Ein Blick in die Geschichte Afghanistans 57
  1. Vorgeschichte: Von Khorasan bis zur Unabhängigkeit 57
  2. Amanullah Khan (1919–1929) 60
     Exkurs 1: König Amanullah in der belletristischen Literatur afghanischer Schriftsteller 65
  3. Afghanistans ruhige Entwicklung (1933–1973) 68
  4. Der sowjetisch-afghanische Krieg (1979–1989) 71
  5. Flüchtlingslager in Pakistan, Kampf und Machtübernahme der Taliban (1996–2001) 76
     Exkurs 2: Wie Gulwali Passarlay die Machtübernahme der Taliban erlebte 80
  6. Der 11. September 2001 und die Folgen für Afghanistan 86
  7. Weltweites Bündnis gegen die Taliban 87
  8. Verhandlungen auf dem Bonner Petersberg im Herbst 2001 87

9. Das Scheitern des Wiederaufbaus, Rückkehr der Taliban und Massenflucht nach Europa (2001-2021)   91

III. Zu den Kulturen einer multiethnischen Gesellschaft   101

  1. Ethnien   106

    Paschtunen   106

    Tadschiken   109

    Hazara   110

    Usbeken   114

  2. Sprachen   115

  3. Die afghanische Familie, Struktur und Funktion   117

    Exkurs 3: Gulwali Passarlay zur paschtunischen Familie   121

  4. Bildung, Ausbildung, Schulen, Sport   129

IV. Frauen in der afghanischen Gesellschaft   135

  1. Zahlen und Fakten   136

  2. Zwei Orte für Frauen. *Khor yor Ghor*: Das Haus oder das Grab   140

  3. Immer noch: Steinigungen   146

  4. Die afghanische Sitte der *Basha Posh* (Mädchen werden als Jungen verkleidet)   148

    Exkurs 4: Nadia Hashimi *Hinter dem Regenbogen* (Die Verwandlung von Rahima in Rahim)   151

V. Zusammenfassung: Gründe für Flucht und Vertreibung.   157

Zweiter Teil: Ankunft — 165

I. Afghanische Flüchtlinge im Jahr 2016 — 165
- Sarah wird abgelehnt — 165
- Hamid freut sich — 166
- Nasrin erzählt — 167
- Ajmal berichtet — 181
- Tamina zeigt etwas — 184
- Samira verstummt — 186

II. Ausgewählte Konfliktfelder — 189
1. Der Einfluss afghanischer Sozialisation auf die Integrationsfähigkeit von Flüchtlingen — 189
2. Liebe und Sexualität in Afghanistan — 200

    Exkurs 5: Weibliche Sexualität und Ohnmacht in Atiq Rahimi: *Stein der Geduld* — 201

    Exkurs 6: Männliche Sexualität und Ohnmacht in Kamel Daoud: *Meine Nacht im Picasso-Museum* — 205

3. Samuel P. Huntingtons Thesen — 212
4. Willkommenskultur versus Separation/Parallelgesellschaft — 220
5. Religionen: Säkulare Toleranz versus Fundamentalismus — 223
6. Rechtsstaat versus Scharia — 234
7. Gesellschaft: Sozialer Wandel versus Statik — 247

    Arman — 251

III. Gibt es eine deutsche Afghanistan-Politik? — 255
1. Ein Webinar der Deutschen Gesellschaft für Außenpolitik (DGAP) — 258
2. Das Debakel am 15. August 2021 — 261

IV. Gesellschaftlicher Wandel, Migration und Psyche 265

Epilog 271

ANHANG 297
    Texte 297
    Literatur 297

Vorwort zur zweiten Auflage

Bereits ein Jahr nach Erscheinen des vorliegenden Buches hat sich manches in Afghanistan verändert. Die Veränderungen geben keinen Anlass zu Optimismus. Ein anderes Motiv für eine zweite Auflage war die Frage: Kann Deutschland tatsächlich dauerhaft eine Zuflucht für Afghanen sein? Wie fühlen sich Afghanen acht Jahre nach ihrer Ankunft in unserem Land? Welche Erfahrungen haben sie mit ihrer neuen Heimat gemacht? Und wie reagiert die deutsche *Willkommenskultur a*uf die afghanischen Einwanderer?

Leider lässt sich nicht behaupten, es hätte sich im Herkunftsland Afghanistan etwas zum Besseren verändert – das Gegenteil ist der Fall.

2021 stand Afghanistan, wie immer wieder im Laufe seiner Geschichte, im Mittelpunkt der Aufmerksamkeit der Welt. Angeblich hatte niemand damit gerechnet, dass die radikal- islamische Gruppierung der Taliban so schnell und gründlich Kabul und das restliche Land einnehmen würde. Angesichts der vorläufig etablierten Herrschaft der Taliban scheinen inzwischen Resignation und Ohnmacht die Politiker des Westens ein weiteres Mal ratlos zu machen. Ausdauernd werden Frauenrechte und Mindestfreiheiten für die Bevölkerung angemahnt, ohne jeden Erfolg. Wie sich Russland und China positionieren, welche Abkommen geschlossen, welche finanziellen Zuwendungen versprochen wurden, ist schwer einzuschätzen.

Die Wirtschaft Afghanistans ist ruiniert. Nach Schätzungen der Vereinten Nationen (UN) sind inzwischen 22 Millionen Menschen, also rund 55% der Bevölkerung, auf Nahrungsmittelhilfe durch internationale Organisationen angewiesen.

Die Einschränkungen für Frauen sind ausgeweitet worden. Entgegen anfänglicher Versprechen gegenüber den nach ihrem überstürzten Abzug immerhin noch um sie besorgten USA und ihren Verbündeten haben die Taliban Frauen inzwischen vollständig aus dem öffentlichen Leben verbannt. Neuerdings werden sogar Schönheitssalons geschlossen. Diese waren nicht nur die letzten noch verbliebenen Rückzugsorte für Frauen, sondern sie boten ihnen noch die Chance, arbeiten zu können. Alleinstehende Frauen sind deshalb in einer aussichtslosen Lage. Weder dürfen sie in ihre früheren Jobs zurückkehren, als Lehrerinnen, Ärztinnen, Krankenschwestern und im Sozialwesen, noch in den wenigen den Frauen noch bis vor kurzem zugänglichen Arbeitsstellen, wie in den Bereichen Kosmetik und Schönheit, Frisuren und Mode arbeiten. Aufgrund des Verbotes, sich in der Öffentlichkeit zu zeigen, sind auch akademisch gebildete Frauen auf internationale Hilfsorganisationen und deren Nahrungsmittellieferungen angewiesen. Manche Frauen haben den Weg nach Pakistan geschafft, wo sie in Frauenhäusern auf Visa und Pässe warten. Andere, die sich zu ihrem Glück während der Machtübernahme der Taliban im Ausland aufhielten, sind nicht wieder zurückgekehrt, so Sinar Samar, die Trägerin des Alternativen Nobelpreises im Jahr 2012 und unter Ashraf Ghani Ministerin für Menschenrechte. Die Taliban bezeichnen sie als die „gefährlichste Frau Afghanistans". Aus ihrem Ministerium für Menschenrechte ist unter den Taliban ein *Ministerium für die Verbreitung der Tugend und die Verhinderung des Lasters* geworden.

Zum politischen Wandel kommt der Klimawandel. Naturkatastrophen wie Erdbeben, Dürren und Überschwemmungen haben das Land am Hindukusch immer schon getroffen, aber inzwischen wirken sich der Klimawandel und seine Begleiterscheinungen besonders hart in den ärmsten Ländern der Welt aus. Die ohnehin herrschende Armut und das Elend der Bevölkerung in Afghanistan werden so auf fast unvorstellbare Weise verschärft. Zehntausende Menschen sehen zusätzlich zur politisch motivierten Flucht auch deshalb keine andere Lösung als die Wanderung in ihnen sicher scheinende Gegenden der Welt.

Die meisten der Ärmsten der Armen in Afghanistan sind Binnenflüchtlinge. Ihnen fehlen die finanziellen Mittel, um sich in ein Flugzeug zu setzen. Manche fliehen zu Fuß unter hohen Opfern in die Nachbarländer, nach Pakistan, in den Iran. Die Flüchtenden sind allein schon aufgrund ihrer Masse in den Nachbarländern nicht oder nicht mehr willkommen. Gründe für ihre Migration sind nach wie vor und, wie in der ersten Auflage ausführlich beschrieben, außer der politischen Verfolgung die vorläufig kein Ende nehmende Perspektivlosigkeit der kommenden Generationen, menschenverachtende Unterdrückung von Frauen und damit auch von Kindern, insbesondere von Mädchen, die frühzeitig lernen, was Frauen in dieser Gesellschaft zu erwarten haben.

Die politische Verfolgung trifft nach wie vor besonders hart die Mitarbeiter der früheren Regierung des letzten gewählten Ministerpräsidenten Ashraf Ghani und seiner Regierung sowie die Helfer der westlichen Streitkräfte. Sie boten seit Herbst 2001, dem Datum des Sieges der USA über die erste Regierung der Taliban zwischen 1996 und 2001, den ausländischen Gästen sprachliche Orientierung und allgemeinlandeskundige Hilfe. Gewöhnlich werden sie in den westlichen Medien als *Ortskräfte* bezeichnet. Zehntausende von ihnen warten noch immer auf die versprochenen Visa und Pässe.

Nachdem eine längere Pause zwischen März bis Juni 2023 wegen des Verdachts auf Missbrauch durch Islamisten eingelegt wurde, sollen inzwischen wieder von Pakistan aus jeden Monat 1000 Afghanen, die seit langem in der deutschen Botschaft in Islamabad auf ihre Visa gewartet haben, nach Deutschland geflogen werden. Sie sind von den europäischen Restriktionen der Einwanderung ausgenommen. Wie ein Missbrauch in Zukunft verhindert werden soll, ist unklar.

Fast alles von dem, was in der ersten Auflage des vorliegenden Buches geschildert und vorausgesagt wurde, wie zum Beispiel die zu erwartende Zunahme der Fluchtbewegungen in Richtung Europa und insbesondere nach Deutschland, hat sich bewahrheitet. Weder die EU als Gesamtheit noch die einzelnen Mitgliedsländer der europäischen Union scheinen derzeit in der Lage zu sein, sich auf ein belastbares Asylrecht zu einigen und legale Migration endlich möglich zu machen. Das Drama des im Juni diesen Jahres gesunkenen Schiffes vor den Küsten Griechenlands mit mehr als 600 Toten, darunter viele Afghanen, ist nur ein Beispiel unter vielen anderen für das Elend illegaler Migration. Hinzu kommt, dass sich, wie seit langem zu beobachten, unter den wenigen Geretteten keine Kinder und Frauen befanden. Weil sie strukturell nicht in der Lage sind, finanzielle Zuschläge an die Schlepper zu bezahlen, die ihnen einen Platz auf dem Deck des Schiffes garantiert hätten, hatten sie noch weniger als die Männer an Deck eine Chance, gerettet zu werden.

Eingetreten ist auch die in der ersten Auflage des Buches vermutete weitere Verschärfung der schon zuvor skandalösen Benachteiligung von Frauen nach dem Sieg der Taliban. Die Frauen Afghanistans sind aber nicht nur einfach benachteiligt, sondern sie sind seit der Herrschaft der Taliban einem in dieser Schärfe weltweit einzigartigen menschenverachtenden Ausschluss vom Leben selbst ausgeliefert. Eingesperrt ins Haus, zum Analphabetismus und zur Unbildung verdammt, in Unwissenheit gehalten, in Burkas vermummt, werden sie unsichtbar für alle, deren *eheliches Eigentum sie nicht sind*. Dennoch gebären afghanische Frauen viele – bis zu sechs und mehr – Kinder, nähren und kleiden sie und sollen ihnen wie alle Mütter der Welt Hoffnung in ihr zukünftiges Leben geben. Wie kann dies geschehen, wenn sie ungebildet, eingesperrt und arm gehalten werden, unterdrückt, ausgeliefert an vergewaltigende, raubende, grausam agierende Männer? Väter können ihre Töchter und Ehefrauen nicht beschützen, sie werden, wenn sie Widerstand leisten, einfach erschossen oder werden ihre Frauen und Töchter in Momenten ihrer kurzen Abwesenheit vergewaltigt und geraubt (s. Epilog). Wenn die Töchter von ihren Müttern verteidigt und beschützt werden – wofür diese den Preis der eigenen Vergewaltigung zahlen – sind sie zusätzlich belastet: Sie hören die Klagen ihrer Mütter, die nicht für die Ohren ihrer Brüder oder ihrer Väter bestimmt sind. Männer müssen geschont werden, Frauen leiden und erzählen meist nicht einmal von ihrem Leid.

Wie die Fähigkeiten vieler afghanischer Frauen und Mädchen in Deutschland aussehen können, zeigen inzwischen einige Beispiele : Sie werden in ihrer neuen Heimat, wenngleich sie zu Hause nie eine Schule besuchen durften, nicht selten ehrgeizig, nutzen alle Chancen, die ihnen geboten werden, sind den gleichaltrigen einheimischen Mädchen oft aufgrund der eigenen Erfahrungen und ihrer größeren Resilienz überlegen, sie dürfen ohne Abstriche und trotz ihres traumatisierten Inneren als *schön, klug und befreit* bezeichnet werden.

Geblieben ist das schwer zu ertragende und kaum darzustellende *Leid der Afghanen in ihrem Herkunftsland und auf der Flucht*. Dieses Leid war der Hintergrund, vor dem dieses Buch während der weltweiten Corona-Pandemie nach den Erfahrungen mit geflüchteten Afghanen zwischen 2016 und 2019 geschrieben wurde. Das Elend geflüchteter Afghanen setzt sich nach wie vor zusammen aus dem ökonomischen, gesundheitlichen und psychischen Elend großer Teile der Bevölkerung, die 40 Jahre Krieg in Afghanistan erlitten hat. Seine Verschärfung verdankt sich sowohl dem Terror der Taliban als auch der uralten Stammestradition, die die Taliban bedenkenlos für ihre Zwecke ausnutzen. Selbst im Vergleich mit der nicht rosigen Situation der Frauen in anderen islamischen Ländern ist die Lage der Frauen in Afghanistan um Vieles erbärmlicher. Sogar die nicht eben für Frauenfreundlichkeit bekannte Regierung des Iran bezeichnete den törichten und menschenfeindlichen Ausschluss der afghanischen Frauen von jeder weiterführenden Bildung und Ausbildung als „unislamisch".

Die Frauen in Afghanistan sind zwar objektiv benachteiligt, aber dennoch *fühlen* sich nicht alle Frauen benachteiligt. Jahrtausendalte Gewöhnung und die selbstverständliche Organisation einer Gesellschaft, die Über -und Unterordnung von Männern und Frauen bestimmt, hat die Unterdrückung von Frauen selbstverständlich gemacht. Da nutzt es auch nicht, dass es manchmal so aussieht, als ob Frauen in ihrem Herrschaftsraum, dem Haus, tatsächlich herrschten wie *Königinnen* (nach einer paschtunischen Erzählung). Die *Pseudo-Königinnen* halten den Anforderungen eines sich notgedrungen modernisierenden Landes nicht stand. Analphabetismus entspricht nicht mehr den ökonomischen und berufspolitischen Anforderungen einer modernen Welt. Das mag man sogar bedauern – jedenfalls bedauern dies die Taliban. Es ist für zahllose Männer, nicht nur in Afghanistan, offenkundig schön, eine abhängige Frau zu *besitzen* und ihr, die das Haus nicht verlassen darf, sagen zu können, wie es in der Welt zugeht. Offensichtlich verdankt die Religion des Islam auch dieser Ordnung der Geschlechter ihre weltweite Ausbreitung. Als Mutter, als Ehefrau (allein oder mit anderen Ehefrauen, vier sind bekanntlich im Koran erlaubt), als Tochter bleiben die Frauen lebenslang ein sich immer wieder reproduzierender Beweis für die Vorherrschaft des Mannes – geraubt oder freiwillig, letzteres eher selten.

Die gesellschaftliche Organisation ungeteilter Herrschaft von Männern über Frauen wird nicht selten von Wissenschaftlern auf hohem Abstraktionsniveau als „vormoderne Gesellschaft" beschrieben; die im Zuge des Wandels sich einstellenden Friktionen als *übliche Erschütterungen einer sich modernisierenden Gesellschaft* apostrophiert. Feministinnen in den USA und Europa, von ausufernder Darstellung und Differenzierung ihres Leidens ebenso wie von theoretischen Streitigkeiten um Sprache und Begriff beansprucht, kümmert die Lage der Frauen in Afghanistan herzlich wenig. Für das Verständnis als Vorbedingung einer weltweiten Empörung gegen das Elend der Frauen in Afghanistan ist in solchen Gruppierungen kein Raum. Selten wird diese empörende Tatsache thematisiert- zu schwach ist das öffentliche Interesse und zu aussichtslos eine Besserung der Lage.

Die Absicht des vorliegenden Buches, in welchem die Gespräche mit nach Deutschland geflüchteten Frauen und Männern dokumentiert werden, ist nach wie vor, mit der nicht eigens dargestellten Methode der „dichten Beschreibung" zu arbeiten, wie der Ethnologe *Clifford Geertz*[1] seine Methode im 20. Jahrhunderts charakterisiert hat. Damit ist es am ehesten möglich, kleine und kleinste Besonderheiten einer Gesellschaft und die daraus resultierende psychische Problematik zu zeigen.

Letzteres, nämlich die körperliche, psychische und psychosomatische Belastung der afghanischen Geflüchteten zu schildern und zu verstehen, ist mir als Psychoanalytikerin das wichtigste Anliegen. Die *Objektivität des*

---

1   Beispiele für die Methode der dichten Beschreibung sind zu finden in Clifford Geertz, Hahnenkampf

Subjektiven (Bourdieu), d.h. mit ethnologischem Blick nicht nur auf Eingewanderte, sondern auch auf die Reaktion der Heimatbevölkerung zu schauen, ist dazu notwendig. Aus meiner Sicht ist dieser Blick, bei Beachtung kleiner und kleinster Tatbestände, relevant für die vielfachen Integrationsbemühungen nicht nur um afghanische Geflüchtete, sondern für Flüchtlinge aus aller Welt.

Die im Jahr 2015/16 nach Deutschland geflüchteten Afghanen, mit welchen die ersten Gespräche stattfanden, sind inzwischen zum Teil gut integriert, haben einen Job (wenn auch nicht immer ihren Talenten und ihrer Ausbildung entsprechend); die eingewanderten Kinder und Jugendlichen gehen in unsere Schulen und weisen oft beeindruckende Kenntnisse der deutschen und auch der englischen Sprache auf. Insbesondere Kleinkinder und Jugendliche, die 2015/16 ankamen, passen sich – der kognitiven und psychischen Plastizität in diesem Alter entsprechend – an die westlichen Verhältnisse an, genießen ihre Freiheit und freuen sich, dass sie hier sind und ihre Begabungen und Talente ausbilden können. Mich verblüfft manchmal, dass junge Mädchen und junge Männer schon nach den wenigen Jahren hiesiger Sozialisation weder optisch noch in ihrem Verhalten von jungen Europäerinnen und Europäern zu unterscheiden sind. Sie sind aber auch in einem besonderen Maße kritisch ihrer neuen Umgebung gegenüber. Wer ihnen zuhört, kann lernen, wie manche Zumutungen in unserer Gesellschaft, die uns vermutlich längst selbstverständlich scheinen, (nicht nur) für Eingewanderte schwer erträglich sind. Eine dieser Geschichten werde ich deshalb der Zweiten Auflage des Buches hinzufügen (siehe Epilog).

Aber es gibt auch nach wie vor afghanische Jugendliche, denen es sehr schwerfällt, Fuß zu fassen und ein neues Leben in einem fremden Land zu beginnen. Sie sind es, die eventuell psychisch schwer erkranken, sogar psychotisch werden können, sie sind es, die – oft in Verwirrung und Verzweiflung – sogar Messerattacken auf völlig ahnungslose Passanten oder weibliche Familienmitglieder auszuüben in der Lage sind oder sein könnten. Es sind wenige, aber diese wenigen lösen im Ankunftsland Deutschland nachvollziehbar Angst und Schrecken aus. Die mediale Berichterstattung tut das Übrige und führt, obwohl oder weil vom derzeit herrschenden politischen Mainstream verdrängt und verleugnet, zur stetig wachsenden Zunahme rechtspopulistischer Urteile über *alle* Zuwanderer.

Auch dazu möchte mein Buch beitragen: Zu einer klareren Einschätzung der derzeitigen Situation afghanischer Einwanderer in Deutschland.

Sieglinde Eva Tömmel

München im Juli 2023

Vorwort

2015/16 flüchteten weit mehr Afghaninnen und Afghanen nach Europa – und hier insbesondere nach Deutschland – als in den 20 Jahren zuvor. Lebten im Jahr 2010 noch etwas über 50.000 afghanische Ausländer in Deutschland, so wurden im Jahr 2016 bereits fünfmal so viele gezählt, nämlich über 250.000. Im Jahr 2020 stieg die Zahl der Flüchtlinge auf über 270.000.[1]

Derzeit müssen wir uns auf neue Flüchtlinge aus dem Land vorbereiten. Nicht nur hat der unerwartet schnelle Sieg der Taliban am 15.August 2021 viele Tausende Afghanen erneut zur Binnenflucht und zur Flucht ins benachbarte Ausland, nach Pakistan und in den Iran, getrieben, sondern es verstecken sich weiterhin geschätzte 15 000 Personen – sogenannte Ortskräfte, die mit den westlichen Ländern zusammengearbeitet haben, aber auch Frauenrechtlerinnen, Journalistinnen und Journalisten, Künstlerinnen und Künstler – in wechselnden Unterkünften im Land, sitzen beispielsweise in der Hauptstadt Kabul in Kellern und warten auf ihre Papiere, hoffen auf Visa und die Einlösung deutscher Versprechen, damit sie ausfliegen können. Hinter den vielen Millionen von Menschen, die seit dem am 24. Februar begonnenen Angriffskrieg Putins auf die Ukraine nach Europa geflüchtet sind, verschwindet die Zahl der aus Afghanistan nach Deutschland Geflüchteten. Dennoch leben diese in unserem Land und werden, nach dem Sieg der Taliban und dem Abzug der USA und ihrer westlichen Verbündeten aus Afghanistan, vorläufig als besonders Geschützte in unserem Land bleiben.

In der durch jahrzehntelange therapeutische Arbeit mit traumatisierten Patienten begründeten Annahme, dass

---

1 Anzahl der Ausländer aus Afghanistan in Deutschland von 2010 bis 2020. Ausländerzentralregister Statista 2021

viele der in den Jahren 2015/16 Geflüchteten traumatisiert seien, bot ich im Rahmen des örtlichen Asylkreises ab Mitte 2016 in einem Containerdorf im Süden von München eine ehrenamtliche Trauma-Sprechstunde an. Die Gespräche in den Sprechstunden sind der zentrale Gegenstand des Buches. Sie sollen erlauben, unsere neuen Mitbürger näher kennen zu lernen. Zur Erleichterung des Verständnisses jener Schwierigkeiten, welche für die Flüchtlinge zwischen Herkunft und Ankunft liegen, wird die Geschichte und Kultur Afghanistans beschrieben. Schriftsteller können menschliche Probleme plastischer als Wissenschaftler schildern. Deshalb werden neben den Stimmen Geflohener und Kennern der islamischen Geschichte und Kultur auch zeitgenössische afghanische Lyrikerinnen und Dichter ausführlich zu Wort kommen.

Ich bin in eigener Praxis niedergelassene Psychoanalytikerin auf der Grundlage des Studiums von Soziologie, Psychologie und Pädagogik. Diese Mitteilung erklärt meine Perspektive. Migration und Trauma sind gesellschaftliche Phänomene der Zeit, welche wir zu bewältigen haben. Flucht und Entwurzelung haben weltweit eine solche Wucht entfaltet, dass Politiker und Intellektuelle aller Länder der Erde nicht selten ratlos sind. Trotz aller Unterschiedlichkeit in der Herkunftskultur sind der Verlust der Heimat und der Zwang, alles hinter sich zu lassen, für alle Flüchtlinge gleich. Daher können die individuellen Geschichten der Flüchtlinge als paradigmatisch für alle Flüchtlinge unserer Welt verstanden werden.

Sieglinde Eva Tömmel

München, im August 2022

Zur Einführung

> *Ein persisches Sprichwort sagt: Wenn Dir Dein Antlitz im Spiegelbild nicht gefällt, so zerschlage nicht den Spiegel, sondern Dein Gesicht.*

Plötzlich überschlagen sich die Ereignisse. Die Aufregung beginnt mit Berichten, die Taliban stünden vor Kabul. Der 15. August 2021, ein Sonntag, ist das Datum, an dem sich die Nachrichten jagen: Fast ohne Gegenwehr eroberten die Taliban in den letzten Wochen eine Provinzstadt nach der anderen. Sie stehen vor Kabul, einen Tag später stehen sie in Kabul, noch einen Tag später spielen sich jene erschreckenden Szenen auf dem Kabuler Flughafen ab, die die Verzweiflung vieler Menschen nicht deutlicher zeigen könnte: Halsbrecherische Versuche, das Flughafengelände zu stürmen, zahlreiche Personen auf den Start- und Landebahnen, Personen, die sich an startende US-Flugzeuge klammern, die dann beim oder kurz nach dem Start abstürzen und sterben.

> *„Nein, sie sind nicht dumm, die Menschen, die sich an die Flugzeuge hängen: Sie wissen, dass sie sowieso bald sterben werden, warum nicht so, warum nicht gleich?"*

So sagt es eine in Afghanistan geborene deutsche Freundin am Telefon.

Wenig später folgen weitere Anrufe von in Deutschland lebenden Afghanen, die von der Angst um ihre in der Heimat allein gelassenen Väter, Brüder, Mütter, Schwestern sprechen. Diese haben mit der afghanischen Regierung und Deutschen zusammengearbeitet und sind nun vom Tod bedroht. Fotos gehen um die Welt, auf denen die siegreichen Taliban im Präsidentenpalast in Kabul am Schreibtisch Ashraf Ghanis vor einem riesigen Gemälde posieren. Im Zentrum des Gemäldes ist die Krönungszeremonie des paschtunischen Truppenkommandanten Ahmad Khan

Abdali im Jahr 1747 zu sehen. In der Mitte des Geschehens steht der islamische Geistliche Saber Sha, ähnlich der christlichen Ikonographie in schneeweißem Gewand, einem Symbol der Schuldlosigkeit. Er steckt dem von einer Loya Djirga, der traditionellen paschtunischen Großen Ratsversammlung nach langem Streit zum König gewählten Ahmad Khan Abdali zwei Weizenähren in seinen Turban: „Die einzigartige und einfache Krönungszeremonie war damit beendet. Die Geste Saber Shahs unterstreicht die Rolle Khorasans als Agrarstaat."[1]

Bekanntlich ist Ashraf Ghani mit einer libanesischen Christin verheiratet. Für sie gilt das islamische Bilderverbot also nicht. Haben die siegestrunkenen Taliban es versäumt, dieses Bild von der Wand zu nehmen? War das ein Versehen oder doch Absicht? Wahl eines paschtunischen Truppenkommandanten zum König? Sieg der paschtunischen Taliban und ihrer radikalen Variante des Islam über alle abtrünnigen und als Verräter an der afghanischen Sache bezeichneten Freunde „des Westens", als deren einer Ashraf Ghani von ihnen immer wieder diffamiert wurde? Oder Identifikation mit dem ersten paschtunischen Emir in der Geschichte Afghanistans, der die Dynastie paschtunischer Herrscher begründete?

Die Bundesregierung ist mitverantwortlich, dass nicht nur die Lage der für Deutschland jahrzehntelang arbeitenden Personen in Afghanistan verzweifelt ist, sondern auch die der Frauen, der Journalisten, der Intellektuellen, der Gebildeten: Alle, die seit 20 Jahren und länger ihre Hoffnungen auf westliche Hilfe gesetzt haben, fühlen sich verlassen.

---

1 Brechna S.436, Krönungszeremonie von Ahmad Khan Abdali im Jahr 1747; Aquarell von A.Gh. Brechna, 1942. Dieses Aquarell scheint als Vorlage für das große Gemälde hinter dem Schreibtisch Ashraf Ghanis gedient zu haben, vor welchem die Taliban am 15. August 2021 ihren Sieg feierten.

Die Rede des deutschen Außenministers Maas vom 16. August 2021 ist eine Ausrede: Seine Behauptung, *alle* Regierungen seien *überrascht* gewesen, und die dann folgende Entschuldigung können nicht darüber hinwegtäuschen, dass er versagt hat. Entschieden widerspricht ihm zum Beispiel der von 2006 bis 2008 als Deutscher Botschafter in Afghanistan amtierende Andreas Seidt: Wer das Land kenne, der wundere sich nicht über die schnellen Siege der Taliban; wer wisse, dass die Ausrüstung und Stärke der afghanischen Armee nur auf dem Papier existiert habe, der wundere sich nicht, dass sie nicht gekämpft hätten; auf der Theaterbühne hätten deutsche Politiker ein freundliches Afghanistanstück vor Publikum aufgeführt, die zahlreichen Kassandra-Rufe im Hintergrund habe niemand vernehmen wollen.[2]

Auch Angela Merkel, offenbar überrascht, kann dem staunenden Publikum nichts Weiterführendes sagen. Bundespräsident Walter Steinmeier sieht eine *Beschämung* für den gesamten Westen. Damit hat er Recht, aber eine Erklärung für das Versagen der Regierung gibt auch er nicht. In Deutschland scheint es üblich geworden zu sein, eine Entschuldigung entschulde bereits. Seit langem scheint dies in der politischen Kultur unseres Landes Brauch geworden zu sein.

Die Kriege in Afghanistan in den letzten 40 Jahren sind nicht zuletzt auf globale geopolitische Veränderungen zurückzuführen. Zunächst lautet aber eine der hier vertretenen Thesen, dass die Nichtbeachtung der kulturellen Vielfalt der Welt, dass die Überzeugung des Westens, überall sei unsere Art zu denken und zu leben die allerallerbeste, jeder auf dieser Welt warte nur darauf, nach unserer Fasson leben zu dürfen, einer der zentralen Gründe für das

---

2 NZZ online vom 18.008.2021, https://www.nzz.ch/international/wer-das-land-kennt-ist-vom-rasanten-Fall-Afghanistans-nicht-überrascht.

Versagen in Afghanistan in den letzten Jahrzehnten ist. Diese Überzeugung schien weitgehend selbstverständlich, unhinterfragt. Kulturen anderer Völker sind nicht Wissenschaftlern, oft aber der Politik fremd. Wie Afghanen seit Jahrhunderten leben, welchen Ereignissen und Förderungen, freiwillig oder unfreiwillig oder als ungewollte Nebenwirkung, die Taliban ihre Entstehung und vor allem ihre schnelle Verbreitung als radikale islamistische Gruppierung verdanken, nach welchen Normen, Werten und Vorgaben sie denken und leben, welches ihre Geschichte ist, das hätte man hierzulande wissen können. Denn die Geschichte der Taliban und ihre enge Verflechtung mit Nachbarländern im Rahmen der seit nunmehr 40 Jahren in Afghanistan währenden Kriege wurde von Kennern des Landes genau beschrieben. Tatsächlich wurden die Taliban nach der Bombardierung anlässlich der Terroranschläge der Al-Qaida am 11.09.2001 nie besiegt. Sie haben sich lediglich – und dies auch nur zeitweise – zurückgezogen. Das erinnert an die Metapher eines *Schauspiels vor Publikum*, die der Diplomat Andreas Seidt gewählt hat.

Auf den nächsten Seiten sollen die Herkunft von Afghaninnen und Afghanen und ihre Ankunft in Deutschland beschrieben werden. Die Relevanz des Themas ist nicht zuletzt durch die zu erwartenden weiteren Flüchtlinge von dort gegeben. Ein Blick in die Kulturen und die Geschichte Afghanistans soll das Verständnis für unsere neuen Mitbürger wecken und, wo immer möglich, vertiefen. Die Darstellung der Situation der Frauen in Afghanistan – die nicht erst seit der erneuten Übernahme der Herrschaft der Taliban immer wieder fast aussichtslos und verzweifelt ist –, wird einen zentralen Platz einnehmen. Die Erlebnisse und Erzählungen afghanischer Flüchtlinge, die in unserem Land leben, zeigen, wie tief ihre Traumatisierung reicht. Sie zeigen aber auch, wie groß die Erwartungen an ihr zukünftiges Leben in Deutschland sind.

Die militärischen Flüge der USA und ihrer Verbündeten sind seit langem beendet. Viele der so genannten Ortskräfte, d.h. der afghanischen Helfer der Bundeswehr und der NGOs, sind aber noch im Land. Ob und wie sie noch herauszuholen sind, wird die Zukunft zeigen. Angeblich haben die Taliban dem ehemaligen und vielleicht auch neuen deutschen Botschafter Markus Potzel signalisiert, auch nach der Beendigung der militärischen Flüge könnten afghanische Helfer der Deutschen ausfliegen. Dass dafür an die Taliban Milliardensummen zugesagt worden sind, ist so gut wie sicher. Fast ebenso sicher ist, dass mit diesen Summen Terroraktivitäten unterstützt werden könnten. Nach wie vor sind die Taliban mit Al-Qaida verbündet. Erneut häufen sich in letzter Zeit wieder Terroranschläge.

Nicht alle Afghanen, die das Land verlassen wollen, werden auf legalem Weg das Land verlassen können. Sie werden flüchten oder sind schon geflüchtet. Sie werden irgendwann wieder vor den Toren Europas ankommen und um Einlass bitten. Viele stehen in der Türkei bereit, einige wenige Flüchtlinge saßen, von dem weißrussischen Diktator Lukaschenko als Waffe gegen die EU benutzt, zwischen den Grenzen Litauens und Polens fest. Ihre Situation war verzweifelt. Zwischen zwei militärischen Kräften lagen sie auf bloßer Erde, Helfer wurden nicht zu ihnen gelassen.

Im Iran leben viele Afghanen schon seit langem ohne jede Aussicht auf Integration, ohne Perspektive für ihre Kinder, ohne Anerkennung sind sie seit Jahrzehnten mehr oder weniger geduldet. Das zeigen die Schilderungen der hier angekommenen Flüchtlinge, die nicht alle aus Afghanistan, sondern auch aus dem Iran und der Türkei nach Deutschland geflüchtet sind. Sowohl der Iran als auch die

Türkei haben bereits signalisiert, dass sie nicht gewillt sind, noch weitere Flüchtlinge aufzunehmen.

2

Im Jahr 2020 lebten in Deutschland 271.805 zugewanderte Afghanen (s.o.). Das ist im Vergleich zu 2010 mehr als das Fünffache. In dieser Zahl sind nicht die vielen in früheren Jahren Eingewanderten erfasst, die inzwischen die deutsche Staatsbürgerschaft erhalten haben. Nicht nur Männer und unbegleitete männliche Jugendliche, sondern auch viele Frauen kamen 2015/16 mit ihren Kindern, sie kamen mit ihren Männern oder manchmal auch ohne sie. Sie flüchteten aus den verschiedensten Gründen, gemeinsam ist ihnen die Flucht vor der zunehmenden Gewalt der Taliban, verbunden mit der Angst, ihr Leben zu verlieren.

Nachdem Barack Obama zunächst die Truppen in Afghanistan verstärkt hatte, begann er nach der Tötung von Osama bin Laden im Jahr 2011 mit dem schrittweisen Abbau der amerikanischen Truppen. Dies ließ die Taliban, die seit Ende 2001 als besiegt galten, erstarken. Erneut waren damit die ohnehin wenigen Freiheiten für Frauen spürbar bedroht. Allerdings ist nicht zu übersehen, dass viele Frauen auch deshalb flohen, weil ihre Familien in einem tödlichen Streit mit anderen Familien lagen, weil sie misshandelt und vergewaltigt worden waren oder weil ihre Männer vor einer möglichen Blutrache flüchten mussten und Frauen ihre selbstverständlichen Begleiterinnen darstellten.

Ihre Flucht ist mühsam und gefährlich, wie es zum Beispiel der jugendliche Flüchtling Gulwali Passarlay in seinem berührenden Bericht beschreibt. Er war im Alter von 12 Jahren alleine aus Afghanistan nach England geflohen. Seine Mutter hatte ihn und seinen Bruder mit den Worten: *Kommt nicht mehr zurück* weggeschickt. Ihr Ehemann,

Gulwalis Vater, sowie sein Großvater, waren in einem Häuserkampf zwischen Taliban und US-Truppen erschossen worden. Die Ereignisse auf seiner Flucht konnte Passarley erst viel später erzählen. Obgleich *es in meiner Kultur nicht üblich ist, über das persönliche Schicksal zu sprechen,* konnte er dies nach einigen Jahren, in England angekommen, doch tun. Mit Hilfe einer Journalistin, Nadene Ghoury, gelang es ihm zu berichten, wie er als Kind auf der Flucht der Brutalität der Schlepper, der Todesangst, dem Hass, der Kälte, der Hitze, dem Hunger und Durst, der Gewalt und sogar dem Neid ausgeliefert war. Sein Bericht beschreibt überzeugend und plastisch das Elend der Flüchtlinge in der Gewalt meist krimineller Schlepper in der ein Jahr dauernden Flucht von Afghanistan nach Europa. Die Flucht begann im Jahr 2009. In den darauffolgenden Jahren verschärfte sich die Situation in Afghanistan noch um ein Vielfaches.[3]

Frauen und weibliche Jugendliche sind vermutlich noch schlimmeren Gewalterfahrungen während ihrer Flucht ausgeliefert. Zu der allfälligen Gewalt und Brutalität der Schlepper und ihrer Helfershelfer kommt die sexuelle Gewalt hinzu. Es fällt Frauen und jungen Mädchen noch schwerer als jugendlichen und erwachsenen Männern, die auf der Flucht erfahrenen Vergewaltigungen, Morddrohungen, Demütigungen, Diskriminierungen und Qualen zu erzählen, alles das zu berichten, was sie zutiefst verletzt und bis ins Mark erschüttert hat. Daran gewöhnt, unsichtbar zu sein, nicht nach ihren Meinungen, Gedanken und Gefühlen gefragt zu werden, verschließen sie ihr Leid in ihrem Herzen und reagieren, angekommen in dem Land ihrer Zukunft, mit oft dramatischen somatischen Symptomen. Es gelingt ihnen zunächst nicht, den Transfer von dem erlittenen seelischen Leid zu ihren schmerzhaften körperlichen

---

3 Passarlay 2015.

Symptomen zu vollziehen, also die seelischen Verletzungen als Ursache ihrer somatischen Störungen zu erkennen. Aufgrund ihrer kulturellen Prägung, in der es seelische Schmerzen nicht geben darf, ist es ihnen nicht möglich, Rückenschmerzen, Beinschmerzen, Schmerzen im gesamten Körper ohne organischen Befund als Folge ihrer seelischen Schmerzen zu erkennen. Dennoch sind sie nicht geflüchtet, weil sie gerne ihr Land verlassen haben. Sie begannen diesen Weg aber bereits als zutiefst Verwundete. Erzählen lässt sich das Elend der flüchtenden Frauen von ihnen selbst auch deshalb schwer, weil sie ahnen, dass die Wiederholung im Sprechen Retraumatisierung bedeuten kann. Deshalb ist es etwas Besonderes, wenn Frauen über ihre Flucht, ihr Schicksal, ihr Leid berichten. Sie brauchen dazu Vertrauen und die Gewissheit, dass sie nicht ein weiteres Mal ausgenutzt und betrogen werden, dass nicht *weitergetratscht* wird, was sie erzählen.

Leichter haben es die Frauen und Männer, die sich im Iran in ein Flugzeug setzen und nach Deutschland fliegen konnten. Aber das sind nur Wenige. Leichter als Männer auch bekommen Frauen in Deutschland eine Aufenthaltsgenehmigung. Allerdings bilden sie für die Aufnahmeländer ein größeres Integrationsrisiko. Sie hängen trotz oder auch wegen ihrer Leiden besonders fest an ihren Traditionen. Meist Analphabeten, können sie nicht die im zur Pflicht erhobenen Sprachunterricht aufgestellten Tafeln der gut gemeinten Deutschkurse lesen; nur den wenigsten der Sprachlehrer ist dies zu Beginn des Unterrichts bewusst. Zu gering sind hierzulande die Kenntnisse der Kultur der Neuankömmlinge, als dass bei ihnen eine genaue Vorstellung davon bestünde, wen die Helfer denn nun durch ihren Unterricht integrieren sollen. Die meisten afghanischen Frauen sind höflich bis zur Selbstverleugnung; das ist das Erbe ihrer Sozialisation und ihrer Herkunft. Deshalb versichern sie, sie seien dankbar, dass sie hier sein dürfen, sie seien jedem einzelnen Helfer dankbar für die vielen Wohltaten, die sie hier empfangen hätten. Sie sagen nicht, dass sie sich manchmal über das Unverständnis wundern, dem sie begegnen.

Wenn man nach dem Gesetz der großen Zahl urteilt, die Flüchtlingsströme nach den zu erwartenden und zum Teil bereits eingetroffenen Folgen misst, dann muss man sagen, sie seien eine Belastung für unser Land, eine finanzielle ebenso wie eine kulturelle, eine menschliche ebenso wie eine psychische Belastung. Das mag jene erstaunen, die die finanziellen Berechnungen der Kosten des Bundes, der Länder und Kommunen nicht zur Kenntnis nehmen oder keinen Kontakt zu den zugewanderten Frauen haben oder beides. Aber wenn man seit Jahren versucht, zu verstehen und zu helfen, dann weiß man, was gemeint ist. Lern- und Aufgabenhilfe, Begleitung zu Arbeitsämtern, ehrenamtliche Trauma-Sprechstunden, kostenlose Therapien, dies alles kann nur stattfinden mit einem hohen Aufwand an Idealismus, Geld, Zeit und menschlicher Kraft. Wenn man sieht, wie zahlreiche Helfer in den Gemeinden in ihrem Idealismus enttäuscht sind, dass und wie die unterschiedlichen Kulturen aufeinanderprallen und Missverständnisse wecken, fällt die zunächst euphorische Reaktion auf Angela Merkels berühmten Satz *Wir schaffen das* etwas gebremster aus.

Betrachten wir jedoch die Einzelschicksale der Geflüchteten, gewinnen wir einen anderen Eindruck. Die Frauen und Männer haben Furchtbares erlitten; keiner ist freiwillig gekommen, keiner verließ freudig seine Heimat. Fast alle haben ihre alten Eltern in einem gefährlichen Land zurücklassen müssen und leiden unter der Trennung ebenso wie unter der Angst, ihren Angehörigen könne jeden Tag etwas Schlimmes passieren. Die Männer ebenso wie die Frauen stellen eine gewisse Hoffnung für ihre Familien dar. Alle geflohenen Frauen meinen, ihre Kinder sollten es einmal besser haben: In einem freien Land, in einem Land ohne Krieg, in einem Land, das ihnen vielleicht eine Chance gibt, das aber zumindest Leib und Leben, d.h. gute medizinische Versorgung und Überleben ohne Bomben, garantiert. Das, wie wir später sehen werden, ist aber nicht genug.

Oft sind die zugewanderten Frauen nicht nur Analphabeten, sondern die Mehrheit der Frauen hat außer Hausarbeit und Kinderbetreuung keine berufliche Erfahrung. Viele sind jedoch wach und intelligent und könnten hier Zuflucht und Heimat, Bildung, Arbeit und Freiheit finden. Dennoch leben sie hier oft weiter wie in ihrem Herkunftsland: Vergessen in ihren Familien, nicht selten weiter tyrannisiert von ihrem Ehemann und ihren Söhnen. Allerdings tragen die Frauen auch ihren Teil dazu bei, vergessen zu werden. Gefangen zwischen ihren Sozialisationsverläufen im traditionell-islamischen Herkunftsland und im nicht selten als zu liberal empfundenen Ankunftsland fällt es ihnen nicht nur schwer, einen Ausweg zu finden, sondern sie sind selbst Gläubige und Protagonisten ihrer Unterdrückung, die sie an ihre Töchter weitergeben. Inzwischen sind die afghanischen Frauen und Männer unsere Mitbürgerinnen und Mitbürger geworden. Ihre Kinder, Jungen und Mädchen, gehen in unsere Schulen. Wie es dort aussieht, wird später zu beschreiben sein. Die meisten Missstände sind längst bekannt, werden aber von der Bildungspolitik immer noch nicht oder zu wenig wahrgenommen und verändert.

Europäische Frauen sollten sowohl sich selbst vor einer schleichenden Normalität zunehmender Eingrenzung ihrer bisher selbstverständlichen Rechte als auch ihre neu ankommenden Mitbürgerinnen schützen. Das ist, wie spätere Beispiele zeigen werden, keineswegs übertrieben. Wir müssen uns Gedanken machen, was wir mit unseren neuen Mitbürgerinnen und Mitbürgern anfangen, was sie mit uns anfangen können. Es geht nicht um eine Ablehnung oder Übernahme ihrer Kultur und auch nicht um eine Aufdrängung der unseren. Sondern es wird darum gehen, das ist nicht neu, ihnen einerseits Bedeutung und Umgang mit unserem Rechtsstaat zu erklären und ihnen damit einen Zugang zu einer Freiheit zu geben, die für sie unbekannt und zunächst unverständlich ist. Und es wird auch darum gehen, durch Information der Ankunftsgesellschaft Verständnis für ihre Lebens- und Denkart zu entwickeln und kreative Lösungen für uns alle zu finden. Nicht zuletzt wird es auch darum gehen, die politisch Verantwortlichen dazu aufzurufen, sich besser von Experten der muslimischen Kultur beraten zu lassen und nicht naiv beispielsweise deutsche bzw. westliche Standards von Vereinsbildung, Vertretung, demokratischer Repräsentation usw. auf muslimische Vereinsgründer zu übertragen. Diese Irreführung dient nur dazu, im Namen einer *political correctness* und verfehlter Multikulti-Freude von einigen muslimischen Vereinen an der Nase herumgeführt zu werden. Das ist nicht nur wegen der politischen Naivität und Uninformiertheit peinlich, sondern auch gefährlich. Niemand von uns – und am wenigsten die Frauen – kann sich wünschen, dass aufgrund von Naivität und Unwissen ungewollt und unbemerkt in Deutschland und Europa längst überwunden geglaubte patriarchale Lebensformen Bedeutung und Selbstverständlichkeit gewinnen.

3

Als ich einer meiner afghanischen Freundinnen den zunächst geplanten Arbeitstitel meines Buches mitteilte, nämlich *Afghanischen Frauen eine Stimme geben*, schaute sie mich irritiert an und meinte:

„Aber wir haben keine Stimme!"

„Eben, meinte ich, deshalb möchte ich ein wenig über die Frauen schreiben, um Verständnis zu wecken für die vielen afghanischen Frauen, die nach Deutschland gekommen sind und hier eine Heimat finden wollen."

Da nickte sie und war einverstanden. Nein, afghanische Frauen hatten und haben keine Stimme: In ihrem Herkunftsland nicht, während der Flucht nicht und in Deutschland, abgesehen von Ausnahmen, auch nicht. Dennoch geht es hier gut integrierten Frauen inzwischen deutlich besser als vor Jahren in ihrem Heimatland. Freilich gibt es in auch ihrer Heimat Frauen, die arbeiten, lehren, forschen, organisieren und schreiben. Es gibt Frauen, die trotz erheblicher Schwierigkeiten Richterinnen wurden, Anwältinnen, Abgeordnete im Parlament. Aber sie leben gefährlich: Erst im Januar 2021 wurden zwei Richterinnen von den Taliban erschossen. Erneut weiten die Taliban, wenn auch derzeit aufgrund ihrer desolaten wirtschaftlichen Situation offiziell um Milde bemüht, ihre Terrorherrschaft über Frauen aus. Die Zahl gut ausgebildeter Frauen in Afghanistan ist jedenfalls verschwindend gering im Verhältnis zur Anzahl der oft mit keiner oder nur minimaler Schulbildung ausgestatteten und nicht zuletzt darum stimmlosen Mädchen und Frauen. Derzeit ist jede Schulbildung von Mädchen über die siebte Klasse hinaus von den Taliban verboten worden. Nach anfänglichen Zusagen, die Schulen würden geöffnet, wurden die hoffnungsfroh ankommenden und in der Schulbank sitzenden Mädchen, deren Bilder um die Welt gingen, nach zwei Stunden wieder nach Hause geschickt. Noch stehe keine Scharia-gerechte Kleidung zur Verfügung, hieß eine der Erklärungen.[4]

---

4   https://www.faz.net/aktuell/politik/ausland/afghanistan-taliban-erla uben-maedchen-den-besuch-an-schulen-17886431.html (letzter Abruf am 13.08.2022).

Den Frauen eine Stimme geben wäre auch deshalb wichtig, weil ihr stummes Leiden ein Grund zur Empörung sein sollte. Nach meinen Informationen zur politischen, kulturkritischen und vor allem feministischen deutschen, europäischen oder amerikanischen Literatur wird ihre Situation immer noch vernachlässigt. Zwar sind hervorragende Sachbücher entstanden, darunter etwa Jenny Nordbergs 2014 erschienenes Buch *The Underground Girls of Kabul*. Über dieses Buch wird noch ausführlich die Rede sein. Dankenswerterweise setzt sich Alice Schwarzer seit Jahren für Frauen aus islamischen Ländern ein. Einige Romane sind entstanden, einige Abhandlungen und Berichte gibt es im Internet von NGOs. Susanne Koelbl und Olaf Ihlau haben in ihrem Buch *Geliebtes, dunkles Land, Menschen und Mächte in Afghanistan* in einem von insgesamt 22 Kapiteln über *Liebe zwischen Steinzeit und Moderne, das Leben der Frauen* geschrieben (2007). Sie schildern, wie das Leben mancher Frauen in Afghanistan derzeit aussieht. Den Abschluss dieses Kapitels bildet ein Gedicht Nadyja Andjomans:

> *„Wie honigsüßen Vers anstimmen,*
> *wenn Gift mir durch die Kehle tropft-*
> *Wenn des Despoten rohe Faust,*
> *oh weh, welch Schlag, den Mund mir stopft?"*

Kurz darauf wurde die 25jährige Lyrikerin tot in ihrem Haus aufgefunden. Der Täter war ihr Ehemann und Kollege aus dem literaturwissenschaftlichen Institut in Herat. Sie hatte geglaubt, er würde Verständnis für die ihr so wichtige Arbeit aufbringen und hatte ihn deshalb geheiratet.[5] Für sie hat der französische Dichter Atiq Rahimi, geboren in Kabul, den Roman *Pierre de Patience – Stein der Geduld* geschrieben, nur mit den Initialen N.A. angedeutet:

---

5   Koelbl, Ihlau 2007, S.152.

„Diese Erzählung wurde geschrieben zum Andenken an die afghanische Dichterin N.A.– die von ihrem Mann brutal ermordet wurde."[6]

4

Im Gegensatz zu den anfänglich geäußerten Absichten der USA und ihrer Verbündeten wuchs im Verlauf der Kriegsereignisse der letzten Jahre die Einsicht, dass die Durchsetzung von mehr Frauenrechten in Afghanistan so gut wie aussichtslos ist. Seit einem Jahrhundert haben sich unterschiedliche Regenten und Gruppierungen innerhalb und außerhalb Afghanistans um die Verbesserung der Situation der Frauen bemüht. Sie scheiterten an der immer wieder sich durchsetzenden Dominanz der uralten, mehrheitlich paschtunischen Stammesgesetze und an den konservativen Interpreten des Islam. Wenn Gott als Zeuge für die Minderwertigkeit von Frauen herhalten muss, so macht dies Angst – Angst, die nicht einfach verschwinden wird. Es ist zu vermuten, dass Vertreter der Auffassung, Gott persönlich habe verfügt, Frauen seien weniger wert als Männer, selbst daran glauben. Es fehlt ein Kind, das sagt: *Der Kaiser ist nackt* und damit diesem Unfug ein Ende bereitet. Seit der Eroberung Afghanistans durch arabische Moslems bis heute werden die herrschenden Stammesgesetze von einem angeblich buchstabengetreuen Islam überformt und verschärft. Dass Afghanen als Nicht- Araber den Koran meist gar nicht lesen können, bleibt von ihnen selbst oft unberücksichtigt. Eine Verschärfung islamistischer Vorschriften durch die sich langsam ausbreitenden Taliban geschah nach dem Abzug der Sowjetarmee im Jahr 1989. Unterstützt von Pakistan, Saudi-Arabien und zunächst auch den USA, bildeten sie bald eine mörderische Herrschaft über die gesamte Bevölkerung Afghanistans, vor allem

---
6   Rahimi 2008, S.11.

über Frauen. Die kanadische Schriftstellerin Nadja Hashimi schildert in ihrem bemerkenswerten literarischen Beitrag über die derzeitige Rolle der Frauen im Parlament Afghanistans, was es mit der von *dem Westen, den Fremden*, eingeführten Frauenbeteiligung auf sich hatte.

Am Beispiel zweier Frauen zeigt sie in einem ihrer Romane, wie ehemalige Kriegsherren und Raubmörder, „reich geworden mit dem Blut unseres Volkes", nun als Verbündete der Fremden entweder selbst in den Parlamenten sitzen oder, „weil so von den Fremden gewollt", eine ihrer analphabetischen Frauen vorschieben. Diese stimmen ab, wie es ihr Ehemann oder einer seiner Strohmänner vorschreiben. Die einzige Frau, die es wagt, gegen die herrschende Meinung anzukämpfen, wird mittels einer Autobombe vor dem Parlamentsgebäude aus der Welt gerissen.[7]

So war die Situation der Frauen in Afghanistan lange bevor der zweite Siegeszug der Taliban im Jahr 2021 die Welt schockte. Im Land selbst konnten Frauen oft nur mittels eines tagtäglichen Kampfes, in welchem sie ihr Leben riskierten, ihre eigentlich in der Verfassung von 2004 garantierten Rechte durchsetzen.[8] Zahlreichen Afghanen, Männern, Frauen und Kindern, die ein Leben ohne Krieg, Mord und Gewalt erleben möchten, blieb daher nach wie vor nur die Flucht.

5

Unter der Überschrift des berühmt gewordenen Merkel-Satzes *Wir schaffen das* wurden in den Jahren 2015/16 in den südlich von München gelegenen grünen Oasen Containerdörfer gebaut und Sozialarbeiter eingesetzt; freiwillige Helferkreise bildeten oder erweiterten sich. Der Idealismus

---

7 Hashimi 2017, S.391
8 Siehe Anhang Text 2

war riesengroß – zu groß, als dass er in dieser Form auf Dauer hätte Bestand haben können. Doch trotz vieler Enttäuschungen harren die meisten Helfer bis heute aus, verrichten ihre Arbeit, ohne deren Existenz die Politik ihr Eingliederungsprogramm und ihre Integrationsabsichten nicht durchführen könnte.

In einem dieser Containerdörfer, in welches fast ausschließlich afghanische Familien und afghanische junge Männer aufgenommen wurden, bot ich ab Juli 2016 – mit Unterbrechungen, für die vor allem die zu Beginn des Jahres 2020 beginnende Corona-Krise die Begründung darstellt – eine im Rahmen des örtlichen Asyl-Helferkreises ehrenamtlich organisierte wöchentliche Trauma-Sprechstunde an. Ich fand einen Dolmetscher, der nach wie vor und in jeder Hinsicht ein Glücksfall ist. Gebürtiger Afghane, besitzt er schon lange die deutsche Staatsangehörigkeit, lebt seit 14 Jahren mit seiner Familie in Deutschland, spricht, schreibt und übersetzt Dari, Farsi, Paschto, Englisch und Deutsch. Er ist in der Lage, mit Taktgefühl, Engagement und Einfühlungsvermögen jene zuweilen schwierigen kulturellen Klippen zu umschiffen, die mir zu Beginn unserer gemeinsamen Arbeit – trotz meiner Bemühungen, mich in der Landeskunde ständig weiterzubilden – nicht einmal aufgefallen wären. So konnte er zum Bespiel genau unterscheiden, wer der zunächst meist jungen Männer bereit war, mir seine Hand zu geben und wer nicht. Dadurch konnte so manche Verlegenheit auf beiden Seiten erst gar nicht entstehen; die selbstverständlichen und unauffälligen Maßnahmen des Dolmetschers halfen von Beginn an, Irritationen zu verhindern, Vertrauen auf beiden Seiten zu schaffen und dem Hauptanliegen, der Schilderung ihres Leidens, Vorrang zu geben vor einer verfrühten Auseinandersetzung mit kulturellen Unterschieden. Denn, so in Abwandlung des bekannten Freud-Wortes: Die Psychologie, das Verstehen des Anderen, ist „fleischfarben", also menschlich, nicht schwarz oder rot, d. h. politisch oder kulturell. Es war vermutlich hilfreich für die Akzeptanz unseres Vorhabens, dass ich einen männlichen Dolmetscher mit in die Sprechstunde brachte. Denn zu Beginn der Trauma-Sprechstunde kamen nur Männer; vermutlich wären sie nicht zu einem Team von zwei Frauen gekommen. Die afghanischen Frauen waren zunächst sehr zurückhaltend, wollten wissen, ob sie sich trauen könnten, selbst zu kommen. Zu Beginn unserer Tätigkeit blickten sie oft neugierig um eine Hausecke, hinter welcher sich der Gesprächsraum befand. Sie fragten sich offensichtlich, schüchtern und zurückhaltend, was da wohl innerhalb des Raumes vor sich gehen mochte. Die Erlebnisse der Männer, nicht minder traumatisch als die der Frauen, wegen ihrer oft erzwungenen Beteiligung an den verheerenden Kriegshandlungen der je unterschiedlichen Parteien oft aber noch brutaler und grausamer, verdienen ebenso eine Schilderung wie die ihrer Frauen. Ihre Schicksale sind genauso erschütternd, aber: Mehr Freiheit, mehr Möglichkeiten, diese zu leben, mehr Spielraum, ihrer Wut, ihrer Enttäuschung, ihrem Hass und ihrer Trauer, auch im Rahmen der Familie, Ausdruck zu geben, haben sie dennoch. Das macht viele der innerfamilialen Spannungen verständlicher, unter denen die Frauen stumm oder schreiend, in Ohnmacht fallend oder schimpfend, widerspruchslos leidend oder widerspenstig, belastet mit der Aufgabe, ihre meist zahlreichen Kinder großzuziehen, zusätzlich leiden.

Der Ablauf der Trauma-Sprechstunde war wie folgt: Der Dolmetscher und ich kamen an einem Nachmittag in der Woche, meist an einem Donnerstag um 15 Uhr, in das Containerdorf. Bis dahin hatte der amtierende Sozialarbeiter eine Liste angefertigt mit jenen Teilnehmern für die Sprechstunde, die sich für ein Gespräch beworben hatten.

Oft hatte er auch einige Männer und Frauen gebeten, in die Sprechstunde zu gehen, wenn ihm eine Verhaltensauffälligkeit zu Ohren gekommen war oder er diese selbst beobachtet hatte.

Die Zeit für ein Gespräch mit einem Kandidaten war prinzipiell nicht streng begrenzt, lag aber durchschnittlich im Bereich um etwa 30 Minuten. Die meisten Männer kamen zu Beginn, um über somatische Beschwerden zu klagen oder um zu erfahren, wie ihr Asylverfahren beschleunigt werden könne. Die tiefen Wunden, die ihnen sowohl ihr Heimatland als auch ihre Flucht nach Europa geschlagen hatten, konnten sie zu Beginn der angebotenen Sprechstunden nicht thematisieren. Zunächst ging es eher um Formales. Zum Asylverfahren selbst konnten wir jedoch keinen Beitrag leisten. Vor allem der Dolmetscher, der als vereidigter Dolmetscher auch im Rahmen des BAMF (Bundesamt für Migration und Flüchtlinge) arbeitete, konnte den Männern nur mitteilen, dass ein Verfahren länger dauern, dass es von uns aus nicht beschleunigt werden konnte, dass wir eine prinzipiell andere Aufgabe erfüllen wollten als das BAMF oder eine sonstige Behörde.

Zu Beginn erklärte ich meist den Besuchern unserer Sprechstunde, dass ich mich seit langem mit traumatisierten Kindern und Erwachsenen beschäftigt hätte, dass ich das Schicksal der Flüchtlinge in den Medien verfolgt hätte und nun gerne einen kleinen Beitrag leisten wollte, ihre Situation im Ankunftsland ein wenig zu erleichtern. Dennoch stellte ich bald fest, dass vor allem Frauen mich für *ihre Ärztin* hielten, eine Vorstellung, die nicht leicht zu korrigieren war. Manchmal führte dieses Missverständnis dazu, dass sie Ärzte und Ärztinnen, deren Namen ihnen genannt wurden, um somatische Probleme zu klären, ablehnten mit der Begründung: *Ich habe schon eine Ärztin*. Einerseits zeigte dies ihr zunehmendes Vertrauen, andererseits war es auch ein Hindernis, weil die Frauen von mir zunächst die Heilung ihrer körperlichen Leiden erwarteten. Mit der Zeit verstanden unsere Gesprächspartnerinnen aber, warum wir kamen und womit wir ihnen helfen wollten. Langsam begannen sie zu erzählen. Nach und nach kamen immer mehr Frauen. Im Laufe der Zeit brachten einige ihre Kinder mit, erst eines, das ihnen Sorgen machte, dann kam manchmal die gesamte Familie zu uns. Einige Männer und Frauen konnten später eine Therapie beginnen; es gelang meist, mit Hilfe des Asyl-Helferkreises und eines guten Netzwerkes von Therapeuten eine weiterführende Einzeltherapie bei einer Kollegin oder einem Kollegen zu vermitteln. Die Geschichten der Frauen und Männer in diesem Buch sind in vieler Hinsicht typisch. Sie beanspruchen nicht, statistisch repräsentativ zu sein. Aber sie bilden paradigmatisch das Lebensmuster vieler Afghaninnen und Afghanen ab, denen in ihren Augen keine andere Möglichkeit als die Flucht blieb.

Warum ich nur über Afghanen sprechen kann, nicht über Geflüchtete aus anderen Ländern, etwa aus Syrien, dem Irak, Pakistan, Nigeria, Eritrea usw., liegt daran, dass ich nur sie näher kennenlernte. Andere Dörfer in Bayern beherbergen Asylbewerber aus anderen Ländern. Es ist eher dem Zufall zu verdanken, dass ich dort arbeiten durfte. Allerdings hatte ich während meiner Studienzeit bereits Kontakt zu afghanischen Studenten und im Jahr 1978 auch die im Norden Afghanistans angrenzenden mehrheitlich islamischen Länder der damaligen Sowjetunion Usbekistan, Tadschikistan und Turkmenistan bereist; unvergesslich ist mir der Blick auf die geschlossenen Grenzen zu Afghanistan geblieben: Die Sowjetunion bereitete damals schon ihren Einmarsch in das Land vor; 1978 war es bereits verboten, sich der sowjetisch-afghanischen Grenze zu nähern.

Die Frauen und Männer gaben mir die Erlaubnis zur Veröffentlichung ihrer Geschichten, vorausgesetzt, es würden von ihnen keine Fotos gezeigt. Das kann ich garantieren: Ich wäre gar nicht auf die Idee gekommen, Fotos anzufertigen. Die traditionelle Unsichtbarkeit afghanischer Frauen verbietet das ohnehin. Alle Namen sind geändert, die Geschichten so weit verschlüsselt, dass die Personen nicht identifizierbar sind.

Die für mich nicht selbstverständliche Erfahrung, interkulturell auf eine ganz besondere Weise mit meinen Gesprächspartnerinnen und Gesprächspartnern verbunden sein zu können, zu erleben, dass jenseits aller kulturellen Prägungen ein direktes, emotionales, empathisches Miteinander möglich war und ist, erfüllt mich immer noch mit Freude und Staunen.

Mein Dank gilt jenen afghanischen Frauen und Männern, die mir ihr Vertrauen geschenkt und damit diese Veröffentlichung erst möglich gemacht haben.

Erster Teil: Herkunft

I. Fluchtland Afghanistan

Seit nunmehr über 40 Jahren bleibt Millionen afghanischer Familien keine andere Wahl als die Flucht. Die Ärmsten der Armen fliehen von Ort zu Ort. Nomaden ziehen aus Landschaften, in denen Kampfhandlungen Nahrung für Tier und Mensch zerstört haben, in Gebiete, die mehr Ruhe für beide versprechen. Dorfbewohner, deren Häuser und Felder in Schutt und Asche liegen, wandern in vermeintlich weniger zerstörte Gegenden. Einwohner der großen Städte Kabul, Herat, Kandahar, Kunduz oder Mazar-i-Sharif suchen sich sichere Orte. Stadtbewohner, die so viel Geld besitzen, dass sie sich einen Flug von dem inzwischen allerdings ebenfalls zerstörten Flughafen in Kabul aus nach Pakistan, Katar oder Istanbul leisten konnten, flohen in andere Länder, oft in den Iran, in die Stadt Teheran. Und dann gibt es noch die vielen Menschen, die keine andere Wahl als die unendlich gefährliche Route über Land in Richtung Europa mit Hilfe von meist kriminellen Schleppern haben.

Seit der erneuten Machtübernahme der Taliban, seit dem 15. August 2021, befindet sich das Land in einem Zustand der Schreckstarre, des Hungers und weiterer Fluchtbewegungen.

1. Afghanische Stimmen im August 2021

Kira
ruft weinend am 25. August 2021 aus Herat ihre Verwandte in Deutschland an:

> „Tante, liebe Tante, hilf uns! Wir versuchen, eine Burka zu kaufen, damit wir aus dem Haus gehen können, aber es gibt keine Burka!"

Arman

im August 2021:

> „Es ist gut, dass die Taliban gesiegt haben, denn jetzt herrscht wieder Ruhe im Land."

Milad

am 9.10.21:

> „Gestern waren drei Männer in der Unterkunft meiner Mutter und der Kinder meines Bruders. Sie fragten nach ihm, durchsuchten das ganze Haus. Er ist nie dort, versteckt sich und ist jede Nacht in einer anderen Unterkunft. Die Kinder hatten schreckliche Angst, die Männer gingen, aber sie kommen wieder. Ein Freund ist vor ein paar Tagen aus einer Unterkunft verschwunden. Unbekannte haben ihn herausgeholt und seitdem ist er einfach verschwunden. Alle sagen, dass die Taliban sich verändert haben, aber das ist nicht wahr. Mein Bruder und seine Kinder waren Helfer der deutschen Regierung und haben schreckliche Angst."

Ajmal:

> „Ich werde meine Mutter herausholen, koste es, was es wolle."

Habim:

> „Ich bin glücklich, dass ich hier bin und arbeiten kann."[1]

2. Die aktuelle Situation

Der 24. Februar 2022, der Tag des brutalen Überfalls Putins auf die Ukraine, hat die europäische Welt verändert. Afghaninnen und Afghanen sind möglicherweise im Bewusstsein der Europäer und insbesondere in Deutschland in den Hintergrund getreten. Man denkt an einen Vortrag von Bernhard Schlink, der, im Anschluss an die Betrachtungen des Philosophen Vischer, ausführte, wie die moralischen Standards des Menschen im Wesentlichen für die eigene Gruppe gelten: *Moral versteht sich von selbst – aber nur in*

---

1 Alle Zitate stammen von mir persönlich bekannten Afghanen.

der eigenen Gruppe.[2] Der eigenen Gruppe gilt derzeit die überwältigende Hilfsbereitschaft, die den Flüchtlingen aus der Ukraine und ihrem Schicksal entgegengebracht wird. Ukrainer sind Europäer, sie haben vielfältige familiäre, verwandtschaftliche, freundschaftliche und geschäftliche Beziehungen zu Deutschland, insbesondere zu Polen, Moldawien und den übrigen unmittelbar benachbarten Ländern, in welchen Ukrainer derzeit als Freunde, Verwandte, als Brudervolk aufgenommen werden. Im öffentlichen Bewusstsein der Deutschen treten Afghanistan und seine Flüchtlinge aus den Jahren 2015/16 also etwas in den Hintergrund. Die Situation in Afghanistan ist deshalb aber nicht leichter für jene, die verfolgt werden oder die gezwungen sind, dort zu leben; sie ist im Gegenteil für die meisten unerträglich geworden. Bis zu 94% der Afghanen, so ist den durch Medien verbreiteten Schätzungen zu entnehmen, leiden an Hunger. Viele Menschen, vor allem Kinder, scheinen bereits an Unterernährung und Hunger gestorben zu sein. Fast täglich verübt der IS (Islamischer Staat) derzeit Anschläge auf Moscheen. Nicht überraschend zogen die USA und ihre Verbündeten im Jahr 2021 ihre Truppen aus Afghanistan zurück. Vom schnellen Sieg der Taliban ausgenommen war zunächst nur das Pandshir-Tal, in welchem der 32jährige Sohn Ahmed Massouds, des 2001 durch Al-Quaida ermordete *Löwe von Pandshir*, eine größere Kampftruppe gegen die Herrschaft der Taliban aufgestellt hatte. Aber auch sie scheinen inzwischen zumindest ihren militärischen Widerstand gegen die Taliban aufgegeben zu haben. Auf dem Flughafen Kabul befanden sich trotz dem am 27. August 2021 durch den IS verübten Anschlag Tausende von Menschen, die verzweifelt versuchten, so schnell wie möglich dem Land zu entkommen.

---

2 Schlink 2015, Das Moralische versteht sich von selbst. In: Erkundungen zu Geschichte, Moral, Recht und Glauben, S. 63 – 88.

Mehrere zehntausend wurden von den USA, Frankreich und England ausgeflogen; Deutschland konnte nur etwa 5000 Menschen ausfliegen; eine große Anzahl von Helfern der Bundesregierung konnte entweder nicht zum Flugplatz gelangen oder wurde erst gar nicht auf die Liste der zu schützenden Personen gesetzt. In einem lesenswerten Artikel in der *Frankfurter Rundschau* vom 11. Februar 2022 werden die Versäumnisse nicht nur der alten, sondern auch der neuen Bundesregierung Deutschlands benannt: Die Bestimmungen der Regierung Merkel zum Schutz der für Deutschland arbeitenden Afghanen sind von der neuen Regierung übernommen worden und scheinen, bei näherer Betrachtung, wenig überzeugend und eher mangelhaft zu sein. So lautet einer der zentralen Sätze zum Schutz von Ortskräften, dass alle Afghanen, die von 2013 an für die Bundeswehr, das Auswärtige Amt, das Entwicklungshilfeministerium oder dessen Auftragsorganisation GIZ (Gesellschaft für internationale Zusammenarbeit) gearbeitet *haben,* eine Chance für die Aufnahme in Deutschland haben sollen. Dies gelte aber nur für diejenigen, die bereits zwischen 2013 und 2019 eine Gefährdungsanzeige gestellt hätten.[3]

Warum erst ab 2013? Was gilt für Ortskräfte, die schon zuvor für Deutschland gearbeitet haben? Ist die deutsche Regierung der Auffassung, die Taliban hätten ein kurzes Gedächtnis? Das Gegenteil ist der Fall. Es scheint Listen sowohl von Mitarbeitern der gewählten afghanischen Regierung als auch von Helfern der NATO-Truppen zu geben, die jahrelang von den Taliban angelegt worden sind. Viele Mitarbeiter und Helfer sind verschwunden oder wurden bereits getötet. Und warum „Gefährdungsanzeige"? Es ist kaum vorstellbar, dass Afghanen sich bereits in diesen

---

3   Frankfurter Rundschau vom 11. Februar 2022, Nr.35, Thema des Tages: Afghanische Ortskräfte, S. 2 ff.

Jahren als „gefährdet" erlebten. Und wenn doch: Wurde ausreichend kommuniziert, was in einem solchen Fall zu tun sei? Es gehört nicht zur Kultur von Afghanen, Anzeigen zu erstatten, wenn kein Anlass hierfür besteht; möglicherweise aber auch dann nicht, wenn ein Anlass gegeben ist.

Im Mai 2021 unterschrieben in Deutschland zahlreiche Personen einen Aufruf zur Evakuierung von Ortskräften, zu einem Zeitpunkt, der rechtzeitig auf deren Gefährdung hinwies und innerhalb dessen noch genügend Zeit geblieben wäre, alle Gefährdeten auszufliegen.[4]

Es geschah – nichts.

Die Beschränkung des Kreises der Personen, die im Falle eines genehmigten Familiennachzugs zur Ausreise berechtigt sind, scheint ebenfalls bedenklich: Nach deutschem Verständnis gehört dazu nur die so genannte Kernfamilie, d.h. der Ehepartner und die gemeinsamen Kinder einer für Deutschland arbeitenden Person, nicht deren Väter, Mütter, Geschwister und Enkel. Diese Bestimmung wurde mir und dem Helferkreis Asyl von konsultierten Rechtsanwälten bestätigt. So müssen gegebenenfalls die für Deutschland arbeitenden Frauen und Männer, die als Helfer anerkannt werden, ihre Mütter, Väter, ihre Geschwister und ihre minderjährigen Enkel schutzlos zurücklassen. Keine Sozialversicherung hilft ihnen. Dass die Zurückgelassenen – dann ohne Ernährer – vielleicht betteln gehen müssen oder einfach hungern oder verhungern, scheint der deutschen Regierung, weder der alten noch der neuen, den Schlaf nicht zu rauben. Afghanische Großfamilien haben eine andere Struktur als die deutschen Kleinfamilien – und das Nichtwissen darum ist nur eines der vielen Versäumnisse in diesen Tagen und Jahren.

Die deutsche Botschaft in Afghanistan ist seit langem geschlossen. Nur in Pakistan, dem Iran, der Türkei oder in

---

4   Vgl. Text 1 im Anhang

Katar gibt es deutsche Botschaften, die noch Anträge auf eine Ausreise bearbeiten könnten. Wie aber sollen Verarmte und Hungernde dorthin gelangen? Selbst wenn sie das bewältigen könnten, die Wartezeiten für die Bearbeitung von Ausreisen betragen ein Jahr und mehr.[5] So verlassen nach wie vor Tausende Binnenflüchtlinge ihre Dörfer, wandern umher und wissen nicht, wie sie Nahrung und Sicherheit finden können. Tausende versuchen erneut, zu Fuß in den Osten nach Pakistan, den Norden nach Usbekistan und Tadschikistan zu flüchten, aber die Grenzen sind meist dicht. Ausdrücklich wünschen die Nachbarländer keinen Zuzug afghanischer Flüchtlinge in ihr Land, weil sie eine Destabilisierung ihrer angrenzenden Regionen befürchten. Andere Afghanen fliehen zu Fuß über die iranische Grenze und manchmal weiter in Richtung Türkei; aber auch im Iran und in der Türkei sind Flüchtlinge aus dem Land nicht willkommen. Die Türkei baut bereits an einer Mauer an der türkisch-iranischen Grenze. Das Ziel vieler afghanischer Flüchtlinge bleibt nicht nur deshalb weiterhin Europa, und in Europa vor allem Deutschland.

Inzwischen haben Russland und China Gespräche mit den Taliban aufgenommen. Journalisten erteilen Ratschläge, der Westen möge sich zum Beispiel an den als stabil eingeschätzten Staat Tadschikistan wenden, um auf die Taliban in Afghanistan Einfluss zu nehmen. Nach wie vor ist die Lage im Land unübersichtlich. Taliban geben kaum Pressekonferenzen, ihre Fernseh- und Fotoabstinenz trägt zur Verunsicherung einer an ständigen Nachrichtenfluss und ununterbrochene Bilderflut gewöhnten Weltöffentlichkeit bei. Zu Anfang der erneuten Machtübernahme der Taliban waren aber doch einige Fotos zu sehen. Der Paschtune Hamid Karzai und der Tadschike Abdullah Abdullah schienen im Gespräch mit den Taliban zu sein. Es

---

5   FR vom 11.02.2022

sah so aus, als ob sie eine möglicherweise zentrale Aufgabe in der kommenden Regierung der Taliban übernehmen würden. Jedenfalls sitzen sie auf einem Foto einträchtig in traditioneller Zivilkleidung neben schwer bewaffneten Taliban. Nach längerer Zeit fordert Hamid Karzai inzwischen die von den USA eingefrorenen Gelder zurück. Er ist empört über die Pläne der USA, fast die Hälfte des Geldes, etwa 7 Milliarden, für die Opfer des 11. September zurückzuhalten und nur den anderen Teil, etwa 9 Milliarden Dollar, an Hilfsorganisationen in Afghanistan auszuzahlen, so dass sie weder in die Hände der Taliban gelangen können, noch eine Anerkennung der Taliban-Regierung beinhalten.[6] Bisher ist die Taliban-Regierung noch von keinem Land der Erde anerkannt worden. Ihre Reise nach Norwegen blieb ohne Erfolg. Teheran verzeiht den Taliban die Massaker an Schiiten nicht, auch nicht an den schiitischen Hazara. Der Iran verlangt als Voraussetzung für eine Anerkennung, dass alle Volksgruppen Afghanistans an der Regierung beteiligt werden müssen. Dass dies für die fast ausschließlich paschtunischen Taliban sehr schwer werden wird, ist anzunehmen.[7]

Europa ist zerstritten, eine Einigung über eine gemeinsame Asylpolitik fehlt. Das galt, bis die ukrainische Flüchtlingswelle begann. Für sie sind die Einwohner der Nachbarländer bereit, private Unterkünfte, Hotels, Gaststuben, öffentliche Hallen und Schulen zur Verfügung zu stellen – Maßnahmen, die osteuropäische EU-Staaten, zum Beispiel Polen und Ungarn, für Flüchtlinge aus fernen Ländern stets kategorisch ablehnten. Für afghanische Flüchtlinge helfen 70 Jahre Genfer Konvention offenbar nicht, in Europa eine

---

6   FAZ, 15.02.2022
7   Die Taliban, fast ausschließlich Paschtunen, verfolgten nicht nur die Hazara, sondern lagen in der Vergangenheit auch mit fast allen anderen Angehörigen der afghanischen Ethnien in kriegerischen Auseinandersetzungen. Siehe unten.

gemeinsame Lösung zu finden. Berichtet wird von Push-backs an der kroatischen, der türkisch-griechischen, der weißrussisch-polnischen, der weißrussisch-litauischen Grenze. „Push back" heißt, dass andrängende Gruppen von Flüchtlingen mit Drohungen, Schlägen und manchmal auch mit Peitschen in das jeweilige Herkunftsland zurückgetrieben werden. Dass diese Push-Backs nicht den EU-Richtlinien entsprechen, scheint wenig Folgen zu zeigen.

3. Das Ringen der USA um den Abzug ihrer Truppen in Afghanistan

Joe Biden, amtierender Präsident der USA, hatte im Gegensatz zu den ersten Ankündigungen seines Außenministers Blinken den übereilten Abbruch des Einsatzes angeordnet. Zunächst hieß es: Der Rückzug solle bis zum 20. Jahrestag der Zerstörung der Twin Towers in New York, am 11.09.2021, abgeschlossen sein. Inzwischen war er bereits am 4. Juli 2021, dem amerikanischen Unabhängigkeitstag, weitgehend beendet.

Denn das Datum *Nine Eleven* als Abzug der US-Truppen hätte Missverständnisse wecken können: Rückzug, verbunden mit einem Eingeständnis der Niederlage in Afghanistan am Jahrestag des größten bisher bekannten islamistischen Angriffs auf die USA? Peter Carstens schrieb am 24. April des Jahres 2021 in der *FAZ* auf Seite 8 unter der ironischen Überschrift „Eine Abschiedsfeier ist nicht geplant" zum gleichfalls sich überstürzenden Abzug der Bundeswehr: "Die Bundeswehr befürchtet, dass die letzten Wochen des Einsatzes am Hindukusch riskant werden könnten". War der Einsatz in Afghanistan nicht immer riskant? Und weiter:„Die Niederlage des Westens ist so umfassend, dass sich die Taliban nicht einmal zum Schein an Friedensgesprächen beteiligen müssen".

Ein Rückblick: Noch am 7. März 2021, knapp ein halbes Jahr vor dem vollständigen Rückzug, hatte der Außenminister der USA, Anthony Blinken, vorgeschlagen, den Friedensprozess in Afghanistan erneut in Gang zu setzen. Offenbar sah der Außenminister das unter Trump abgeschlossene Abkommen zwischen den USA und den Taliban vom 29. Februar 2020 nicht nur kritisch, sondern auch als revisionsbedürftig an.[8] Das war nachvollziehbar. Der seit 2018 unternommene Versuch Donald Trumps, unter Nichtbeachtung der frei gewählten afghanischen Regierung einen *Deal* mit den Taliban zu schließen, war ohne jeden Erfolg geblieben. Der Beauftragte der USA, Zalmay Khalizad, und der Verhandlungsführer der Taliban, Abdul Ghani Bardar, hatten 2020 das Abkommen geschlossen. Als Zeuge, nicht als Verhandlungspartner, war der damals amtierende Außenminister der USA, Mike Pompeo, zugelassen worden. Ausdrücklich waren weder die europäischen Bündnispartner der USA noch die amtierende Regierung Afghanistans unter Ashraf Ghani an den Verhandlungen beteiligt worden. Im veröffentlichten Text des Abkommens ist bereits in der Überschrift zu lesen, dass zwar die Taliban als Regierung nicht anerkannt werde.[9] Warum also ein Abkommen mit einer nichtregierungsanerkannten islamistischen Gruppierung? Es war offensichtlich, dass dies die Taliban stärken, die afghanische Regierung aber schwächen würde.

Das Abkommen vom Februar 2020 sah vor, dass die USA ihre Truppen bis Juli 2020 von 13.000 auf 8.600 reduzieren und fünf Militärbasen schließen würden. Diese Vereinbarung galt selbstverständlich und ohne Konsultation auch für die Bündnispartner. Bis April 2021 sollte der

---

8 Friedensabkommen von 2020 zwischen den USA und den Taliban, Text 3 im Anhang
9 Ebenda

Abzug aller Truppen abgeschlossen sein. Die anfängliche Zielsetzung, die Taliban zum Verzicht auf ein Gastrecht für Terroristen aus aller Welt zu bewegen, war weitgehend aufgegeben worden. Nachvollziehbar ist daher die Reaktion des Sprechers der Taliban, Mullah Hibatullah Akhund Zadas, der das Abkommen als „großartigen Sieg" feierte, „als Sieg der gesamten muslimischen und den Jihad ausübenden Nationen".[10]

Die neue Regierung der USA, insbesondere Außenminister Blinken, sah vermutlich nicht zuletzt deswegen Verbesserungsbedarf. Auch Joe Biden hatte zu Beginn seiner Regierungszeit beteuert, in Zukunft die Bündnispartner der USA konsultieren zu wollen. Wie derzeit sichtbar, meinte er das sehr ernst. Deshalb wohl hatte Außenminister Blinken zunächst neue Vorschläge zur Lösung der Probleme in Afghanistan formuliert: Außer dem gewählten Präsidenten der Afghanischen Islamischen Republik, Ashraf Ghani, sollten unter Vermittlung der UNO (United Nations Organization) Russland, China, Indien, Pakistan und der Iran an den Friedensgesprächen beteiligt werden. Das sah wie eine Erneuerung der einst als erfolgreich eingeschätzten Petersberger Gespräche in Bonn im Herbst 2001 aus (siehe unten). Der Vorschlag Blinkens hätte Erfolg haben können. Erwartungsgemäß stieß er bei den Taliban auf Kritik: Man wolle den Frieden, aber keinen vom Ausland diktierten Frieden.

Einen Monat nach Blinkens Vorschlag, am 13. April 2021, kündigte Joe Biden unvermittelt an, die Truppen der USA bis zum 11. September 2021 aus Afghanistan abzuziehen. Von einem internationalen Friedensabkommen war nicht mehr die Rede. Assistiert von seinem ziemlich verlegen aussehenden Außenminister Blinken und seinem Verteidigungsminister Lloyd Austin lautete nun die neue

---

10 Wikipedia, https://Taliban-USA, letzter Aufruf 18.01.22

Botschaft Bidens, es gebe keinen *idealen* Zeitpunkt für den Abzug der Truppen. Das Ziel des Einsatzes sei erreicht: Afghanistan sei kein Rückzugsort mehr für islamistische Terroristen aus aller Welt. Insbesondere sei das Land dies nicht mehr für Al-Qaida, die 2001 für den Anschlag auf das World Trade Center und Washington verantwortlich gewesen sei. Deshalb und nur deshalb habe 2001 der Einmarsch der NATO-Truppen nach Afghanistan begonnen.

Anfang 2021 hatte der Deutsche Bundestag noch beschlossen, den deutschen Afghanistan-Einsatz um zehn Monate bis April 2022 zu verlängern. Ohne weitere Diskussion in der Öffentlichkeit verschwand dieser Beschluss. Nach der Entscheidung der USA, ihre Truppen vollständig abzuziehen, lautete das neue Statement der amtierenden Bundesverteidigungsministerin Kramp-Karrenbauer: *Wir sind gemeinsam hineingegangen, wir gehen auch gemeinsam hinaus.* Die Erreichung des Ziels einer Aktion ist allerdings abhängig von der Definition dieses Ziels. Im Laufe von 20 Jahren versuchter Aufbauarbeit in Afghanistan wurde das Ziel offensichtlich mehrfach verändert. Zu Beginn lautete die Begründung für den Einmarsch, dauerhaft zu verhindern, Afghanistan zur Brutstätte und zum Rückzugsort weltweit agierender islamistischer Terroristen wie zum Beispiel Osama Bin Ladens zu machen. Die erklärte Absicht des Einmarsches der USA und ihrer Verbündeten war aber auch, die Voraussetzungen für einen einigermaßen gut -das hieß: einen in Ansätzen demokratisch–funktionierenden Staat zu schaffen. Die Fähigkeit der afghanischen Regierung, selbst mit den Taliban und deren Terror fertig zu werden, sollte gestärkt oder, wo notwendig, neu installiert werden. Vor allem sollten Frauenrechte geschützt und erweitert werden. Die Einführung demokratischer Verhältnisse schien in Grenzen erreichbar.

Davon war nun nicht mehr die Rede. Es scheint so, als ob in Deutschland die Machenschaften des 2020 noch amtierenden Präsidenten Trumps nicht einmal ausreichend verstanden worden sind. Auch deutsche Beobachter in Doha hielten sich offenbar bedeckt. Augenscheinlich ist das Ziel eines einigermaßen gut funktionierenden demokratischen Staates nicht erreicht worden. Das Ziel, Afghanistan daran zu hindern, islamistischen Terroristen aus aller Welt Gastfreundschaft zu bieten, ist nicht nur fragwürdig. Osama bin Laden ist inzwischen getötet worden. Aber die Taliban sind nach wie vor mit der von ihm gegründeten Organisation Al-Qaida verbündet. Wie die Zusammenarbeit oder die in westlichen Medien beschworene Feindschaft zwischen dem IS und den Taliban genau aussieht, ist zumindest unklar. Die NATO lässt ein Land zurück, das erneut von den Taliban beherrscht wird. Man kann es auch so sehen: Die erste Herrschaftsphase der Taliban, die von 1996 bis 2001 dauerte, ist nach 20 Jahren Besatzung von der zweiten abgelöst worden. Es sieht fast so aus, als ob der Einsatz der USA und ihrer Verbündeten umsonst gewesen sei. Aufgrund des überstürzten Rückzugs und der Weigerung, das Abkommen zwischen Donald Trump und den Taliban zu hinterfragen, wurde nicht verhindert, dass Frauen noch ungeschützter sind als zuvor, im Gegenteil. Mädchen und Frauen sind ein weiteres Mal, wie zwischen 1996 und 2001, die Leidtragenden. Ihr Schulbesuch wurde von den siegreichen Taliban sogleich ab der siebten Klasse verboten; Frauen wurden ins Haus verbannt, ihre Jobs haben sie verloren, ihr Hausarrest hat wieder begonnen, die Scharia wurde verschärft oder wieder eingeführt. Hunderte Beamte der gewählten Regierung Ashraf Ghanis wurden getötet. Nach wie vor verschwinden afghanische Mitarbeiter der westlichen Truppen spurlos. Nichts spricht dafür, am wenigsten die Beteuerungen der Taliban selbst, dass das Land nicht erneut Rückzugsort internationaler Terroristen werden wird. Es herrschen Chaos, Hunger und Leid im Land. Eine humanitäre Katastrophe bahnt sich an. Männer, die als Gegner der Taliban oder als Verbündete des Westens gelten, insbesondere auch Homosexuelle, deren Elend oft vom unsäglichen Leid der Frauen und Mädchen verdeckt wird, werden erneut bedroht, verfolgt und getötet.

4. Afghanistan, ein gescheiterter Staat

Said Musa Samimy, seit vielen Jahren Forscher, Berichterstatter und Autor zu Afghanistan in der Stadt Bonn, bezeichnet bereits im Titel seines 2016 veröffentlichten Buches Afghanistan als gescheiterten Staat. Das sei kein Produkt unglücklicher Zufälle, sondern:

> „Es ist vielmehr das konkrete Ergebnis einer Reihe von Umständen, deren Spektrum sich von internen Strukturen eines Vielvölkerstaates über die topographische Konstellation des gebirgigen Geländes bis hin zur geostrategischen Lage am Knotenpunkt der Kulturen in Zentralasien erstreckt."[11]

Sind dies die wichtigsten Hindernisse, die in der Vergangenheit Afghanistan daran gehindert haben, ein Staat zu werden? Was ist ein Staat? Max Weber schreibt:

> „Staat ist diejenige menschliche Gemeinschaft, welche innerhalb eines bestimmten Gebietes – dies, das Gebiet, gehört zum Merkmal – das Monopol legitimer physischer Gewaltsamkeit für sich (mit Erfolg) beansprucht. Denn das der Gegenwart Spezifische ist, dass man allen anderen Verbänden oder Einzelpersonen das Recht zur physischen Gewaltsamkeit nur so weit zuschreibt, als der Staat sie von ihrer Seite zulässt. Er gilt als alleinige Quelle des Rechts auf Gewaltsamkeit."[12]

Gegenwart bezieht sich bei Max Weber auf westliche Staaten zu Anfang des 20. Jahrhunderts. Es lässt sich darüber diskutieren, inwieweit Afghanistan nach diesem

---

11 Samimy 2016, S.71
12 Max Weber 109/2014, Politik als Beruf, S.7

Verständnis jemals ein Staat war. Allerdings ist das *Gebiet* seit Ende des 19. Jahrhunderts abgegrenzt und stabil geblieben, seit 1919 ist Afghanistan unabhängig (s.u.). Dennoch gab es auch in den letzten hundert Jahren immer wieder Zeiten, in denen Warlords das *Recht auf Gewaltsamkeit* für sich beanspruchten und es einem wie auch immer gestalteten Staat absprachen. Samimy jedenfalls geht mit seiner Diagnose davon aus, dass Afghanistan ein Staat gewesen ist, zumindest einige Zeit, und inzwischen als gescheiterter Staat bezeichnet werden muss.

> *„Ein ‚gescheiterter Staat' ... bezeichnet einen Staat, der insofern ‚gescheitert' ist, als er nicht oder nicht mehr dazu in der Lage ist, wesentliche Staatsfunktionen auszuüben. Zu diesen grundlegenden Funktionen zählen insbesondere das staatliche Gewaltmonopol und die Aufrechterhaltung der öffentlichen Ordnung; diese sind wiederum die Voraussetzungen für die Wahrnehmung zahlreicher weiterer Staatsfunktionen wie der verbindlichen Durchsetzung allgemeiner Normen sowie des Unterhalts von Infrastruktur und allgemeiner Daseinsvorsorge."[13]*

Die in der Definition enthaltenen Kriterien für staatliches Scheitern sind in Afghanistan derzeit erfüllt. Vielleicht lässt sich hinzufügen, dass Afghanistan eher selten für sich selbst sorgen konnte. Afghanistan war vom Beginn seiner Existenz als Staat im 19. Jahrhundert an ein von fremden Mächten dominiertes und finanziertes Land. Dennoch gab es über Jahrzehnte auch ruhige, *goldene* (Schetter) Zeiten, in denen das Land eine der modernsten Verfassungen der islamischen Welt hatte, in welcher die Bevölkerung, zumindest in den Städten, tolerant war, in denen die Auseinandersetzungen zwischen den zahlreichen unterschiedlichen Ethnien keine oder nur eine geringe Rolle spielten. Der Historiker Hobsbawm allerdings meint, Afghanistan sei, wie viele andere Gebiete in Afrika und Asien auch, noch nie ein Staat gewesen oder sei derzeit kein Staat mehr. Zumindest

---

13 Masala/Tömmel 2018, S.591

werde Afghanistan kein Nationalstaat werden, wie es in Europa und dem Westen des 19. und 20. Jahrhunderts selbstverständlich gewesen sei:

> *„An seine Stelle sind Fehden zwischen Splittergruppen getreten, die unterschiedlich stark bewaffnet und in mehr oder weniger starkem Maße mit Adligen und Großgrundbesitzern verbunden sind."*[14]

Ganz sicher gab es in Afghanistan immer wieder heftige Kämpfe gegen einen Zentralstaat, zuletzt gegen die Absichten der USA und ihrer Verbündeten, einen einigermaßen funktionierenden, zentral agierenden Staat zu installieren und zu unterstützen.

Die nach der gewaltsamen Machtübernahme der Taliban (deren Kämpfe sich nicht zuletzt gegen eine *von Fremden installierte* Zentralregierung gerichtet hatten) eingesetzte jetzige Regierung wurde bisher von keinem Land der Welt anerkannt. Gelder sind eingefroren; nur Hilfsorganisationen erhalten Unterstützung; auch Berlin sagte Anfang April 2022 200 Millionen Euro Hilfsgelder zu – eine vergleichsweise geringe Summe. Dieses Geld soll jedoch nach wie vor nicht in die Hände der Taliban gelangen und dient ausschließlich anerkannten Hilfsorganisationen zur Deckung des Alltagsbedarfs der Bevölkerung.[15]

---

14 Hobsbawm 1999, S.49
15 **FAZ** vom 12. Januar 2022

II. Ein Blick in die Geschichte Afghanistans

1. Vorgeschichte: Von Khorasan bis zur Unabhängigkeit

Im Norden grenzt Afghanistan an Tadschikistan, Turkmenistan und Usbekistan. Alle drei Länder gehörten bis 1990 zur Sowjetunion. Inzwischen sind sie souveräne Staaten. Im Westen grenzt Afghanistan an den Iran, im Osten und Süden an Pakistan. Eine kleine südöstliche Grenze von 70 km Länge hat Afghanistan gemeinsam mit China. Unter religiös-kulturellem Aspekt hat das Land eine lange vorislamische, auch eine zoroastrische und eine buddhistische Geschichte. Unterschiedliche Völker und Kulturen wanderten seit Jahrtausenden durch das Land, blieben oder zogen weiter, jeweils Elemente ihrer Kultur und ihrer Religionen zurücklassend. Deshalb weist das heutige Afghanistan zahlreiche Ethnien, Kulturen und Sprachen auf. Der berühmte Priester und Philosoph Zarathustra soll in Balkh (Baktrien), im Norden von Afghanistan gelegen, in den Jahren 630 bis 553 v. Chr. gelebt haben.[1] Er ist der Begründer des Zoroastrismus, mutmaßlich eine der ersten monotheistischen Religionen der Welt. Bis heute haben sich Elemente der zoroastrischen Religion in den Sitten und Gebräuchen der Afghanen erhalten.[2]

Von der überaus wichtigen Rolle der buddhistischen Religion im alten Afghanistan zeugten zum Beispiel die monumentalen Buddha-Statuen in Bamyan. Sie gehörten zum Weltkulturerbe, waren die höchsten aufrechtstehenden Buddha-Statuen der Welt und lagen im 2500 m hoch

---

1 Schetter 2017, S.157
2 Persönliche Mitteilung meines Dolmetschers. Afghanische Feiern zum Neujahrsfest gehen auf alte zoroastrische Sitten und Traditionen zurück; sie gehören nicht zu den üblichen sunnitischen Festen des islamischen des Kalenders und sollen zum Teil bacchantisch gefeiert werden.

gelegenen Tal von Bamyan, einem Gebiet, in welchem vor allem die Ethnie der Hazara (s.u.) siedelt. Sie waren etwa 35 und 53 Meter hoch und sollen einst bemalt gewesen sein, sogar mit Gold geschmückt. Weltweites Entsetzen löste ihre Sprengung durch bilderstürmende Taliban am 21. März 2001 aus, kurz vor 9/11. Heute starren den Betrachter nur noch die traurigen Leerstellen der einst mit Buddha- Statuen gefüllten Höhlen an.

Auch Kabul, die Hauptstadt Afghanistans, hat eine ruhmreiche Vorgeschichte. Das riesige, inzwischen völlig zerstörte und nicht wieder aufgebaute Bala-Hissar (Hohe Zitadelle) war jahrtausendelang, seit 425 n. Chr., das Zentrum kabulischen Lebens, dessen Herrschaftsgebiet Khorasan hieß. Die Zitadelle diente als Schutz gegen die Perser, gegen Alexander den Großen, gegen Turkvölker und andere anstürmende Stämme und Eroberer aus allen Himmelsrichtungen.[3]

Arabische Eroberer versuchten, Afghanistan im 7. Jahrhundert gegen den erheblichen Widerstand der Bevölkerung zu islamisieren. Das gelang ihnen nur zu einem Teil, wofür auch nicht zuletzt die in einigen Regionen des Landes unzugängliche Gebirgslandschaft Afghanistans verantwortlich ist. Erst im 19. Jahrhundert wurde der Islam Staatsreligion. Dies mag eine Erklärung dafür sein, dass Afghanen einen weniger strengen Islam vertreten als arabische Völker. Ihr Islam ist nicht nur vermischt mit Elementen aus Stammeskulturen, sondern auch mit Elementen vorislamischer Religionen. Daher ist islamischer Fundamentalismus Afghanen traditionell fremd. Die Islamisierung durch die Taliban fand erst spät, erst nach der Vertreibung zahlloser Kriegsflüchtlinge während der sowjetischen Besatzung nach Pakistan statt:

---

3   Brechna S.15ff

> *„Es ist eine historische Tatsache, dass der Islamismus in Afghanistan keine Tradition hat. Alle Antikolonialkriege des 19. und 20. Jahrhunderts gegen den britischen Imperialismus wurden nicht unter islamischer, sondern unter nationaler Flagge geführt. Der Islamismus in Afghanistan ist ein historisch neues Phänomen, unmittelbar beeinflusst von der ägyptischen Moslembruderschaft, die 1928 von dem Lehrer Hasan al-Banna gegründet worden war und mit der kulturellen und religiösen Tradition sowie dem Leben des afghanischen Volkes nicht viel gemein hat. Er ist eine nach Kabul exportierte Ideologie des ägyptischen Kleinbürgertums."*[4]

Zentral für die neuzeitliche Geschichte Afghanistans wirkte sich die Gründung der Ostindien-Kompagnie durch englische Kaufleute am 31. Dezember 1600 zur Zeit von Königin Elisabeth I. aus.[5] Britische Eroberer hatten die in Ostindien ansässigen Portugiesen in einer Seeschlacht im Jahr 1612 besiegt. Als die Eroberer *untertänig* beteuerten, sich „weder Land erwerben noch sich in die inneren Angelegenheiten Indiens einmischen"[6] zu wollen, erlaubte der indische Regent ihnen, in ganz Indien Handel zu treiben. Nach einigen Jahren jedoch beschlossen die Briten, „gegen jede indische Macht vorzugehen, die den britischen Handel störe. Aus England trafen zehn Schiffe mit je 10 bis 70 Kanonen an Bord und je 1000 Mann Besatzung ein und griffen sowohl an der Ost- als auch an der Westküste Indiens unter Admiral Sir John Child die indischen Schiffe an. Der einfache Handel zwischen der Kompagnie und Indien eskalierte zum bewaffneten Handel; so wurde der moderne Kolonialismus eingeleitet."[7]

Noch bis zum Beginn des 20. Jahrhunderts betrachtete das britische Empire Afghanistan – zwischen der britischen Kolonie Indien, Russland im Norden und Persien im Südwesten gelegen – als Pufferstaat, nicht als eigenständiges

---

4   Baraki S.32
5   Brechna S.29ff
6   Ebenda
7   Brechna S.84

Gebilde, dessen Interessen zu berücksichtigen gewesen wären.[8]

> *„Erst im Jahr 1919, nach dem dritten anglo-afghanischen Krieg, erlangte Afghanistan die Souveränität von Britisch-Indien. Das hatte auch finanzielle Folgen: Die Unterstützungsgelder (von Seiten Britisch-Indiens), selbst wenn sie nur als Kaufpreis für willfährige Regierungen dienten, hielten Afghanistans Wirtschaftsbilanz im Gleichgewicht. Nach dem Ausbleiben der Unterstützungen konnte das Land seine staatlichen Aufgaben wie den Aufbau der Infrastruktur, Schulen und Verkehrswege nicht mehr finanzieren."*[9]

2. Amanullah Khan (1919–1929)

Das heutige Staatsgebiet Afghanistans war also viele Jahrhunderte lang Durchgangsland für sehr unterschiedliche Völker und Stämme. Die Ansammlung unterschiedlicher Ethnien und verschiedener Sitten und Gebräuche im Land eignen sich deshalb schwer für eine nationale Einigung. Archaische Stammessitten, wie Blutrache und Rechtlosigkeit von Frauen, halten sich bis heute. Indien, seit dem 17. Jahrhundert zunehmend in britischer Hand, versuchte, weil es mit Russland keine gemeinsame Grenze haben wollte, Afghanistan als Pufferstaat zwischen dem britischen Empire und Russland zu instrumentalisieren. Das konnte gelingen, weil die Einwohner Afghanistans keine, modern ausgedrückt, gemeinsame Identität aufwies. Russland machte von Norden her Druck. Die Briten beruhigten den am Ende des 19. Jahrhunderts in Afghanistan regierenden Paschtunen Emir Abdur Rachman immer wieder mit Geld und unverbindlichen Zusagen. Nach Rachmans Tod übernahm sein Sohn Habibullah das Vertragswerk mit den Engländern und hielt, ebenso wie sein Vater, Britisch-Indien die versprochene Treue. Im Alter widmete er sich mehr seinem Harem, der mehr als hundert Frauen umfasste und

---

8 Schetter 2017, S 56 ff
9 Ebenda

Unmengen von Geld verschlang, während die Bevölkerung verarmte. Bis heute beflügelt Habibullahs Harem die Phantasie afghanischer Schriftsteller.[10]

Die Armut des Landes hatte auch strukturelle Gründe. Die unzähligen Söhne vieler Frauen und Nebenfrauen der Könige, Fürsten und Landbesitzer mussten der Tradition nach mit Geld, Ländereien und anderen Pfründen ausgestattet werden. Abhängig von britischer Kolonialherrschaft ebenso wie von einheimischen Fürsten verarmten aufgrund der herrschenden Sitten und Gebräuche sowohl die Landbevölkerung als auch die Einwohner der Städte. Die islamischen Geistlichen befürworteten diese Strukturen, weil sie davon profitierten. So wurden die einfachen Leute immer ärmer. Das sollte sich ändern, als der dritte Sohn Habibullahs, Amanullah, nach dem anlässlich eines Jagdausflugs ermordeten Habibullah Afghanistans Regent wurde. Nach zwei vorangegangenen anglo-afghanischen Kriegen (1826 bis 1842 und 1879) erklärte Amanullah am 3. Mai 1919 den Briten erneut den Krieg.[11] Der Zeitpunkt schien günstig: Großbritannien, geschwächt vom Ersten Weltkrieg und nicht willens, einen weiteren Krieg zu führen, gestand nach kurzer Zeit kriegerischer Auseinandersetzungen Afghanistan die Unabhängigkeit zu. Afghanistan erhielt aber anschließend keinerlei finanzielle Zuwendungen mehr. Nach der Einstellung der britischen Zahlungen konnte das Land seine infrastrukturellen Aufgaben nicht mehr finanzieren. Am 8. August wurde dennoch in einem „vorläufigen Vertrag die Unabhängigkeit Afghanistans geregelt."[12]

Dies war ein großer Erfolg für den jungen Amanullah. Er hatte die Absicht, ein modernes Afghanistan zu entwickeln. Sein Vorbild war die laizistische Reform der Türkei

---

10 Siehe z.B. Hashimi 2014
11 Schetter 2017, S.159
12 Ebenda

durch seinen Zeitgenossen Kemal Atatürk. Bereits unter seinem Großvater Abdur Rachman war der sunnitische Islam Staatsreligion in Afghanistan geworden. Der Islam hatte die jahrhundertealte, stammesgeschichtlich tradierte Rechtlosigkeit der Frauen verstärkt und gefestigt. Im Gegensatz hierzu war Amanullah die Befreiung von Frauen, deren Vorteile er in anderen Ländern gesehen hatte, ein Anliegen. Er war der erste afghanische Regent, der zusammen mit seiner unverschleierten Frau Soraya nach Indien und Europa reiste. Dies rief jedoch die empörte Kritik der Religiösen im Heimatland hervor. Besonders in Berlin hatte Amanullah, ein Freund der Deutschen, große Erfolge. Zwar waren die deutschen Versuche, eine afghanisch-deutsche Achse zur völligen Vertreibung der Briten aus Afghanistan zu initiieren, erfolglos, aber die besondere Freundschaft zu Deutschland galt weiterhin. Zurückgekommen in sein Land, verschärfte Amanullah seine Reformvorschläge: Er wollte westliche Kleidung einführen, verbot den in der Regierung Beschäftigten die Mitgliedschaft im Sufi-Orden, ließ zahlreiche Schulen bauen und öffnete sie auch für Mädchen.

> *„Amanullahs wichtigste, wenn auch umstrittenste Tat war ein weitreichendes Reform- und Modernisierungsprogramm ... Herzstück der Reformen war die Verkündung einer konstitutionellen Verfassung am 10. April 1923 nach dem Modell der laizistischen Türkei unter Mustafa Kemal Atatürk. Amanullah sah seine Herrschaft nicht durch göttlichen Willen oder seine Abstammung, sondern allein durch den Willen der „ehrenwerten Nation Afghanistan" legitimiert. Da er sich als Herrscher über ein weltliches Königreich und nicht über ein religiöses Emirat verstand, bezeichnete er sich zudem seit dem 7. Juni 1926 nicht mehr als Emir, sondern als pade schah (König)."*[13]

Er sicherte religiösen Minderheiten wie Hindus, Sikhs und Schiiten staatlichen Schutz zu. Weitere Reformen waren Schulpflicht, Abschaffung der Sklaverei und die Einberufung einer Nationalversammlung.

---

13 Schetter 2017, S. 75

> „Natürlich stieß der Verfassungsentwurf auf Unverständnis. Die Idee der Staatsangehörigkeit war fremd und stand der partikularistischen Gesellschaftsorganisation, die auf Stammes- oder Klientelzugehörigkeit basierte, entgegen. In gleicher Weise entrüstete, dass Rechtgläubige und Ungläubige die gleiche rechtliche Stellung haben sollten, da eine Trennung religiöser und politischer Sphären unbekannt war."[14]

Auch Habibullah Brechna schildert ausführlich die für das Land Afghanistan außerordentlichen Reformen König Amanullahs, die zum Teil bis heute gültig sind:

> „Amanullah plante gegen Ende seiner Herrschaft, eine Zentralbank in Kabul zu eröffnen. Die Sklaverei im Land wurde abgeschafft. Alle Afghanen waren zur Zeit Amanullahs als gleichberechtigt deklariert. Ethnisch betrachtet durfte zwischen den Hazara, Paschtunen, Tadschiken, Turkmenen, Usbeken u.a. kein Unterschied mehr bestehen. Die offizielle Landessprache war Dari. Diese Maßnahmen brachten ihn in Konflikt mit seiner großen Familie der (paschtunischen, SET) Mohammad-Zai. Die Zahlungen an lokale Kleinfürsten wurden unterbunden. Sie durften keine Steuern eintreiben. Er gründete neue Oberrealschulen: die französische Schule (Maktab-e-Istiklal 1924), die deutschsprachige Schule (Maktab-e-Amani 1927) und die zweite englischsprachige Schule (Makrab–e-Ghasi 1927). In diesen Oberrealschulen unterrichteten ausländische Lehrer, die in Frankreich, Deutschland, England oder Indien angeworben wurden. Die Schulprogramme waren aufeinander abgestimmt und entsprachen europäischen Maßstäben. Die Habibia-Schule wurde weiter ausgebaut. In vielen Städten und größeren Dörfern wurden Primarschulen gegründet. Ein Lyzeum für Mädchen (Malalai-Schule) folgte 1921. Zum ersten Mal in der Geschichte Afghanistans wurden Elitestudenten zur Weiterbildung nach Deutschland, England, Frankreich und in die Türkei geschickt."[15]

König Amanullah führte außerdem eine neue Währung ein, den *Afghani*, die bis heute gültig ist. Zunächst wurden seine Reformen von der von ihm einberufenen *Loya Djirga* (Große Ratsversammlung) genehmigt. Brechna spricht aber auch von einem großen Versäumnis König Amanullahs: Weil er für seine Reformen zu wenig Geld besessen

---

14 Ebenda
15 Brechna S.262. Die Habiba-Schule ist eine von Khan Habibullah im Jahr 1903 gegründete Sekundarschule, die afghanische Eliten ausbildet. Auch Ashraf Ghani besuchte diese Schule

habe und die versprochenen ausländischen Gelder zu langsam und nur tröpfchenweise geflossen seien, habe er an irgendeiner Stelle sparen müssen. Da Amanullah kein Feldherr gewesen sei und gehofft habe, seine Armee würde ihm in jedem Falle treu ergeben sein, sparte er am Sold der Armee. Das sollte er später bereuen.[16] Es war dann nicht die Aufhebung des Schleierzwanges für Frauen, die die Mullahs und Konservativen des Landes aufregte. Zu dieser Zeit trugen ohnehin nur die Frauen der Oberklasse in den Städten den Ganzkörperschleier. Frauen in den Dörfern trugen eher Kopftücher, die das Gesicht frei ließen. Sie hätten sonst ihre Feldarbeit nur schwer erledigen können. Sondern es war die Verkündigung der *Gleichberechtigung von Mann und Frau,* die die gesamte Geistlichkeit in Rage brachte. Auch die Anordnung, ein Mann dürfe nur noch eine Frau heiraten, war ein Schlag ins Gesicht der Geistlichkeit, die sich auf die Koranbestimmungen beriefen, die jedem muslimischen Mann die Verheiratung mit 4 Frauen gestattet.[17] Die Verordnungen Amanullahs seien Verstöße gegen die Heiligen Gesetze des Islam. Ein paschtunischer Aufstand gegen den König und seine Reformen löste schließlich einen Volksaufstand aus. Die Armee stand aufgrund der Versäumnisse bezüglich ihrer Ausstattung und der ungenügenden Materialbeschaffung am Ende nicht mehr hinter ihm.[18]

Amanullah musste 1929 nach einigen Umwegen nach Italien fliehen und konnte nie mehr zurückkommen. „Er starb am 26. April 1960 an einem Krebsleiden im Universitätsspital in Zürich."[19] Obwohl er in den Jahren seines Exils immer wieder von seinen Anhängern gebeten wurde, nach

---

16 Ebenda
17 Der Koran, Sure 4,37
18 Brechna S.197 f.
19 Brechna S.198

Afghanistan und auf den Thron des Königs zurückzukehren, lehnte er dies ab.

Auch wenn der König politisch scheiterte, können seine Reformversuche nicht hoch genug bewertet werden. Sie können durchaus als Vorbild für spätere Reformen gelten. Bis heute, mehr als 100 Jahre nach dem Beginn seiner Regierungszeit, nimmt König Amanullah auch deshalb in der Belletristik afghanischer Schriftsteller immer wieder einen bevorzugten Raum ein. Dies auch dann, wenn die Poeten seit langem aus ihrem Land ausgewandert oder bereits in den USA oder Europa aufgewachsen sind. Zwei Beispiele sollen dies genauer zeigen.

Exkurs 1: König Amanullah in der belletristischen Literatur afghanischer Schriftsteller

Nadia Hashimi *Hinter dem Regenbogen.*[20]
Nadia Hashimis Roman spielt auf zwei parallel erzählten Zeitachsen. Die eine, deren Heldin eine junge Frau namens *Rahima* ist, bewegt sich in der erst kürzlich vergangenen Gegenwart, zur Zeit des Versuchs der westlichen Verbündeten, Afghanistan zu helfen, sich mit freien Wahlen, einem Parlament und behutsamer Frauenbefreiung zu einem demokratischen Staat umzuwandeln. Die zweite Zeitachse handelt in der Zeit der Herrschaft von Emir Habibullah, also zu Beginn des 20. Jahrhunderts. Noch lebt Habibullah, er besitzt einen riesigen Harem. Amanullah ist sein dritter Sohn, noch herrscht er nicht in Afghanistan. Auch in dieser Erzählung steht eine Frau im Mittelpunkt: *Shekiba.*

Shekiba hat ein abenteuerliches und auch tragisches Schicksal, weil ihre gesamte Familie von der (historisch verbürgten) Choleraepidemie hinweggerafft wurde, ihre Verwandten sie um ihr Land betrügen, sie von keinem

---

20 Hashimi 2017

Mann begehrt wird, weil ihr als Zweijähriger im Rahmen eines Unfalls mit heißem Öl ihr halbes Gesicht *weggeschmolzen* ist. Die andere Hälfte ist immer noch sehr schön. So wird sie über mancherlei Umwege zum Haremswächter, zu einer Frau in Männerkleidern. Sie liebt diese Rolle, weil sie ihr Freiheit gibt – sogar die Freiheit, ihren zukünftigen Ehemann kennenzulernen. Als Mann verkleidet, aber noch als Frau erkennbar, sieht der Haremswächter/die Haremswächterin Shekib (dies der vermännlichte Namen Shekibas) den jungen Amanullah. Während sie ihrer Tätigkeit im königlichen Harem nachgeht, beobachtet sie, wie Amanullah mit seinem Freund durch die zauberhaften Gärten spaziert. Sie verliebt sich in ihn. Ihre Hoffnung ist, dass er sie – sich ihm nur mit ihrer gesunden und überaus schönen Gesichtshälfte zuwendend – bemerkt hat. Zwar bemerkt er sie leider nicht, aber sein Freund sieht sie, nimmt sie später – leider nur, aber dennoch – als Zweitfrau an. Seine Wahl ist einem Schuldgefühl zu verdanken, das er deshalb empfindet, weil er die Lieblingsfrau aus dem Harem Habibullahs verführte. Der Betrug hat für ihn keine Folgen, aber seine Geliebte, weil sie seinen Namen nicht verrät, wird zu Tode gesteinigt. Die äußerst dramatische Szene der Steinigung zeigt die Grausamkeit der afghanischen Sitten gegen Frauen nicht nur zur Zeit des Emirs Habibullah.

Shekibas Liebe zu Amanullah wird zwar enttäuscht, aber über den Umweg seines Freundes und dessen tragischem Schicksal ist es doch König Amanullah, der sie gerettet hat: Er war es, der gemeinsam mit dem Freund ihr die Chance gegeben hat, eines Mannes Interesse zu wecken – ihr, die sie ohne diese Begegnung als vermännlichter Haremswächter niemals eine Chance auf eine Heirat gehabt hätte. König Amanullah wird in diesem Roman dargestellt als der erste afghanische Herrscher, der versuchte,

Frauen die ihnen gebührende Freiheit zu schenken. In der Fantasie der afghanischen Schriftstellerin bleibt er ein Verteidiger ihrer Selbständigkeit, ihrer Rechte, ein Streiter für ihre Bildung und ihre Freiheit. Obwohl er scheiterte, spielt er in Hashimis Roman als idealisierte Lichtgestalt die herausragende Rolle des Frauenbefreiers.

Khaled Hosseini *Traumsammler*[21]
Im Roman Khaled Hosseinis interviewt im Jahr 1974 ein französischer Journalist mit Namen Etienne Boustouler (im Folgenden EB) die afghanisch-französische Lyrikerin Nila Wahdati (im Folgenden NW):

> *„EB: Sie sind also halb Afghanin und halb Französin?*
> *NW: Meine Mutter war Französin. Ja. Gebürtige Pariserin.*
> *EB: Aber sie hat Ihren Vater in Kabul kennen gelernt. Und Sie wurden dort geboren.*
> *NW: Ja, meine Eltern sind einander 1927 begegnet. Anlässlich eines offiziellen Diners im Königspalast. Meine Mutter hat ihren Vater, meinen Großvater, begleitet, der nach Kabul entsandt worden war, um König Amanullah bei dessen Reformvorhaben zu beraten. Sie wissen, wer König Amanullah war? ... Sie hatten nie einen besseren König.*
> *EB: „Sie"? Dann sehen Sie sich also nicht als Afghanin?*
> *NW: Sagen wir so, ich habe mich von meiner schlechteren Hälfte scheiden lassen.*
> *EB: Sie machen mich neugierig: Warum?*
> *NW: Wenn er Erfolg gehabt hätte – König Amanullah, meine ich – , hätte ich Ihre Frage vielleicht anders beantwortet."*
> *[An dieser Stelle unterbricht EB die wörtliche Rede und bittet um eine Erklärung.]*
> *„NW: Nun, ja – eines schönen Morgens verkündete der König, das Land zu einer neuen, aufgeklärteren Nation umformen zu wollen, notfalls gegen alle Widerstände. Bei Gott! Er forderte zum Beispiel, dass man als Frau keinen Schleier mehr tragen sollte. Stellen Sie sich vor, Monsieur Boustouler: Man verhaftet eine Afghanin, weil sie eine Burka trägt! Und seine Frau, Königin Soraya, zeigt sich mit unverhülltem Gesicht in der Öffentlichkeit? O là là. Da schnappten die Mullahs nach so viel Luft, dass man damit tausend Zeppeline hätte füllen können. Er verlangte auch die Abschaffung der Polygamie! Und das in einem Land, dessen Könige Legionen von Konkubinen gehabt und die meisten ihrer unehelichen Kinder nie zu*

---

21 Hosseini 2018

> *Gesicht bekommen haben. Von nun an, so verfügte er, dürfe keine Frau mehr zur Heirat gezwungen werden. Schluss mit dem Brautpreis, tapfere Frauen Afghanistans, Schluss mit der Kinderehe, und vor allem: Ihr werdet alle zur Schule gehen.*
> *EB: Er war also ein Visionär.*
> *NW: Oder ein Dummkopf. Ich weiß aus eigener Erfahrung, dass beides nah beieinanderliegt.*
> *EB: Was geschah dann?*
> *NW: Die Antwort ist ebenso betrüblich wie absehbar, Monsieur Boustouler: Dann kam der Dschihad. Die Mullahs und Stammesführer erklärten ihm den Heiligen Krieg. Stellen Sie sich tausend zum Himmel gereckte Fäuste vor! Der König hatte die Erde beben lassen, aber er war von einem Ozean religiöser Eiferer umgeben, und Sie wissen sicher, was passiert, wenn der Meeresboden bebt, Monsieur Boustouler. Ein Tsunami aus bärtigen Rebellen schlug über dem armen König zusammen und spülte ihn weg, ohne dass er sich hätte wehren können, riss ihn zuerst nach Indien, dann nach Italien und schließlich in die Schweiz, wo er sich mühsam aus dem Schlamm erhob und als alter, desillusionierter Mann im Exil verstarb.*"[22]

So lebt Khan Amanullah als Held der Frauenbefreiung im kollektiven Gedächtnis liberal gesinnter, allerdings meist im Ausland lebender Afghanen weiter. Als solcher ist er unsterblich. Überliefert ist, dass er der erste König in Afghanistan war, für den die Frauenbefreiung eines der wichtigsten Anliegen seiner Regierungszeit war. Hätte er Erfolg gehabt, wäre vermutlich die Geschichte Afghanistans anders verlaufen, als sie es ist. Allerdings wird in diesen Romanen deutlich, warum die Auseinandersetzung zwischen um Modernisierung bemühter Aufklärung und religiösem Konservatismus auch nach mehr als 100 Jahren noch nicht zu einem Ende gekommen ist.

3. Afghanistans ruhige Entwicklung (1933–1973)

Nachdem König Amanullah von Mullahs und ihren konservativen Anhängern ins Exil getrieben worden war, regierte für eine kurze Zeit ein Nicht-Paschtune, der *Sohn des Wasserträgers,* wie er a bwertendaufgrund seiner niederen

---

22 Hosseini 2018

Herkunft von seinen Gegnern genannt wurde. Nach wenigen Jahren wurde er von Nader Shah, erneut einem Paschtunen, abgelöst. Dessen Regierung dauerte nur von 1930 bis 1933. Nach der Ermordung seines Bruders Mohammad Aziz in Berlin fiel Nader Shah ein Jahr später einem Attentat zum Opfer, als er die von Deutschland gegründete und erbaute Nejat-Schule besuchte.[23]

Von 1933 an bis 1973 übernahm sein Sohn Zaher Schah die Regentschaft Afghanistans. Diese Zeit war eine Phase der relativen Ruhe und Stabilität für Afghanistan. Allerdings griff er selbst, noch zu jung und unerfahren, erst ab 1963 in die aktive Politik des Landes ein; zuvor regierten Verwandte von ihm an seiner Stelle, ab dem Jahr 1953 sein Vetter Mohammad Daoud Khan. Anders als sein an einer zu schnellen Modernisierung gescheiterter Vorgänger Amanullah versuchte Daoud, eine langsame und behutsam gemäßigte Moderne im Staat Afghanistan einzuführen. Es gelang ihm, sowohl von der UdSSR als auch von den USA Entwicklungshilfe für sein Land zu erhalten. Eine langsame Modernisierung fand statt. Im Jahr 1959 wurde der Schleierzwang aufgehoben. Kabul entwickelte sich zu einer der modernsten Städte Asiens.[24]

Die rasche Entwicklung Kabuls und anderer Städte, zum Beispiel Herats im Westen Afghanistans, führte zu großen ökonomischen und kulturellen Unterschieden zwischen Stadt und Land und damit zu erheblichen Spannungen. Deshalb kam es in den folgenden Jahren zu einer zunehmenden Entfremdung zwischen den in der damaligen UdSSR und/oder im Westen ausgebildeten städtischen Eliten und der Landbevölkerung einerseits und zwischen den Arbeitern und Eliten der Städte andererseits. Die Landbevölkerung konnte mit dem Entwicklungstempo der großen

---

23 Schetter 2017, S.81
24 Ebenda, S.86

Städte nicht mithalten. Die Reformen griffen in den Städten sehr gut, die Landbevölkerung lebte meist wie Jahrhunderte zuvor.

Eine durch anhaltende Dürre ausgelöste Hungerkatastrophe zwischen 1969 und 1972 forderte 100.000 Tote unter der Landbevölkerung. Im linken politischen Spektrum wurde als Reaktion auf die Benachteiligung der Arbeiter in den Städten die sowjetfreundliche Demokratische Volkspartei Afghanistans (DVPA) gegründet. Ziel dieser Partei war eine gründliche Demokratisierung; dem Analphabetismus wurde der Kampf angesagt, die gesellschaftliche Stellung der Frau sollte weiter verbessert werden, ihre Berufschancen vergrößert, Afghanistan sollte ein moderner Staat werden.[25]

Die weltweiten studentischen Unruhen in Europa und den USA im Jahr 1968 fanden auch an der Kabuler Universität Widerhall. 1973 putschte sich ein Vetter des Königs Zaher Shah, Mohammad Daoud Khan, an die Regierung. Er rief das Ende der Monarchie aus und gründete die Republik Afghanistan. Den geistlichen Machthabern sollte endlich die Macht entrissen, Afghanistan ein Staat *mit sozialistischem Vorzeichen* werden. Zaher Schah musste fliehen und begab sich 1973 ins römische Exil.[26]

Erst nach dem Terroranschlag vom 11. September 2001 in New York und weiteren Städten der USA sowie nach dem schnellen Sieg der Alliierten über die Taliban konnte er nach Kabul zurückkommen. Seine Hoffnung war, seinem Land nach vielen Jahren erneut als König dienen zu können.

---

25 Schetter 2017, S.88
26 Ebenda, S. 159

4. Der sowjetisch-afghanische Krieg (1979-1989)

Nach dem Putsch Mohammad Khan Daouds, den er während einer Europa-Reise von Zahir Shah ausführte, dem Ausruf des Endes der Monarchie und der Machtübernahme durch seine Nachfolger wurde der Einfluss der Sowjetunion immer spürbarer. Schon der Staatsstreich von Daud war nicht mit Hilfe der Waziri-Stämme[27], sondern mit Hilfe der in der UDSSR ausgebildeten Offiziere erfolgt. Daoud verdarb dann aber seine Beziehungen zu Moskau und insbesondere zum sowjetischen Ministerpräsidenten Breschnew, weil er während eines Besuches in Moskau trotz zunehmender Abhängigkeit von der Sowjetunion auf der souveränen Entscheidung Afghanistans über das Schicksal der Afghanen bestanden hatte. „Daoud hatte damit sein Todesurteil unterschrieben."[28]

Seine Regierung dauerte insgesamt nur 5 Jahre. Am 27. April 1978 wurden er und seine große Familie von der Demokratischen Volkspartei Afghanistans (DVPA) in einer grausamen und hinterlistigen Aktion, in der führende Generäle ihn verrieten, ermordet. Im Gegensatz zu Daouds Putsch war dieser Umsturz nicht unblutig. In der so genannten April- Revolution wurde seine Familie, insgesamt 23 Personen, Daoud selbst, seine Kinder und alle Enkel ermordet; 2000 Menschen sollen zu Tode gekommen sein. Daouds jüngste Tochter, die sich unter einem Tisch versteckt hatte, überlebte und konnte ins Ausland fliehen. „Sie hat das Lachen verlernt."[29]

Zusammen mit seinem Ministerpräsidenten Hafizullah Amin putschte sich der dem linken Spektrum der Parteien angehörige Mohammad Taraki an die Regierung. Eine

---

27 Genauere Ausführungen zu den Waziri-Stämmen siehe Brechna, S.204
28 Brechna, S.265
29 Ebenda

radikale Landreform begann, jede Opposition wurde brutal niedergeschlagen, tausende Menschen verschwanden in Gefängnissen. Die Moscheen wurden geschlossen, stalinistische Methoden gewannen die Oberhand, wer betete, kam ins Gefängnis, kein bekennender Moslem war seines Lebens mehr sicher. Am 16. September 1976 wurde Taraki ermordet aufgefunden. Sein Ministerpräsident Hafizullah Amin wurde der neue Präsident Afghanistans. Gegen den Versuch der neuen Regierung, Afghanistan zu einem sozialistischen Staat umzuformen, liefen religiös-konservative Gruppierungen Sturm. Weil das Land in den Kämpfen zwischen Islam-Gläubigen und Kommunisten nicht zur Ruhe kam, schloss die linke Regierung Afghanistans einen Kooperationsvertrag mit der Sowjetunion. Am 5. Dezember 1978 wurde ein Vertrag über „Freundschaft, gute Nachbarschaft und Zusammenarbeit" zwischen Afghanistan und der Sowjetunion unterzeichnet.[30] Dieser Vertrag bot der Sowjetunion nach mehreren Hilfsgesuchen der afghanischen Regierung im Jahr 1979 die Legitimation für den Einmarsch ihrer Truppen nach Afghanistan. Die sowjetische Armee marschierte zwischen dem 24. Und dem 27.12.1979 in Afghanistan ein. Es begann der afghanisch-sowjetische Krieg, der allerdings – ein vertrautes Muster russischer Politik und Propaganda – so nicht genannt werden durfte.[31]

1979 war ein in vieler Hinsicht bedeutendes Jahr, in welchem auch Afghanistan eine weltpolitisch zentrale Rolle spielte: Im Januar 1979 wurden die Roten Khmer durch einmarschierende vietnamesische Truppen vertrieben. Ende Januar 1979, kurz nach der Flucht des letzten Schahs von Persien, Reza Pahlewis, kehrte Ajatollah Ruholla Chomeini aus dem Pariser Exil in sein Land zurück. Er wurde von einer jubelnden Menge begrüßt. Die bis heute

---

30 Schetter 2017, S.159
31 Borovik 1990

höchst folgenreiche islamistische Revolution und damit die Islamisierung des gesamten mittleren Ostens nahm damit ihren Anfang. Im Dezember 1979 marschierte die sowjetische Armee in Afghanistan ein.

> *„... mit den globalen Folgen von drei miteinander verbundenen Ereignissen in der islamischen Welt im Jahr 1979 leben wir bis heute. Es war das Jahr des Durchbruchs des islamischen Fundamentalismus, der zu einer dramatischen Verschlechterung des ohnehin schon beklagenswerten Zustands von Demokratie, Menschenrechten, Frieden und Wohlstand in der islamischen Welt führte und die Beziehungen zwischen ihr und dem Rest der Welt polarisieren sollte."*[32]

In Asien wurden die Roten Khmer vertrieben, im Nachbarstaat Afghanistans, im Iran, bahnte sich ein fundamentaler Wandel an; im Norden Afghanistans bereitete sich die Sowjetunion auf einen Kampf gegen den Teil der Bevölkerung vor, der traditionell islamisch bleiben wollte.

Die Revolution in Teheran hatte globale Auswirkungen, denn der Sieg der schiitischen Revolution

> *„war eine Kampfansage nicht nur an den Westen, obenan die verhassten USA, sondern auch an den atheistischen Kommunismus, gleichviel ob europäischer oder asiatischer Prägung, und nicht zuletzt an die säkularen Kräfte der islamischen Welt- an alle also, die aus Teheraner Sicht auf unterschiedliche Weise die Moderne repräsentierten."*[33]

Über die Gründe des Einmarsches der Sowjetunion mit 500 000 Mann nach Afghanistan wurde viel gerätselt:

> *„Vermutlich war es so, dass die Kremlführung Afghanistan inzwischen als einen für die Sicherheit der Sowjetunion unentbehrlichen Teil des eigenen Einflussbereichs betrachtete, der nicht auf Grund der Unfähigkeit der dortigen Kommunisten verloren gehen durfte. Eine Rolle dürfte auch gespielt haben, dass der islamische Fundamentalismus von Afghanistan aus auf die ebenfalls islamischen*

---

32 Koopmans, 2010, S. 23
33 Ebenda, S.24

Sowjetrepubliken in Zentralasien übergreifen könnte, wenn ihm nicht Einhalt geboten wurde."[34]

Zwischen den Dezembertagen 1979 und dem Jahr 1989, dem Jahr des von den afghanischen Mudjahedin, vor allem der sogenannten Nordallianz, im Verbund mit den USA erzwungenen Abzug der gescheiterten sowjetischen Truppen, gab es mehr als eine Million Tote unter den Afghanen, die meisten waren Zivilisten. Auch zahllose russische Soldaten kamen um ihr Leben. Habibo Brechna beschreibt die Zerstörung der ländlichen Gebiete Afghanistans und damit die Zerstörung der Grundlage afghanischer Agrarwirtschaft durch die sowjetische Armee als einen brutalen, infamen und grausamen, vor allem mit MIG – 24 Flugzeugen und Raketen unternommenen Kampf. Nicht nur die kleinen Lehmhäuser und die Felder der Dorfbevölkerung wurden systematisch aus der Luft zerstört, sondern auch auf fliehende Menschen wurde geschossen, während die Afghanen keine Waffen besaßen, sich gegen die Luftangriffe zu schützen:

> *„Während die sich im Land aufhaltenden Mudjahedin es mit der Zeit lernten, sich vor den Angriffen der Helikopter in Deckung zu bringen, waren die nichts ahnenden Kinder dem Terror der sowjetischen Übermacht ausgesetzt. Ich erachte es als Verbrechen der sowjetischen Militärmacht, dass sie von ihren Helikoptern aus über den bewohnten Dörfern bunte Spielsachen herunterwarfen, die mit Sprengstoff gefüllt waren. Wenn die Helikopter sich entfernt hatten, rannten die Kleinkinder hinaus und sammelten die Dinger, die in den Händen der Kinder explodierten. Wenn das Kind am Leben blieb, dann war es für den Rest seines Lebens als Krüppel gezeichnet. Meistens starben die Kinder qualvoll in den Armen ihrer hilflosen Mütter, da die hygienischen Verhältnisse in den Dörfern katastrophal waren, kein Arzt sich in der Nähe befand und die nötigen Medikamente fehlten."[35]*

In den zehn Jahren des Krieges wurden über eine Million Afghanen getötet, Afghanistans Land wurde zerstört,

---

34 Winkler 2019, S.542
35 Brechna 2005, S.306

Millionen verloren ihr Hab und Gut, über 5 Millionen Flüchtlinge mussten ihr Land verlassen, die Infrastruktur des Landes brach zusammen. Habibo Brechna zitiert eine schwedische Studie von 1987, die die Zerstörung der ländlichen Struktur Afghanistans durch die sowjetische Armee wie folgt zusammenfasst:

> *„Zerstörung der Bewässerungsanlagen 36%*
> *Verbrennung der Ernte durch Bomben 10%*
> *Bombardierung der Dörfer 65%*
> *Zerstörung der Kornspeicher 10%*
> *Durch Bomben getöteter Viehbestand 31%*
> *Durch Landminen getöteter Viehbestand 11%"*[36]

Der sowjetisch-afghanische Krieg kann damit als Beginn jener Auseinandersetzungen eingeschätzt werden, die dem Land bis heute, über 40 Jahre später, entsetzliches Leid, Armut und nicht enden wollendes Blutvergießen bringt. Er stellt den Beginn jener Kämpfe dar, die sowohl für die Binnenflucht als auch für die riesigen Flüchtlingslager in Pakistan, der Türkei und für die Massenflucht nach Europa verantwortlich sind. Vor allem verdankt die Welt dem sowjetisch-afghanischen Krieg wenn nicht die Erfindung bzw. die Entstehung der islamistischen Gruppierung der Taliban, so doch die schnelle Ausbreitung der Taliban in den Grenzgebieten zwischen Afghanistan und Pakistan und damit nicht zuletzt den exzessiven Anbau von Schlafmohn. Denn mehr als 90 Prozent des Schlafmohns in der Welt – dem Grundstoff für die Herstellung von Heroin – stammen derzeit aus Afghanistan.[37]

Die Geschichtsschreibung verhält sich zum Leid der individuellen Einwohner meist gleichgültig oder neutral. Sie beschreibt die Fakten. Atic Rahimi beschreibt in seinem ersten Roman *Erde und Asche*, erst längere Zeit nach

---

36 Brechna, S.303
37 Rashid 2010

seiner Flucht im Jahr 1984 im Alter von 22 Jahren nach Frankreich verfasst, das Leid eines alten Dorfbewohners und seines in einem russischen Raketenangriff taub gewordenen Enkels das Leid der Dorfbewohner des Landes. Ihm ist zu verdanken, dass das Leiden der Einwohner in diesem furchtbaren Krieg nicht vergessen wird.[38]

Nach 1979 entstanden in Pakistan hunderte von Flüchtlingslagern, in denen aus Afghanistan geflohene Menschen, vor allem Paschtunen, den Kern der späteren islamistischen Taliban bildeten; Von den USA und Saudi-Arabien finanziert, finanziert für den Widerstand gegen die sowjetischen Besatzer, war es nach 10 Jahren Guerillakrieg vor allem der Gruppe der Taliban gelungen, die sowjetischen Militärs zum Abzug zu zwingen.[39] In der Folge zerfiel Afghanistan in zahlreiche Kleinfürstentümer unter dem Regime regionaler Stammesfürsten. Persönliche Rivalitäten, weltanschaulich geprägte, vor allem islamistische Gruppierungen gewannen die Oberhand; gemeinsam kämpften sie gegen eine nationalstaatliche Einigung und bauten starke, unter einzelnen Stammesführern agierende Milizen auf. Unter ihnen wurden die sunnitischen Taliban, die eine strenge Befolgung der Regeln des Koran forderten, die Sieger. Afghanistan versank in Anarchie. Der Sieg der afghanischen Mudjahedin über die Sowjetarmee im Jahr 1989, verbunden mit weiteren geopolitischen Verwerfungen, leitete am Ende auch die Auflösung der Sowjetunion ein.

5. Flüchtlingslager in Pakistan, Kampf und Machtübernahme der Taliban (1996–2001)

Die islamistische Gruppe der Taliban ist seit langem und derzeit erneut gefürchtet. Ihrem Regime verdanken zahllose Afghanen den Verlust ihrer Heimat und die

---

38 Rahimi 2003
39 Schetter 2017

europäischen Länder die große Zahl afghanischer Flüchtlinge in den Jahren 2015/16. Unter ihnen wurden Männer, Kinder und vor allem Frauen einem an einer radikalen Auslegung des Korans, ebenso aber an einem an alte paschtunische Stammesgewohnheiten orientierten Regime unterstellt, deren Kern die Rechtsform der Scharia ist.

Geduldig wurden und werden Entstehung, Inhalt, Bedeutung und Geltungsreichweite der Scharia in den deutschen, englischen und arabischen Publikationen – um nur die wichtigsten Sprachen zu nennen – des deutschen Professors syrischer Herkunft, Bassam Tibis, beschrieben, erklärt und erläutert.[40] Bei Verletzung der Scharia-Regeln folgten von Seiten der Taliban drakonische Strafen wie Peitschenhiebe, Folter, Steinigungen von Frauen, zum Beispiel nach Ehebruch. Das Abtrennen von Gliedmaßen als Strafe für Diebstahl und ähnliche Vergehen existieren zwar seit Jahrhunderten, wurden nun aber wiederbelebt und radikalisiert. Die Taliban, übersetzt etwa mit *Religionsschüler*, verdanken ihre Entstehung und ihren Aufstieg in Afghanistan

- dem sowjetischen Einmarsch im Jahr 1979 und den darauffolgenden brutalen Durchsetzungsmethoden der Sowjets in Zusammenarbeit mit ihren afghanischen Anhängern mit dem Ziel, ein kommunistisches Afghanistan zu installieren.
- Der darauffolgenden massiven Flucht gläubiger Muslime, vor allem Paschtunen, in die westlichen Gebiete der islamischen Republik Pakistan. Auch Veteranen des sowjetisch-afghanischen Krieges flohen nach Pakistan.[41] Unter den Flüchtlingen

---

40 Vgl. z.B. Tibi 2002,2003,2017,2018
41 Vgl. ausführlich in Steinberg 2014. Dort werden die Verbindungen zwischen den Taliban und der Al-Qaida genauer auf ihre Ursachen, Begründungen und Auswirkungen hin analysiert. Dabei geht es um die Differenzierung zwischen der Bekämpfung des *nahen* und des

befanden sich nicht zuletzt im sowjetisch-afghanischen Krieg zu Waisen gewordene Kinder und Jugendliche, die die *Medressen* (Koranschulen) in Pakistan als Elternersatz erlebten. Eine radikalisierende Indoktrinierung traf somit auf bedürftige Kinder und Jugendliche, die keinen Widerstand bieten konnten. Bevorzugt wurden Kinder später als Selbstmordattentäter eingesetzt. Eines der Versprechen des radikalen Islam an die unter 18-Jährigen lautete, sie würden im Jenseits mit dem Besitz vieler Jungfrauen entschädigt. Einen ähnlichen Missbrauch von Kindern und Jugendlichen hat der amerikanische Psychiater und Psychoanalytiker türkisch-zypriotischer Abstammung Vamik D. Volkan für palästinensische Kinder und Jugendliche beschrieben.

- Der pakistanische Geheimdienst ISI (Inter Service Intelligence) wurde zu einem der wichtigsten Förderer der Taliban. Ziel war, eine Pakistan-freundliche Regierung in Kabul zu installieren, die den wirtschaftlichen und politischen Interessen Pakistans nicht im Weg stehen würde.
- Mit massiven Geldzuwendungen und Waffenlieferungen unterstützten Saudi- Arabien und die USA den Kampf der Taliban gegen die sowjetische Besatzung, um die sowjetische Armee zu schwächen und schließlich zu vertreiben. Unter dem Schutz der USA und den Kämpfen der Mudjahedin, vor allem der so genannten Nordallianz, war schließlich die Sowjetunion gezwungen, ihre Truppen abzuziehen.
- Aufgrund ihres frommen Lebenswandels und ihrer vermeintlich vorbildlichen Religiosität wurden die Taliban zunächst von einer breiten Zustimmung der Bevölkerung getragen. Mit der Zeit verstanden aber auch die USA, dass sie möglicherweise aufs falsche Pferd gesetzt hatten.
- Der Aufstieg der Taliban kann auch verstanden werden als ein Element der Fortsetzung des bereits seit

---

fernen Feindes, also um die Veränderung des Djihads in Richtung des Klassischen Internationalismus.

Jahrzehnten währenden Kampfes zwischen Modernisierern und Traditionalisten, allerdings in extremer islamistischer Verschärfung.

Der Kampf zwischen Modernisierern und Traditionalisten kennzeichnet im Übrigen die gesamte islamische Welt. Es ist bis heute nicht abzusehen, wie, wann und mit welchem Ergebnis diese Kämpfe enden werden. Dieser Kampf begann spätestens 1979 und scheint bislang für die radikalen Islamisten nicht ohne Erfolg zu sein, eher verdeckt auch in Europa.

Einen ausführlichen und informativen Bericht über die Entstehung und den Aufstieg der Taliban bietet der britisch-pakistanische Autor Ahmed Rashid. Wer mehr über die Taliban und ihre Netzwerke in aller Welt wissen möchte, sollte seine Artikel und Buchpublikationen lesen. In seinen Schriften wird deutlich, dass die Herrschaft der Taliban nicht auf Afghanistan begrenzt ist, sondern Auswirkungen weltweit auch bis nach Europa und die USA hat. Nicht nur durch Terrorismus, sondern auch durch die Förderung der Drogenproduktion und deren Verteilung über die ganze Welt. Legitimiert durch einen nach Auffassung Rashids *willkürlich veränderten Islam* überziehen die Taliban gemeinsam mit anderen islamistischen Gruppierungen, nicht zuletzt durch ihre nach wie vor bestehende Verbindung zur Al-Qaida, die Welt mit Terror und Gewalt. Insofern ist die derzeit in den westlichen Medien weit verbreitete Meinung, die Taliban seien eine regional oder national begrenzte Macht, nicht viel mehr als eine Illusion.[42]

Viele Einwohner Afghanistans hätten sich eine klare Reaktion von anderen islamisch regierten Ländern gewünscht und waren enttäuscht, als diese ausblieb:

---

42 Rashid 2008, 2010

> „Die meisten Afghanen waren demoralisiert angesichts der Tatsache, dass die islamische Welt es ablehnte, den Extremismus der Taliban zu verurteilen. Pakistan, Saudi-Arabien und die arabischen Golfstaaten haben nie auch nur eine Stellungnahme zur Notwendigkeit der Schulbildung von Frauen oder zu den Menschenrechten in Afghanistan abgegeben. Auch stellten sie die Taliban-Auslegung der Scharia nie in Frage. Alle muslimischen Länder Asiens schwiegen. Überraschenderweise übernahm der Iran die schärfste Verteidigung islamischer Frauenrechte: ‚Durch ihre verkrustete Politik halten die Taliban Mädchen vom Schulbesuch ab, hindern Frauen daran, außerhalb ihrer Häuser zu arbeiten-all das im Namen des Islam. Gibt es Schlimmeres als die Ausübung von Gewalt und Engstirnigkeit, eine Einschränkung von Frauenrechten und die Diffamierung des Islam?' verkündete Ayatollah Ahmad Jannati bereits 1996."[43]

Exkurs 2: Wie Gulwali Passarlay die Machtübernahme der Taliban erlebte

Die Taliban, so ist bei Gulwali Passarlay, einem im Alter von 12 Jahren aus Afghanistan nach England geflüchteten afghanischen Jungen, zu lesen, boten zu Beginn ihres Wirkens der afghanischen Bevölkerung nichts Anderes an als diese gewöhnt waren: das *Paschtunwali*, ein Leben nach dem Ehrenkodex der Paschtunen. Alle Menschen sollten nach den streng ausgelegten Gesetzen der Scharia leben und gottesfürchtig ihre täglichen Aufgaben erfüllen. Diese Absicht traf zunächst auf die Zustimmung großer Bevölkerungsteile, vor allem in den ländlichen Gebieten im Südosten Afghanistans, in welchem Gulwali als Kind mit seinen Eltern und Großeltern, seinen Onkeln und Tanten in einer traditionellen afghanischen Großfamilie inmitten einer paschtunischen Umwelt lebte.

Aber dann wurden die Sitten zunehmend strenger: Frauen und Mädchen, die in den vergangenen Jahren schon einmal von den unterschiedlichen Reformen und Reformern profitiert hatten, mussten sich plötzlich wieder zur Gänze verschleiern, durften nicht mehr in die Schule gehen,

---

43 Zitiert nach Rashid 2010, S. 184

durften nicht ohne einen männlichen Verwandten zum Arzt, auf die Straße, zum Sport oder zu einer Hochzeit gehen:

> *„Die Männer mussten traditionelle weite Kleidung und Bärte einer bestimmten Länge tragen, die Frauen mussten sich mit der Burka verschleiern, damit man ihr Gesicht nicht sah, und sie mussten Schuhe mit weichen Sohlen tragen, damit man ihren Schritt nicht hören konnte. Außerdem mussten alle zu festen Zeiten beten, und wer zur Gebetszeit auf der Straße oder bei der Arbeit erwischt wurde, der machte sich eines Verbrechens schuldig."*[44]

Aus den Städten flohen gleich nach Bekanntwerden der neuen Bestimmungen tausende gebildete Frauen aus Afghanistan, besonders aus Kabul. Einige der mir seit längerem bekannten afghanischen Frauen sind in diesen ersten Jahren der Taliban-Herrschaft auch nach Deutschland geflohen.

Langsam entwickelte sich die Taliban-Herrschaft zur Terrorherrschaft. Passarlay erzählt von einem Mann, der bestraft wurde, weil er nicht zum Gebet erschienen war. Seine Entschuldigung, er habe seine schwer kranke Frau nicht alleine lassen können, er habe Angst gehabt, sie stürbe, wurde nicht anerkannt. Er wurde von den Tugendwächtern ausgepeitscht und lag schließlich *mit zerfetztem Rücken* auf dem Boden. Ein anderer Mann wurde ausgepeitscht, weil sein Bart nicht die richtige Länge hatte.

> *„So schockierend das klingen mag, für mich war es normal."*[45]
> *„... Aber eines werde ich nie vergessen,"* schreibt er:
> *„Am Rand eines Dorfes hatten sich Dutzende Männer auf einem Platz versammelt. Einige riefen: ‚Allahu akbhar! Gott ist groß'. Andere jubelten vor Freude. Zunächst dachte ich, dass es sich um eine Art Sportereignis handelte, vielleicht einen Hahnenkampf. Ich reckte den Hals, um besser sehen zu können, und der Freund meines Großvaters hob mich auf seine Schultern. Ich sah eine Frau. Sie trug eine Burka und eine schwarze Binde über den Augen. Ihre Hände waren mit einem Strick auf den Rücken gefesselt. Ein Mann neben ihr – vermutlich ein Gerichtsdiener der Taliban – hob die Hand. Die Menge schwieg.*

---

44 Passarley 2015, S. 34
45 Ebenda, S.36

> *‚Diese Frau ist schmutzig. Sie ist eine Ehebrecherin, eine Hure.'*
> *Die Menge schrie Beleidigungen.*
> *‚Die Islamischen Emirate von Afghanistan verhängen für ihr Verbrechen das Todesurteil gegen diese Frau. Möge dieses Urteil ein Beispiel sein. Sie ist zum Tod durch Steinigen verurteilt. Möge es beginnen.'*
> *Damit legte er der Frau beinahe zärtlich die Hand auf die Schulter und führte sie zu einer Stelle, an der die Erde ausgehoben worden war. Er nahm sie am Arm und half ihr, in das Loch hinunterzusteigen. Die Erde reichte ihr etwa bis zur Hüfte. Die Frau leistete keinerlei Widerstand.*
> *Erst dann sah ich den Steinhaufen vor der Menge.*
> *Der Taliban ging zu dem Haufen und nahm einen großen Stein. Er schwenkte ihn über dem Kopf wie eine Trophäe ´Bei Allah dem Barmherzigen, du hast ein gerechtes Urteil für dein Verbrechen erhalten´.*
> *Er ging wieder auf sie zu, bis er nur noch wenige Meter von ihr entfernt war. Dann schleuderte er den Stein mit aller Kraft und traf die Frau am Kopf.*
> *Die Menge raste. Sofort griffen auch andere Männer nach den Steinen und warfen sie nach der Frau. Zunächst schien sie sich nicht zu bewegen, obwohl sie von den Steinen getroffen wurde. Doch als sie ein kleinerer Stein am Hinterkopf traf, versuchte sie, sich aus der Grube zu winden. In diesem Moment brach ein neuer Steinhagel los, und sie fiel nach hinten um. Danach ist alles verschwommen, ich erinnere mich nur noch an fliegende Steine und lautes Geschrei.*"[46]

So geschehen während der Herrschaft der Taliban zwischen 1996 und 2001, als Afghanistan ein *Islamisches Emirat* war. Gulwali datiert seinen Bericht nicht, aber er saß auf den Schultern eines Freundes von seinem Großvater, kann also nicht viel älter als 5 oder 6 Jahre gewesen sein. Wenn er im Alter von 12 Jahren im Jahr 2006 von seiner Mutter nach England geschickt wurde, so fand diese Steinigung also etwa im Jahr 1999 oder 2000 statt.

Mit der Zeit war der Terror der Taliban immer weniger einzudämmen: Zunehmend fanden sich in den Gruppierungen auch Kriminelle, denen die *Lust am Töten* (Ernst Federn), Folter und Mord Programm war.[47] Unter der

---

46 Passarley S.37/38
47 Ernst Federn, 7 Jahre KZ-Insasse in Deutschland von 1938 bis 1945, beobachtete an seinen Folterern eine zunehmende Lust am Töten, je

Herrschaft des *Islamischen Emirats Afghanistan* zwischen 1996 und 2001 gab es so zahlreiche Misshandlungen von Männern und Frauen, dass viele von ihnen auch in diesen Jahren schon aus dem Land flüchteten. Unter anderen kam es zu den folgenden Anweisungen für afghanische Frauen:

- „das Gesicht der Frau ist eine Quelle der Korruption für die nicht mit ihr verwandten Männer,
- alle Frauen mussten in der Öffentlichkeit eine Burka tragen,
- Schulbildung nach dem 8. Lebensjahr für Mädchen wurde verboten,
- Jede Berufstätigkeit von Frauen wurde verboten,
- Frauen durften das Haus nicht verlassen ohne die Begleitung eines männlichen Verwandten,
- ohne die Begleitung eines männlichen Verwandten durften keine Arztbesuche stattfinden,
- Fotos, etwaige Auftritte im Fernsehen oder Radio etc. wurden verboten,
- Musik wurde verboten,
- Das Tragen hoher Absätze, weil das Klappern auf den Straßen Männer erregen könnte, wurde verboten,
- Lautes Reden, weil kein Fremder die Stimme einer Frau hören sollte, wurde verboten,
- farbenfrohe Kleidung, weil möglicherweise für Männer erregend, wurde verboten,
- Nagellack wurde verboten,
- Fahren eines Fahrrades oder eines Motorrollers wurde verboten,
- Die Fahrt mit einem Taxi ohne Mahram wurde verboten,
- Gemeinsames Fahren von Männern und Frauen in Bussen war verboten."[48]

1996, sieben Jahre nach dem sowjetischen Abzug aus Afghanistan und der Auflösung der Sowjetunion eroberten die Taliban Kabul. Tausende gebildeter Frauen flohen aus der Hauptstadt nach Pakistan, in den Iran und nach Europa. Hunderte von Lehrerinnen wurden entlassen, Schulen geschlossen, weder Mädchen noch Jungen konnten noch einen regulären Unterricht besuchen, weil

---

länger sie ihren Machtmissbrauch ausüben konnten. Diese Beobachtung entspricht modernen neurologischen Erkenntnissen. Federn hat seine Erlebnisse im KZ Dachau in mehreren Publikationen beschrieben.

48 https://de.wikipedia.org/wik/Taliban. Letzter Aufruf 09.09.19

Lehrerinnen nicht mehr unterrichten durften. Das generelle Arbeitsverbot für Frauen traf also nicht nur sie, sondern ebenso Generationen von männlichen und weiblichen Schülern. Die Taliban errichteten ein Regime, in welchem militante Islamisten aus dem Ausland ihre Strukturen festigen konnten. Afghanistan wurde zum Hort der islamistischen Terrornetzwerke in der ganzen Welt, insbesondere der Al-Qaida. Der aus Saudi-Arabien stammende Osama Bin Laden, Kopf der Al-Qaida, genoss in Afghanistan Gastfreundschaft. Die Anschläge im Jahr 1998 auf die Botschaften der USA in Nairobi und Tansania gingen auf sein Konto. Die zunächst guten Beziehungen der Taliban zu den Vereinten Nationen (UN) verschlechterten sich rapide. Die Taliban weigerten sich, Osama bin Laden auszuliefern, obgleich außer den USA auch die UN die Auslieferung Bin Ladens verlangten. Nach den Regeln des *Paschtunwali* durfte ein Gast nicht ausgeliefert werden. Das hätte die jedem Fremden garantierte Gastfreundschaft verletzt. Unschwer war zu erkennen, dass der Einfluss der Araber auf die Taliban enorm gestiegen war. Die Taliban seien zwar wütend über Osama Bin Laden gewesen, weil sie ihm nahegelegt hätten, das Land zu verlassen, aber Bin Laden diese Bitte ignoriert habe; hinauswerfen habe man ihn nicht können. Osama nutzte dies aus, schulte stattdessen Kämpfer und rekrutierte islamistische Truppen.

Bedauerlicherweise hätten die Taliban nichts gegen Bin Laden unternommen, ihm lediglich die *Empfehlung* gegeben, zu gehen. In der vom Sender arte ausgestrahlten Serie *Afghanistan, das verwundete Land,* berichtet ein syrischer Journalist die Geschichte der tragischen Gastfreundschaft der Afghanen für Osama Bin Laden etwas genauer. Die UN und der zu dieser Zeit amtierende Präsident der USA, George W. Bush, hätten die Auslieferung Osama Bin Ladens verlangt. Die Taliban seien unentschlossen gewesen, weil im Paschtunwali die Gastfreundschaft seit Menschengedenken heilig ist. Ein zu dieser Zeit mächtiger CIA- Mann habe eines Tages einen Anruf von dem berühmten tadschikischen Löwen von Pandshir, dem Mudjahed Massoud bekommen, der Westen bekäme ein Problem, wenn sie Osama Bin Laden im Land ließen. Kurze Zeit später seien bei Massoud zwei Journalisten, angeblich aus Belgien, aufgetaucht, die vorgegeben hätten, ihn interviewen zu wollen. Tatsächlich waren es aber, wie man heute wisse, zwei junge Marokkaner, Mörder und Selbstmordattentäter aus der Gruppe der Al-Qaida. Sie hätten aus nächster Nähe Massoud erschossen.[49]

Die im Film idealisierte Rolle des einst unter mehreren anderen Allianzen, auch die Nordallianz führenden Gulbuddin Hekmatyar, in der arte-Serie ein sich harmlos darstellender Beobachter der Geschichte, beruht vermutlich auf mangelnder Recherche. Ahmed Rashid und Habibo Brechna, ausgewiesene Kenner Afghanistans, stellen Hekmatyar als skrupellosen Verbrecher dar, der je nach Bedarf die Seiten gewechselt und sich brutal durchgesetzt habe. Er sei es gewesen, der die Hauptstadt Kabul in Schutt und Asche gelegt, sich aus allen Töpfen bereichert und zahllose Menschen ermordet habe.[50]

Am 10. März 2001 zerstörten bilderstürmende Taliban das Weltkulturerbe der buddhistischen Statuen von Bamyan. Die Zerstörung der Bamyan- Statuen geschah in Zusammenhang mit der Verfolgung der schiitischen Hazara durch die sunnitischen Taliban (s.u.). Die Diskriminierung anderer Religionen nahm immer heftigere Formen an: Am 21. Mai 2001 forderte ein Dekret, alle Hindus sollten gelbe

---

49 Rashid 2010, S.330
50 Vgl. Brechna S.343 ff. Die Dokumentation stellt Hekmatyar als harmlosen Beobachter der Geschichte dar. In ihr kommentiert der ehemalige Kommandant der Nordallianz die Geschehnisse in Afghanistan aus dem westlichen Blickwinkel.

Kleider tragen, damit jeder sie sogleich als solche erkennen könne. Am 5. August 2001 wurden die christlichen Mitarbeiter der Hilfsorganisation Shelter Now verhaftet. Der Vorwurf lautete: Christliche Missionierung. Die Mitarbeiter konnten erst im November des gleichen Jahres fliehen, als das Taliban-Regime unter der Bombardierung der USA bereits zusammengebrochen war.[51]

6. Der 11. September 2001 und die Folgen für Afghanistan

Die Anschläge am 11. September 2001 auf das World Trade Center in New York und das Pentagon in Washington warfen ein Schlaglicht auf die Herrschaft der Taliban in Afghanistan. Verantwortlich für den Anschlag waren nicht direkt die Taliban, sondern der Anführer der Al-Qaida, Osama Bin Laden, der aber seit Jahren die merkwürdig ausgelegte paschtunische Gastfreundschaft der Taliban genoss. Der arabische Einfluss in Afghanistan hatte seit langem zugenommen und es war nicht schwer zu sehen, wo der Terror seine Schlupfwinkel hatte.

> *„Die Taliban-Milizen haben Afghanistan in unmittelbarer Zusammenarbeit mit dem al-Quaida-Terrornetz...zur Brutstätte des internationalen Terrorismus gemacht... Als das Terror-Regime der Taliban-Milizen als Ergebnis der operativen Zusammenarbeit mit ihrem Glaubensgenossen, dem Chef des al-Quaida-Terrornetzes Osama bin Laden, mit den Terroranschlägen in New York und Washington am 11.September 2001 zum Horror der USA und damit zum Alptraum der westlichen Welt wurde, rückte Afghanistan, wie in den 80-er Jahren des 20.Jahrhunderts, wiederum in den Blickwinkel der Weltgemeinschaft."*[52]

Damit schien das Schicksal der Taliban als selbst ernannte Ordnungsmacht, als die sie sich seit der Vertreibung der

---

51 Schetter 2017, S. 136
52 Samimy 2016, S.129

sowjetischen Besatzung der afghanischen Bevölkerung empfohlen hatte, besiegelt.

7. Weltweites Bündnis gegen die Taliban

Denn es kam ein Bündnis zustande, das in dieser Zusammensetzung ungewöhnlich war: Russland, China, die USA, Deutschland, England, Frankreich, die Niederlande, kurz: Sie alle, auch alle in der Nato vereinten Kräfte, traten unter der Führung der UN dem Bündnis bei, das die Taliban entmachten sollte.

Die im Herbst 2001 folgenden massiven Vergeltungsschläge der USA und ihrer Verbündeten schienen sehr schnell die Herrschaft der Taliban in Kabul und in ganz Afghanistan zu beenden. Zusammen mit der so genannten Nordallianz unter dem Stammesführer Gulbuddin Hekmatyar beendete das Bündnis die Herrschaft der Taliban in Kabul und auf dem Land. Die Nordallianz eroberte Kabul Ende 2001. Die Taliban zogen sich – wie schon zur Zeit der sowjetischen Invasion – in die unzugänglichen Grenzgebiete zwischen Pakistan und Afghanistan zurück.

> *„Der Krieg war schneller vorbei, als es irgendjemand vorhergesehen hatte, aber es wurde versäumt, die Weichen für einen dauerhaften Frieden zu stellen. Das schlimmste Versäumnis der Alliierten war vermutlich, die Taliban nicht völlig zu zerschlagen. 2001 wäre hierzu die Gelegenheit günstig gewesen. So konnten sich die Taliban in ihre Stammesgebiete zurückziehen."*[53]

8. Verhandlungen auf dem Bonner Petersberg im Herbst 2001

Unmittelbar nach der Zerschlagung der Taliban-Herrschaft in Afghanistan, noch im Herbst 2001, versuchte die Weltgemeinschaft, ausgestattet mit einem UN-Mandat, Afghanistans zerstrittene Ethnien sowie die verschiedenen

---

53 Rashid 2010, S.141

einander widersprechenden Gruppierungen des Landes an einen Tisch zu bringen und einen Plan zum Wiederaufbau des völlig zerstörten Landes zu entwickeln. Die Taliban wurden nicht eingeladen.

Es gibt einige Gründe, warum die Verhandlungen ausgerechnet in Bonn auf dem Petersberg stattfanden. Der deutsche Kanzler Gerhard Schröder und sein Außenminister Joschka Fischer luden ein. Beide beabsichtigten, große und verdienstvolle Akteure der Weltpolitik zu werden:

> *„Deutschland wollte die Nachkriegsordnung in einem fremden Land wesentlich mitgestalten. Das war ein Novum."*[54]

Bereits seit den zwanziger Jahren des letzten Jahrhunderts hatte es mehrere Abkommen zwischen Deutschland und Afghanistan gegeben: 1914 bis 1918 hatte Oskar Ritter von Niedermayer versucht, afghanische Truppen für den Kampf in den britischen Kolonien zu mobilisieren. 1916 sicherte ein deutsch-afghanischer Freundschafts- und Handelsvertrag die Anerkennung der Unabhängigkeit Afghanistans zu. Am 18.10.1937 gab es ein Verwaltungsabkommen zwischen Afghanistan und Deutschland über den Austausch von Ingenieuren und Studenten. Am 1.8.1939 wurde durch die Lufthansa die Verbindungslinie zwischen Berlin und Kabul aufgenommen. Am 3.8.1939 gab es ein deutsch-afghanisches Kreditabkommen. Nach dem 2. Weltkrieg gab es erst einmal eine Pause in den gegenseitigen Beziehungen. Aber schon am 31.1.1958 wurde zwischen Afghanistan und der Deutschen Bundesrepublik ein Vertrag über technische Zusammenarbeit geschlossen.[55]

Wie oben dargestellt, hatte bereits König Amanullah besondere Beziehungen zu Deutschland gepflegt, war er ein Freund der Deutschen. Damals ging es um den

---

54 Ladurner 2011, S.101
55 Vgl. Chiari 2009, S.248 ff.

gemeinsamen Gegner Großbritannien. Der deutsche Versuch, Afghanistan zu einem Aufstand gegen die Briten zu bewegen, war zwar fehlgeschlagen, die Freundschaft beider Länder schmälerte dies augenscheinlich nicht. Mit Hilfsgeldern für Brücken- und Straßenbau, mit dem Aufbau von Schulen, vor allem mit der Förderung von Mädchenschulen hatte Deutschland sich in großen Teilen der Bevölkerung Afghanistans, übrigens bis heute, einen guten Ruf erworben.

In den 60er und 70er Jahren studierten junge Männer aus gehobenen Familien Afghanistans an renommierten Universitäten in Deutschland: u.a. In München, Heidelberg, Tübingen und Freiburg. Meist waren es Studierende der Medizin, von denen nicht wenige im Land geblieben sind und bis heute in Deutschland praktizieren.

Afghanen wurden gefragt, ob sie mit einer Friedenskonferenz im Deutschland einverstanden seien. Da kein Widerspruch kam, lag es nahe, im Dezember 2001 in Deutschland Verhandlungen unter dem Schutz der Vereinten Nationen (UN) und ihrem damaligen Leiter Kofi Annan mit dem Ziel zu beginnen, die Voraussetzungen zum Aufbau eines friedlichen Landes Afghanistan zu schaffen. Eingeladen waren die vier Gruppierungen, die sich trotz großer Unterschiede in Zielsetzung und Absichten verständigen mussten. Es waren dies die *Nordallianz*, die zusammen mit den USA und ihren Verbündeten die Taliban besiegt hatte; die *Rom-Gruppe*, die die Anhänger und Befürworter der Wiedererrichtung einer Monarchie um Zaher Schah, dem im Exil lebenden letzten König Afghanistans, vertrat; die *Peshawar Gruppe*, die die Interessen Pakistans und die *Zypern-Gruppe*, die die Interessen des Iran vertrat. Vom 27.November bis zum 5.Dezember 2001 wurde in Bonn auf dem Petersberg verhandelt.[56]

---

56 Vgl. Schetter 2017, S. 138 ff.

An diese Konferenz knüpften sich große Hoffnungen. Nach zähen Verhandlungen einigten sich die genannten Gruppierungen unter massivem Druck der USA und der UN auf einen Zeitplan zum Wiederaufbau sowie eine Übergangsregierung in Afghanistan. Hamid Karzai, erneut ein Paschtune, wurde als Übergangspräsident des Landes bestimmt. Der Entwurf der Verfassung wurde insofern nicht, wie die Taliban bis heute argwöhnen, von Fremden implantiert, sondern nach Verhandlungen der genannten Interessengruppierungen der afghanischen Gesellschaft gemeinsam beschlossen. Aber, so Conrad Schetter:

> *„Der Zusammenhalt aller Gruppierungen basierte nicht auf gemeinsamen politischen Vorstellungen, sondern eher auf verwandtschaftlicher Nähe und temporären Loyalitätsverpflichtungen."*[57]

Die *Loya Jirga* bestätigte die neue Verfassung Afghanistans. König Zaher Schah konnte seine Ambitionen auf eine erneute Regierungsbeteiligung aufgeben. Es ist die Frage, ob diese Entscheidung die richtige war. Ein König als Integrationsfigur nicht zuletzt für die Ethnien Afghanistans wäre vielleicht die bessere Lösung gewesen. „Aber das verhinderten die USA", schreibt Roger Willemsen in seinem Buch *Afghanische Reise*.[58] Wer würde von den USA erwarten, dass sie Verständnis für die Funktion eines konstitutionellen Monarchen in einem Land wie Afghanistan hätten? Vielleicht wurde damals eine große Chance verpasst.

Nachdem der Paschtune Hamid Karzai als Übergangspräsident bestätigt worden war, sah es so aus, als könne eine konsequente Aufbauarbeit im Land beginnen und erfolgreich werden. Endlich, so hofften viele, würde das Land zur Ruhe kommen und Frieden finden. Afghanistan war seit

---

57 Vgl. Schetter 2017, S.138
58 Siehe Willemsen 2007. Dieses Urteil stammt aus Gesprächen mit Einwohnern im Verlauf der Reise nach Afghanistan kurze Zeit nach dem vermeintlichen Sieg der USA im Jahr 2001

2004 eine *Islamische Republik*; in der Verfassung ist die Gleichstellung von Mann und Frau garantiert. Allerdings sollte diese ausdrücklich mit den Gesetzen des Islam vereinbar sein.[59] Was dies bedeutete, zeigte sich in den folgenden Jahren.

9. Das Scheitern des Wiederaufbaus, Rückkehr der Taliban und Massenflucht nach Europa (2001-2021)

> *„Mit den Parlamentswahlen war der Petersberger Prozess abgeschlossen. Wenn dies auch auf dem Papier als Erfolg gewertet werden kann, vermochte dieser nicht, das Land zu stabilisieren oder gar zu befrieden. Daher einigte sich die internationale Gemeinschaft am 31. Januar 2006 in London im Afghanistan Compact auf die Fortführung ihres Engagements in Afghanistan. Der Sturz der Taliban hatte also nicht das Ende des Afghanistankriegs eingeläutet, sondern nur eine neue Runde der Konfliktaustragung. Die starken Einzelinteressen unzähliger Machthaber, eine blühende Drogenökonomie sowie weit verbreitete Korruption und Patronage behinderten den Wiederaufbau. Afghanistan avancierte zum Schlachtfeld eines neuen Krieges-diesmal unter Beteiligung der USA und der NATO."*[60]

Die Taliban waren geschwächt, keineswegs besiegt worden; sie steckten ihre immensen personellen Verluste weg und kehrten aus ihren angestammten Erholungsgebieten zwischen Afghanistan und Pakistan langsam zurück, sickerten, weiter und verstärkt unterstützt vom pakistanischen Geheimdienst ISI, in Afghanistan ein. Insbesondere ab dem Jahr 2014, also seit dem Rückruf amerikanischer Truppen und ihrer Verbündeten unter Obama, gewannen sie zunehmend alte Bastionen ihrer Macht zurück. Schon bald wurde die Erhaltung der wenigen erreichten Fortschritte für das Land, auch für Frauen, in manchen Regionen, vor allem im Süden um Kandahar, fraglich.

---

59 Vgl. den Text der Afghanischen Verfassung. Quellenangaben im Anhang, Text 2
60 Schetter 140/41

Die Fluchtwelle nach Europa, 2014/15 beginnend, zuweilen von der noch größeren Flucht aus dem zerstörten Syrien nach Europa verdeckt, ist bis heute Gegenstand erbitterter Streitigkeiten in Europa und Deutschland. Unter anderem leitete sie eine neue Ära der Asylpolitik in Deutschland und der EU ein. Unterbrochen wird dieser Streit derzeit von Putins Krieg in der Ukraine und einer neuen riesigen Flüchtlingswelle aus diesem Land.

Am 13. April 2021 kündigte der Präsident der USA, Joe Biden, ziemlich plötzlich den vollständigen Abzug der amerikanischen Truppen bis zu dem symbolträchtigen Datum des 11. September 2021 an.[61] Kurze Zeit später wurde der 4. Juli, der Amerikanische Unabhängigkeitstag, als Abzugsdatum bestimmt. Am 31. August war der Einsatz beendet, die USA zogen sich als letzte westliche Macht von Afghanistan zurück. Das Europäische Militär war nicht in der Lage, den Flughafen Kabul aus eigenen Kräften zu sichern, um die verbliebenen Ortskräfte auszufliegen. Ohne die Hilfe der USA wären sie kläglich gescheitert.

Die Bevölkerung Afghanistans ist inzwischen (2022) erneut schutzlos den Taliban ausgeliefert. Die Wirtschaft ist zusammengebrochen, zahllose Menschen hungern, vermutlich sterben Menschen bereits am Hungertod. Zahllose Bürgerinnen und Bürger des Landes bereiten ihre Flucht vor.

Seit Mitte 2020, seit Bekanntwerden des Entschlusses, die amerikanischen und mit ihnen alle verbündeten Truppen vollständig abzuziehen, nahmen die Anschläge in Afghanistan deutlich zu. Zu dem blutigen Anschlag am 13.März 2021 bekannte sich laut arte Abendschau *bisher niemand*. Bereits seit 2018, dem Beginn der Friedensverhandlungen zwischen den USA und den Taliban in Doha, bekannten sich die Taliban nicht mehr zu ihren Anschlägen,

---

61 Mc Kinley 2021, S. 218-221.

sondern sie schwiegen oder machten den Islamischen Staat (IS) dafür verantwortlich. Zu negativ hätte sich ausgewirkt, wenn während der laufenden so genannten Friedensverhandlungen Terroranschläge der Taliban bekannt geworden wären. Nach glaubwürdigen Berichten von Afghanen, die jüngst aus Deutschland in ihr Heimatland reisten und nach ihrer Rückkehr über die Lage in Afghanistan berichteten, hat der IS in Afghanistan jedoch keine Chance gegen die Taliban, das heißt vermutlich: Deren Anschläge werden gebilligt oder zumindest nicht verhindert.

Anfang August 2020 hatte die Loya Jirga beschlossen, weitere 400 Taliban aus den Gefängnissen zu entlassen. Das war eine der Forderungen, die die Taliban in den Friedensverhandlungen mit den USA unter Trump zur Bedingung der Einstellung sämtlicher Kämpfe gemacht hatte. Damit waren dann insgesamt 5000 Taliban aus Gefängnissen entlassen worden. Großen Zeitungen war dies meist nur eine kleine Notiz wert. Tatsächlich bedeutete diese Maßnahme eine Katastrophe für Afghanistan. Um die von den Taliban gewünschte Zahl 5000 zu erreichen, waren also 400 Taliban aus der Haft entlassen worden, die der amtierende Präsident Ashraf Ghani kurze Zeit zuvor noch als *schwere Verbrecher, die nicht entlassen werden können* bezeichnet hatte. Trump hatte aber mit Erfolg verhindert, Ashraf Ghani an den Friedensverhandlungen zu beteiligen. Zu Gunsten seines *Deals* mit den Taliban (man denke nur an seinen Flirt mit Nordkoreas Machthaber Kim Jong Un) glaubte er offenbar, die gewählte Regierung Afghanistans von Friedensverhandlungen ausschließen zu können.

Damit entwertete er die afghanische Regierung massiv. Seine Politik trägt damit maßgeblich für das derzeitige Desaster des Westens in Afghanistan die Verantwortung. Es war Trump, der seit Jahren nicht nur die Demokratie in seinem eigenen Land zu zerstören versucht, sondern auch, außenpolitisch völlig blind oder, um einen Fachausdruck aus der Psychologie zu gebrauchen: narzisstisch seine eigene Person in den Vordergrund politischer Entscheidungen stellte und damit auch die demokratischen Anfänge in Afghanistan ignorierte, schließlich schwer beschädigte und zerstörte.

Noch ein Jahr zuvor, im September 2019, fünf Jahre nach den Wahlen im Jahr 2014, hatten in Afghanistan erneut Wahlen stattgefunden. Bereits im Vorfeld waren diese überschattet von den Drohungen der Taliban, Sprengsätze vor den Wahllokalen zu installieren und jeden potentiell in die Luft zu sprengen, der es wagen würde, an der Wahl einer Regierung teilzunehmen, die von den Taliban nicht anerkannt würde. Hätte man 2019 nicht wissen können, dass die Taliban den langsam sichtbar werdenden demokratischen Aufbruch vieler Afghanen niemals tolerieren würden? Und hätte man nicht schon viel früher die Gelegenheit gehabt, die Taliban zu entmachten?

Der Nachrichtensprecher im Deutschlandfunk am 28.9.2019 um 6 Uhr MEZ berichtete, dass *bisher noch keine Frau an den Wahlurnen gesehen* worden sei. Kein Wunder: Die Taliban hatten bereits seit Wochen besonders Frauen mit Anschlägen vor den Wahllokalen gedroht. Zunächst schien es so, als würden sie damit Erfolg haben. Ihr Hass auf Frauen, ihre Verachtung insbesondere der Frauen, die auf irgendeine Art öffentlich sichtbar werden, hatte dafür gesorgt, dass gerade sie sich nicht trauten, das Haus zu verlassen und zu den Wahlurnen zu gehen. Aber auch Männer waren bedroht. Aus Kandahar, der im Süden Afghanistans gelegenen Hochburg der Taliban, sowie aus vielen weiteren Städten wurden bereits früh am Morgen zahlreiche Anschläge gemeldet. Im Laufe des Tages gingen aber doch viele Menschen zu den Urnen, Frauen ebenso wie Männer. Zwar konnten nicht alle Wahlberechtigten ihre

Stimme abgeben, weil sie zum Beispiel vor verschlossenen Türen der Wahllokale standen oder keinen Stimmzettel bekommen hatten. Dennoch: Die Taliban hatten nicht den Erfolg, den sie sich erhofft hatten. Während der Wahlen gab es 38 Tote und über 300 Verletzte.

Trotz dieser hohen Verluste wurde die Wahl von dem amtierenden und mit einfacher Mehrheit wiedergewählten Präsidenten des Landes, Ashraf Ghani, als Erfolg bezeichnet. Seine Begründung lautete: Weil es weniger Tote gegeben habe als in den Wahlen im Jahr 2014. Zwar konnte von einer repräsentativen Wahl nicht die Rede sein. Die Wahlbeteiligung betrug lediglich 25%. Da es zahlreiche formale und politische Schwierigkeiten bei der Auszählung der Stimmen ebenso wie bei der Zuordnung der Stimmzettel zu den Wählenden gab, wurden die immer noch vorläufigen Ergebnisse erst im Dezember 2019 bekannt: Auf den 70-jährigen Aschraf Ghani entfielen 50,64% der Stimmen; der bisherige Mitregent, Abdullah Abdullah, wurde mit 39,52 % der Stimmen Zweiter. Eine Stichwahl konnte somit entfallen. Trotz seiner jedenfalls auf den ersten Blick offenkundigen Niederlage kündigte Abdullah Abdullah an, Beschwerde gegen das Wahlergebnis einzulegen. Es sei gefälscht und beruhe auf einer verfehlten Auszählung der Wahlzettel, so sein Argument. Er erkenne das Ergebnis nicht an.[62]

Schließlich unterzeichneten die beiden Konkurrenten ein Abkommen, das die Regierung Ashraf Ghani, die Leitung der anstehenden Gespräche mit den Taliban dem Rivalen Abdullah Abdullah übertrug. An der Regierung selbst wurde letzterer nicht beteiligt. Insofern ist nachvollziehbar, dass Abdullah Abdullah sich im August 2021 zunächst den siegreichen Taliban als Opposition zur Regierung des geflohenen Ashraf Ghani anzubieten schien.

---

62 FAZ vom 23.12.2009, S.1

2014 hatten der Paschtune Ashraf Ghani und der Tadschike Abdullah Abdullah noch gemeinsam regiert. Diese nicht konfliktfreie Form des Regierens war ein Kompromiss, den der 2014 amtierende Außenminister der USA, John Kerry, im letzten Augenblick zur Streitschlichtung zwischen beiden Wahlsiegern zustande gebracht hatte.

2018 hatte Trump die Idee, Vertreter der Taliban nach Camp David einzuladen. Seine ausdrückliche Absicht war bereits damals, einen *Deal* ausschließlich mit den Taliban abzuschließen. Die gewählte Regierung Afghanistans wurde auch damals schon weder als solche anerkannt noch eingeladen.

Zwar hatten zu dieser Zeit die Friedensgespräche in Doha noch das Ziel, den unter der Überschrift *America first* von den USA bevorstehenden und bereits von Obama angekündigten und eingeleiteten Abzug der amerikanischen Soldaten aus Afghanistan nicht bedingungslos zu vollziehen. Der Abzug sollte nur erfolgen, wenn die Taliban garantieren könnten, das Land nicht mehr als Rückzugsort für Terroristen zur Verfügung zu stellen.[63] In Beraterkreisen des amerikanischen Präsidenten wurde scharfe Proteste gegen die Idee Donald Trumps laut: Eine unerhörte Grenzüberschreitung sei es, Terroristen in die USA einzuladen. Am 07.09.2019 sagte Donald Trump dann plötzlich die Gespräche mit den Taliban ab, kurz bevor deren Abordnung in Camp David, dem geplanten Ort der Verhandlung, eintreffen sollte. Als Begründung für sein Umdenken nannte Trump die anhaltenden Terroranschläge der Taliban in Kabul. Vor allem ein kurz zuvor verübter Anschlag in der afghanischen Hauptstadt, bei dem 12 Menschen getötet worden waren und es zahlreiche Verletzte gegeben hatte, sich unter den Toten auch ein US-Soldat befand, lieferte Trump die Begründung für die unerwartete Absage. John Bolton,

---

63 FAZ vom 08.09.2019

der von dem *Taliban-Deal* abgeraten hatte, wurde dennoch gefeuert.

Die Taliban reagierten auf die abrupte Ausladung mit vermehrter Gewalt. Unmittelbar auf die Absage Trumps folgte ein Selbstmordattentat in Afghanistan, durch welches 50 Menschen starben und viele weitere verletzt wurden. Es folgten weitere Anschläge, die in aller Deutlichkeit zeigten, dass die Taliban, wie zu dieser Zeit seit bereits über dreißig Jahre zuvor, nicht die Absicht hatten, das Land einer in ihren Augen von den USA und ihren Verbündeten eingesetzten afghanischen Regierung anzuvertrauen und damit auch nach deren Abzug den verhassten ausländischen Besatzern das Feld zu überlassen.

Sondierungsgespräche über den Abzug der USA und ihrer Verbündeten mit den Taliban fanden aber wie seit Jahren weiterhin statt. Die Taliban waren dank der Entscheidung des USA-Präsidenten Donald Trump seit 2018 die einzigen afghanischen Partner im Rahmen der Abrüstungs- und Waffenstillstandsverhandlungen in Doha. Neuere Anschläge, im Mai 2020 sogar auf eine Entbindungsstation in einem Kabuler Krankenhaus sowie während eines Begräbnisses, die jeweils viele Tote und Verletzte forderten, darunter Mütter und ihre Säuglinge, zeigten, dass auf die Taliban und ihre Versprechungen nicht nur kein Verlass ist, sondern, seit über 30 Jahren, für jeden Beobachter sichtbar, ausschließlich terroristische Anschläge die Garantie für die Durchsetzung der von ihnen erhobenen Forderungen darstellten.

Menschenrechte, insbesondere Frauenrechte, zu Beginn der so genannten Friedensverhandlungen noch ein Thema, kamen aus Gründen der inzwischen vorherrschenden Resignation der US-Regierung ebenso wie im Kreis ihrer Verbündeten kaum mehr zur Sprache. Es entstand der Eindruck, dass die USA die Verpflichtungen aus dem

Engagement in Afghanistan so schnell wie möglich los sein wollten. Für Frauenrechte, Schulbesuch und Bildung, Meinungsfreiheit und allgemeine Menschenrechte in Afghanistan gibt es inzwischen keinen Raum mehr, obgleich sie in der Verfassung nach den Bonner Verhandlungen von 2001 verankert wurden. Sie werden derzeit von den Taliban weiterhin verbal beteuert, die alltägliche Praxis spricht eine andere Sprache.[64]

Präsident Bidens Vermutung, auf Garantien zu bestehen und zu hoffen, die Verhandlungen mit den Taliban würden erfolgreich sein, heiße, für immer zu bleiben, ist die Berechtigung nicht abzusprechen. Wer aber, das wird in den Medien wenig oder gar nicht kommuniziert, war verantwortlich dafür, dass die USA von den Taliban über den Tisch gezogen wurden? Joe Biden wird in die Schuhe geschoben, wofür er nicht verantwortlich ist.[65] Mit dem Finger auf ihn und den Präsidenten Ashraf Ghani zu zeigen, ist zu einfach. Es war Donald Trump, der die aktuelle Entwicklung eingeleitet hat. Es sieht so aus, als habe die deutsche Regierung dies unwidersprochen hingenommen. Umso wichtiger ist die Frage: Was wird aus dem Land? Was geschieht mit den vielen Frauen, die unmittelbar nach der Machtübernahme der radikal islamistischen Taliban ihre Jobs verloren haben, was wird aus den Mädchen, die Schulverbot ab der 7. Klasse erhielten, die von weiterführender Bildung und Ausbildung ausgeschlossen werden? Was geschieht mit den Männern, die als „Ortskräfte" die westlichen Verbündeten 20 Jahre lang unterstützt haben? Als Dolmetscher, Vermieter ihrer Grundstücke und Häuser, als ortskundige Führer und Vermittler in schwierigen Missionen? Was geschieht mit den Millionen Menschen, die über Nacht arbeitslos wurden? Was bedeutet der Sieg der Taliban

---

64 Vgl. Text 2 im Anhang: Verfassung der Islamischen Republik Afghanistan.
65 Malkasian 2020 In: Foreign Affairs, March/April 2019, S. 2 -14

geostrategisch? Wie werden sich China, Russland, der Iran und Pakistan verhalten? Welche Pläne haben sie? Werden die USA und ihre westlichen Verbündeten sich mit ihrem schmählichen Rückzug aus dieser Region für immer verabschiedet haben? Sind Europa und Deutschland auf eine neue Flüchtlingswelle vorbereitet? Haben wir aus der massiven Einwanderung in den Jahren 2015/16 gelernt? Wie sieht derzeit die Hilfe des Westens für die Afghanen in ihrem Land aus? Wird sie strikt an die Verbesserung der menschenrechtlichen Lage gebunden? Insbesondere an die Lage der Frauen? Sollten wir keine Hilfen leisten, falls die Taliban nicht bereit sind, das Morden ehemaliger Ortskräfte einzustellen und den Frauen wieder Zugang zu Bildung und ihren früheren Jobs zu verschaffen? Die Taliban haben sich seit 1996 nicht geändert. Ihre Auslegung des Islam und damit ihre Brutalität gegenüber der Bevölkerung hat sich ebenso wenig verändert. Auf dem Weg hinein und hinaus und in der fast beispiellos naiven Art und Weise, wie Deutschland diesen Weg der USA begleitet hat, sind viele Fehler passiert, die sich in der Tat niemals wiederholen dürfen. Die Taliban haben alle Versprechen, die sie zunächst, um Hilfe nachsuchend, abgegeben haben, längst gebrochen.[66]

Ein verlassener, ein gescheiterter Staat bleibt zurück. Für den überstürzten Abzug, die Billigung, das Land seinem Taliban-Chaos zu überlassen, wird auch Europa einen hohen Preis bezahlen: Nicht nur das moralische Versagen bezüglich der Zurücklassung der Ortskräfte, sondern auch, erneut mit Flüchtlingen überschwemmt zu werden. Die Zurückgebliebenen haben aber weder das Geld, noch die Pässe und Visa, um zu flüchten. Ihnen bleibt, wenn nicht Hilfe aus dem Ausland kommt, nur eine abenteuerliche Flucht zu Fuß. Wie sollen das Hunger Leidende schaffen?

---

66 Arte Weltspiegel vom 14.11.2021

III. Zu den Kulturen einer multiethnischen Gesellschaft

Was gehört zur Kultur eines Landes? Eine gemeinsame Sprache? Eine gemeinsame Geschichte? Eine gemeinsame Religion? Ein nationales Wir-Gefühl? Das *ungedachte Bekannte*, wie in Abwandlung eines Begriffs des Psychoanalytikers Christopher Bollas die selbstverständlichen Sitten und Gebräuche im Alltag von Menschen bezeichnet werden könnten?

Alles zusammen und noch ein wenig mehr. Denn die Kultur eines Landes bestimmt einerseits das in Jahrtausenden entwickelte gemeinsame Leben von Menschen einer gegebenen gesellschaftlichen Einheit, eines Stammes, einer Nation, eines Staates, einer Ethnie, eines Staatenbundes. Die Kultur einer bestimmten Gruppierung bestimmt das Insgesamt der Sitten und Gebräuche, der Werte und der Verteilung von Macht. Kulturell bestimmt sind, mikrosoziologisch betrachtet, Geschlechterrollen und Geschlechterfunktionen, die Art und Weise der Sozialisation des Nachwuchses, d.h. die Erziehung der Kinder und deren Ausbildung, der Umgang mit den Eltern und, ganz allgemein, mit den betagten Mitgliedern der Bevölkerung, der Umgang mit dem Sterben und dem Totengedenken. Auch in ihm spielen der Glauben und die Vorstellungen über ein Jenseits die entscheidende Rolle.

Die Übernahme der Kultur, in der ein Kind aufwächst, geschieht durch die Weitergabe der Sitten und Gebräuche eben dieser Gruppierung meist durch die Eltern. Sie bestimmt das selbstverständliche und generell meist unhinterfragte Handeln, Denken und Urteilen der Menschen. Diesen Vorgang nennt man normalerweise Traditionsbildung. Diese reicht tief in die Triebstruktur des Menschen hinein und ändert sich lebenslang meist nicht wesentlich. Sie leitet zu automatischem Handeln und Denken, das sich selbstverständlich und *unbemerkt,* wie Karl Jaspers dies nannte oder im Wesentlichen *unbewusst,* wie Sigmund Freud meinte, in jeder einzelnen Handlungsweise abbildet und durchsetzt.

Die Kultur eines Landes bildet das narzisstische Kleid, das als Schutz um die jeweilige individuelle Persönlichkeit gelegt ist. Dieses Kleid wird nicht einfach zerrissen und durch ein neues ersetzt, wenn Manner, Frauen, Kinder in Städte, Länder, Kontinente einer anderen Kultur einwandern. Kinder sind bekanntlich am flexibelsten in der Übernahme neuer Kulturen. Das narzisstische Kleid, also die von der Heimat mitgebrachte Schutzhülle der Kultur, wird bei einer Einwanderung Risse bekommen, es wird angegriffen werden, weil die Willkommenskultur nicht ohne weiteres bereit sein wird, eine andere Kultur ebenso zu schätzen wie die eigene. Eben deshalb nicht, weil auch sie tief in der Hirn- oder auch Triebstruktur verankert ist Diese Konstellation führt zu inneren und äußeren Konflikten. Oft lautet die erste oder zweite Frage angesichts eines Fremden: Woher kommst Du? Denn es ist nicht gleichgültig, woher ein Fremder kommt. Die erste Einordnung, die erste Orientierung Fragender geschieht nicht nach dem individuellen Charakter eines Menschen, das ist nicht möglich, weil man dazu einige Zeit benötigt; sondern sie geschieht nach der Einordnung sichtbarer Charakteristika eines bestimmten Kollektivs (weswegen die Hautfarbe oft eine herausragende Rolle spielt), in eine spezifische Kultur, über die der Fragende – berechtigt oder nicht – sich viel schneller ein Urteil bildet als über den individuellen Menschen, der vor ihm steht. Das können auch Vorurteile sein, die möglicherweise keiner Überprüfung standhalten. Aber sie geben in jedem Fall Orientierung, oder *reduzieren Komplexität,* wie Niklas

Luhmann gesellschaftlich konstruierte Vereinfachungen nannte.

Kultur ist also viel mehr als das zivilisatorische Hier und Jetzt eines Landes oder Staates. Sie weist auf Vergangenheit, Gegenwart, Zukunft, inhaltliche Bestimmung und normative Anforderungen an die in ihr lebenden Menschen hin. Die Herkunftskultur prägt das menschliche Leben von seiner Geburt bis zum Tod. Kultur ist im Rahmen des Sozialisationsprozesses, den jeder Mensch von Geburt an durchläuft, verinnerlicht und kann nicht abgelegt werden wie eine bloß äußerliche Gegebenheit. Nur schwer kann ein Mensch in einer neuen, einer ihm fremden Kultur verleugnen, woher er oder sie kommt, nur schwer kulturelle Eigenarten und Eigenheiten aufgeben zugunsten einer neuen, einer fremden Kultur. Dieser Umstand macht Migration sowohl für die Eingewanderten wie für die aufnehmenden Gesellschaften zu einem komplexen und komplizierten Prozess. Wir müssen uns diese Zusammenhänge immer bewusst machen, um nicht ungerecht zu werden.

Einerseits hat Afghanistan keine einheitliche kulturelle Identität. Das Land ist ein oft als künstliches Gebilde bezeichneter Staat, der eine fast unübersichtliche Ansammlung von Menschen unterschiedlicher Herkunft asiatischer, indogermanischer, persischer, griechischer und arabischer Völkerstämme in sich vereint. Diese waren in sehr unterschiedlichen Stämmen organisiert und sind dies zum Teil immer noch. Von der Herrschaft der Engländer konnte sich das Land erst im Jahr 1919 unter König Amanullah befreien (s.o.). Zuvor schon wurde Afghanistan mittels der nicht selten als willkürlich bezeichneten Durand- Linie von Pakistan abgegrenzt. Die Durand Linie schneidet das paschtunische Siedlungsgebiet mitten hindurch. Deswegen fällt es bis heute aufgrund ihrer grenzüberschreitenden Kultur den Paschtunen leicht, sich über die Grenze zwischen Afghanistan und Pakistan hinweg frei zu bewegen. Im Osten Afghanistans und im Westen Pakistans wird dieselbe Sprache gesprochen, Paschto; das Gebiet ist seit Jahrhunderten von der Ethnie der Paschtunen besiedelt. Ähnlich verhält es sich im Norden Afghanistans mit den dort lebenden Usbeken: Im Süden des inzwischen von der Sowjetunion unabhängigen Staates Usbekistan lebt die Ethnie der Usbeken genauso wie im Norden Afghanistans. Dennoch kann durchaus und berechtigt von Afghanen gesprochen werden, die in vieler Hinsicht so viele Gemeinsamkeiten aufweisen, dass sie erkennbar einer gemeinsamen Herkunft zuzuordnen sind.

Roger Willemsen beschreibt seine Eindrücke in besonders schönen Worten:

> *„... die Afghanen (zeigen) eine Zugewandtheit, die im Westen fehlt. Das ist nicht Bedürftigkeit, auch kein Erschleichen von Vorteilen. Eher schafft der Respekt vor der Unversehrtheit des Anderen Nähe, eine Wärme, die wie grundlegendes Wohlwollen ist und mit der Tatsache korrespondiert, dass man ein Land erst immer besser fühlen als darüber Bescheid wissen kann."*[1]

Oder, noch poetischer:

> *„... vier Millionen Exilanten (haben) Afghanistan als Blaue Blume in die Welt getragen. Überall lebt dieses Land in einer Sphäre des Heimwehs."*[2]

Es ist dennoch nicht leicht zu beantworten, in welchem kulturellen Umfeld Afghanen als Staatsvolk aufwachsen. Denn Afghanen sind kein Staatsvolk nach der üblichen Definition. Afghanen leben in einem Vielvölkerstaat, in welchem die je traditionelle Stammeszugehörigkeit weitgehend Sitten, Sprache und die Erziehung von Kindern bestimmt. Einigung scheint die Religion des Islam zu stiften. Der Islam ist, wie oben erwähnt, nach der ersten versuchten Eroberung

---

1   Willemsen 2007, S.89
2   Ebenda, S. 9

Afghanistans gegen den zunächst erbitterten Widerstand der Bevölkerung erst seit der Regierung Abdur Rachmans, seit Ende des 19. Jahrhunderts also, Staatsreligion geworden. Neben den mehrheitlich vertretenen Sunniten gibt es aber auch eine große Zahl schiitischer Hazara in Zentralafghanistan.

Die auf dem Petersberg in Bonn im Jahr 2001 erarbeitete und 2004 durch die Große Loya Djirga verabschiedete Verfassung des Landes bezeichnete Afghanistan als *Islamische Republik*. Inzwischen haben die Taliban Afghanistan aber erneut, wie 1996, als *Islamisches Emirat Afghanistan* ausgerufen.

Afghanen sind nicht alle sunnitischen Glaubens; Paschtunen und Tadschiken, die die Mehrheit in Afghanistan bilden, sind Sunniten. Das verbindet sie mit ihren östlichen Nachbarn, den Pakistani. Die bis in die Gegenwart (angeblich wegen ihrer mongolischen Herkunft) verfolgte Minderheit der Hazara sind dagegen schiitischen Glaubens. Dies verbindet sie mit den schiitischen Gläubigen im Iran.

Einige wenige Gepflogenheiten, so zum Teil Feiern zum Neuen Jahr, gehen auf zoroastrische, d.h. altpersische Traditionen zurück.[3] Auch Minderheiten der Alawiten sind hier und da zu finden. Insofern bietet trotz des vordergründigen Eindrucks einer einheitlichen Religionszugehörigkeit der Islam nicht immer das Gefühl von Einheit, sondern aufgrund unterschiedlicher Religionsinhalte und Nachfolgediskussionen insbesondere zwischen Sunniten und Schiiten oft zusätzlichen Konfliktstoff.

---

3   Zu Zarathustra in Afghanistan vgl. Schetter 2017, S. 31

1. Ethnien

Paschtunen

Die größte Ethnie in Afghanistan stellen die Paschtunen. Etwa 40 bis 50% der Gesamtbevölkerung gehören diesem Stamm an. Die Paschtunen führen ihre weit verzweigten Stämme auf verschiedene Personen und deren Herkunft zurück Sie leben den sunnitischen Glauben. Ihre gemeinsame Sprache ist das Paschto. Sie werden nicht selten als die *eigentlichen Afghanen* angesehen; zuweilen werden deshalb die Bezeichnungen Paschtune und Afghane synonym gebraucht. Ihr hauptsächlicher Siedlungsraum ist der Südosten Afghanistans, der weit in das Staatsgebiet Pakistans hineinreicht. Aber auch im Nordosten des Landes leben später angesiedelte größere Gruppierungen von Paschtunen. Diese Ansiedlungen sind der gewollten Paschtunisierung durch unterschiedliche Regenten im Laufe der Geschichte zu verdanken.

Paschtunen sind Sunniten. Ihre Stammesgesetze sind in den vielen Jahren der Islamisierung Afghanistans überformt worden. Islamischer Fundamentalismus ist, wie oben ausgeführt, den afghanischen Völkern traditionell fremd. Er wurde erst populär, nachdem er – vor allem seit dem Jahr 1979 – als Folge der sowjetischen Besatzung und der iranischen Revolution weltweit an Boden gewann. Die extreme Ideologie des Islamismus der Muslimbrüder führte, tief verletzt, die Verelendung der islamischen Staaten auf das Zeitalter des Kolonialismus zurück. Das dies weder den historischen noch den sozialen Tatsachen entspricht, belegt Ruud Koopmans mit einer Fülle empirischer Befunde.[4]

Seit Jahrhunderten stammen die Regenten Afghanistans, Emire, Könige und Präsidenten, von wenigen Ausnahmen abgesehen, aus der Ethnie der Paschtunen. Auch der

---

4   Koopmans 2010

bis vor kurzem amtierende Präsident Ashraf Ghani ist Paschtune. Sein Vorgänger Hamid Karzai ist ebenfalls Paschtune. Politisch dominieren Paschtunen Afghanistan. Auch subjektiv halten sich Paschtunen oft für die *eigentlichen* Afghanen, die das Land seit dem Aufstieg der Durani-Dynastie regieren.[5]

Ungeschriebenes paschtunisches Stammesgesetz ist das *Paschtunwali*. Es beschreibt die Normen und Werte, die jeder Paschtune zu befolgen hat. In die deutsche Sprache übertragen bedeutet *Paschtunwali* in etwa Paschtunentum. Die Anforderungen, die das *Paschtunwali* an die Paschtunen stellt, wurden vermutlich seit Jahrhunderten, lange Zeit vor der Islamisierung, von Generation zu Generation mündlich tradiert. Unter Strafe des Ausschlusses aus der paschtunischen Gemeinschaft wird es bis heute immer noch fast selbstverständlich befolgt. Auch Migranten in Deutschland fühlen sich meist nach wie vor an das *Paschtunwali* gebunden.

So erzählt ein afghanischer Paschtune, der vor Jahren in Kabul in seinem eigenen Unternehmen arbeitete, gebildet, mit gutem Universitätsabschluss in den Wirtschaftswissenschaften, dass er nach Erteilung seiner Aufenthaltsgenehmigung in Deutschland, die er sehr schnell bekam, den Inhalt eines in deutscher Sprache abgefassten Schriftstücks nicht verstanden, deshalb aus Versehen einen angebotenen Antrag auf Nachzug seiner Frau und ihres Kindes in Deutschland unterschrieben habe. Das Kind sei nicht seines, die Frau sei, weil sie von ihrer Verwandtschaft nach dem Tod ihres Ehemannes versorgt werden musste, in Kabul an ihn zwangsverheiratet worden. Der Nachzug sei inzwischen genehmigt worden. Er wolle ihre Ankunft nicht, aber er könne sich nicht erlauben, die ungeliebte, viel

---

5   Zu den weit verzweigten Stämmen der Paschtunen und dem Aufstieg der Durani vgl. Schetter 2017, S.46 ff

ältere Frau abzulehnen. Er halte sie für ungebildet und analphabetisch. Alles, was er inzwischen in Deutschland an Aufbauarbeit geleistet habe, werde durch sie bedroht. Wenn er als Paschtune sich aber weigere, seine Frau willkommen zu heißen, werde er die Achtung und Liebe seiner Mutter und seiner gesamten Familie in Afghanistan für immer verlieren. Der Konflikt drohte ihn zu zerreißen. Seine Frau ist beleidigt, gekränkt, verletzt, sie fordert von ihm die Ausübung der ehelichen Pflicht, zu der er sich aber nicht in der Lage fühlt. Sein Aufnahmeland hätte eine einfache Lösung parat: Trennung natürlich, weil die Liebe nicht das einzige, aber meist doch ein sehr entscheidendes Band zwischen Eheleuten darstellt. Eine Zwangsehe ist in Deutschland verboten. Bezogen auf islamische Gepflogenheiten versteht man hierunter oft die erzwungene Verehelichung eines noch nicht volljährigen weiblichen Kindes mit einem älteren Mann. In Afghanistan ist das aber keineswegs immer der Fall: Es gibt auch die umgekehrte Variante. Zum Beispiel eine Frau, verwitwet, die finanziell wegen ihrer strukturell verursachten Unbildung und eines Arbeitsverbotes nicht für sich und ihre Kinder sorgen kann, wird mit einem Mann verheiratet, der gerade dies kann und auch muss: Arbeiten, versorgen, ernähren. Diese Praktiken sind die Versicherung für anfallende Sozialfälle.

Eine alleinlebende Frau, eine Frau, die ihren Mann zum Beispiel durch die andauernden Kriege in Afghanistan verloren hat, hat das Recht auf Schutz, Fürsorge und Unterhalt. Da die Heirat mit einem Versorger die einzige Sozialversicherung für eine Frau darstellt, muss ein Ehemann gefunden werden.

Das *Paschtunwali* enthält für die männlichen Mitglieder des Stammes durchaus demokratische Elemente: Männer sind Gleiche. Frauen sind von ihnen zu beschützen, aber auch zu kontrollieren, damit sie die Familienehre bewahren. Sollte eine Beleidigung oder eine größere Ehrverletzung innerhalb des paschtunischen Verbandes vorkommen, ist der nächste männliche Verwandte verpflichtet, die Ehre wieder herzustellen. Es kann sein, dass die Tötung desjenigen, der die Ehre der Familie beschmutzt hat, notwendig wird. Deshalb ist Blutrache in Afghanistan nach wie vor eine weit verbreitete und von vielen Afghanen nicht klar abgelehnte Verpflichtung. Auch wenn so mancher Afghane aus Angst vor der drohenden Ermordung durch einen angeblich oder tatsächlich Ehrverletzten geflohen ist, ist nicht sicher, ob etwa darin ein Zeichen für die generelle Ablehnung dieser grausamen Sitte zu sehen ist. Die Verpflichtung zur Blutrache bzw. die Angst davor ist jedenfalls für so manche Flucht aus Afghanistan verantwortlich.

Tadschiken

Die zweitgrößte Ethnie Afghanistans, etwa 25% der Gesamtbevölkerung, stellen die Tadschiken. Sie haben weniger als Paschtunen einen festen und abgrenzbaren Zusammenhalt; oft wird als Tadschike bezeichnet, wer keiner anderen identifizierbaren Volksgruppe angehört. Ihre Sprache ist Dari, ähnlich dem Farsi, der Sprache des Iran. Die Tadschiken leben vor allem im Westen Afghanistans entlang der iranischen Grenze, rund um Kabul und auch im Nordosten des Landes. Sie bestimmen weitgehend das Wirtschaftsleben Afghanistans und bilden wahrscheinlich die Mehrheit der Einwohner in der Hauptstadt Kabul. Vermutlich sind die meisten Intellektuellen des Landes Tadschiken. Ein afghanisches Sprichwort besagt, dass man in der im Westen liegenden Stadt Herat nicht spazieren gehen kann, ohne über einen Dichter zu stolpern.

Beide Ethnien, Paschtunen und Tadschiken, sind sunnitischen Glaubens.

Als ich afghanische Tadschiken in den Containerdörfern fragte, welche Sprache sie sprechen oder welcher Ethnie sie angehören würden (weil ich die Relevanz der Herkunft von in Deutschland ankommenden Paschtunen glaubte verstanden zu haben …) schauten sie nur erstaunt und etwas ratlos bis spöttisch. Ihre Stammesherkunft ist ihnen nicht wichtig; sie grenzen sich aber doch ziemlich deutlich von Paschtunen ab, die ihrerseits fast ausnahmslos stolz sind, Paschtunen zu sein. Es ist nicht ganz klar, ob sie sich sicher vertragen, obgleich sie aus Höflichkeit das Gegenteil behaupten. Leichte Spannungen gibt es spürbar manchmal doch; tadschikische Frauen scheinen sich ein wenig freier zu fühlen als paschtunisch sozialisierte Mädchen und Frauen. Davon wird später noch die Rede sein.

Hazara

Die drittgrößte Ethnie in Afghanistan stellen die Hazara. Etwa 10 bis 15% der Afghanischen Bevölkerung gehören hierzu. Sie leben den schiitischen Glauben und bewohnen traditionell das Hochland im Zentrum von Afghanistan. Sie sind sowohl aufgrund ihrer Religion als auch wegen ihrer angeblich mongolischen Herkunft, wegen ihrer Armut und Unterprivilegierung in der Vergangenheit Diskriminierungen ausgesetzt gewesen und sind es zum Teil immer noch. Insbesondere die Taliban verfolgten die Hazara gnadenlos. Am 20.April 2022 fand erneut ein Anschlag auf eine Jungenschule, die im Westen Kabuls gelegen ist, und in welcher Hazara zur Schule gehen, statt. Gerätselt wurde ein weiteres Mal, wer diesen Anschlag zu verantworten hat. Das können ebenso gut Angehörige des IS sein wie der Al-Qaida, aber auch der pakistanischen Taliban.

Auch in den Flüchtlingsunterkünften kam es manchmal zu Diskriminierungen der Hazara.

Die Taliban, vorwiegend sunnitische Paschtunen, betrachten die Religion der Hazara als Götzendienst. Da schiitische Feiertage an anderen Tagen des Jahres stattfinden als die sunnitischen, wurden und werden diese oft empfindlich gestört. Immer wieder gab es verheerende Massaker an den Hazara. Der kürzliche Besuch einer Abordnung von hochrangigen Taliban im Iran, von dem sich die Taliban eine Anerkennung ihrer neuen Regierung wünschten, war auch deshalb ein Misserfolg, weil die schiitischen Iraner den Taliban die Massaker an den schiitischen Hazara vorwarfen und keineswegs vergessen haben. Die Taliban mussten unverrichteter Dinge wieder abziehen. Überdies verlangte nicht nur der Iran vor jeder Anerkennung der Regierung der Taliban, dass diese die Angehörigen anderer Volksgruppen in ihre Regierung aufnehmen müssten. Anderenfalls sei eine Anerkennung keine Option.

Besonders viele Hazara sind aus dem Land geflüchtet. In Europa leben etwa 130 000 Hazara. Wesentlich mehr sollen unterwegs sein.[6]

Hassan Ali Djan, ein Afghane aus der Ethnie der Hazara, der im Alter von 11 Jahren seine Heimat und seine Familie verlassen musste, weil sein Vater starb und er von da an als ältester Sohn für den Unterhalt seiner großen Familie verantwortlich war, stammt aus Zentralafghanistan, wo die meisten Hazara ihren Siedlungsort haben. Er flüchtete auf abenteuerliche Weise über den Iran und die Türkei nach Deutschland, in ein Land, in welchem er niemals leben wollte. Denn in Patras, Griechenland, hatte er gehört, dass Deutschland ein sehr unangenehmer Ort sei. Von dort werde man immer wieder zurückgeschickt. Nach mehreren vergeblichen Versuchen zu fliehen stieg er in den Ersatzreifen eines Lasters, von dem er nicht wusste, welches Ziel dieser hatte. Der Laster hielt in München, Deutschland.

---

6   Farr 2016, S.61- 80

Weil Hassan minderjährig war, wurde er bevorzugt behandelt und nicht zurückgeschickt. Dennoch war seine Ankunft in Deutschland schwer.[7]

Es lohnt sich, seinen Bericht zu lesen: Um zu verstehen , wie die ältesten Söhne in Afghanistan, nicht nur bei den Hazara, und seien sie erst 11 Jahre alt, für den Unterhalt meist vielköpfiger Familien verantwortlich sind (in seinem Fall eine Mutter und sechs weitere Kinder); um zu erfahren, wie bitterarm viele Menschen in Afghanistan tatsächlich sind; um zu hören, wie tapfer diese kleinen Männer sich zum Beispiel in einen Autoreifen unter der Ladefläche eines Lasters verstecken, um den endlosen Weg nach Europa zu schaffen, damit sie ihrer Verantwortung, als älteste Söhne ihre Familie zu versorgen, gerecht werden können. Weiß jemand, wie viele dieser Kinder unterwegs bereits gestorben sind?

Grund genug, sie weiterhin zu schützen und zu stützen. Spaßig beinahe die Vorstellungen, die er aufgrund der Urteile von in Griechenland festsitzenden Flüchtlingen über Deutschland hatte. Grund genug aber auch, sich zu seinen Befürchtungen Gedanken zu machen, ob nicht die eine oder andere Maßnahme hierzulande auch noch der einen oder anderen Änderung bedürfte. Zum Beispiel fand er später, dass deutsche Behandlung von Flüchtlingen diese unmündig mache, die kein Kind, aber auch kein Erwachsener aus den Fluchtländern verstehen könne. Dass Fürsorge und Vorsicht (Arbeitsverbot oft für viele Jahre!) infantilisieren und auch depressiv machen können, weiß hier möglicherweise niemand. Und wie Afghanen lappiges Weißbrot und pappiger Käse schmeckt, ist vielleicht auch manchen Deutschen neu.[8] Sein mit Hilfe einer Journalistin geschriebener Bericht ist ein Buch, das nicht nur die Entwicklungs-

---

7 Djan 2015
8 Ebenda

schritte eines jungen Afghanen in Deutschland nachvollziehbar macht, sondern auch deutschen Lesern über ein Dorf im fernen Zentralafghanistan der Hazara ein klares Bild vermitteln kann.

Zu Beginn des Einzugs der Afghanen in das Flüchtlingsdorf entstanden Streitigkeiten, die von den Helfern nicht verstanden werden konnten. Das verächtliche Urteil: *Die ist eine Hazara* war aus Mangel an Kenntnis der Situation im Herkunftsland lange Zeit ein Rätsel.

Hazara gelten als besonders anpassungsfähig an neue Verhältnisse. Sie gelten sogar inzwischen, weil sie häufig aufgrund bitterer Armut aus ihrem ursprünglichen Siedlungsgebiet nach Kabul geflohen und dort ansässig geworden sind, als gebildeter denn Afghanen aus anderen Ethnien. Ihre Analphabeten-Quote ist deutlich niedriger als die der anderen Ethnien. Vielleicht werden sie deshalb auch beneidet, der Neid könnte zu einem zusätzlichen Verfolgungsmotiv werden. Die Ergebnisse der Volkszählung der in Afghanistan ansässigen Hazara sind überdies nicht zuverlässig. Sie reichen von 7 % bis 20% der Gesamtbevölkerung. Nach Auffassung des Forschers Grant Farr von der Portland State University könnte dies deshalb der Fall sein, weil die von Paschtunen dominierte Zentralregierung in Kabul die Anzahl der Hazara offiziell geringhalten möchte. Im Falle eines größeren Anteils an der Gesamtbevölkerung Afghanistans nämlich wäre die Regierung verpflichtet, den Hazara besondere Rechte einzuräumen, so das Recht auf eine eigene Sprache und die eigene Religionsausübung, welche für andere Minderheiten, zum Beispiel Usbeken, unhinterfragt gelten.[9]

---

9 Farr 2016

Usbeken

Die viertgrößte Ethnie in Afghanistan bilden die Usbeken. Sie leben vor allem im Norden des Landes, an der Grenze zu Usbekistan, das seit der Auflösung der Sowjetunion einen eigenen Staat bildet.

> „Lange Zeit stellte die Grenze zwischen dem Land am Hindukusch sowie Turkmenistan, Usbekistan und Tadschikistan... eine unüberwindlich scheinende Barriere dar, die verhinderte, dass die Menschen an seinen Ufern vorhandene Gemeinsamkeiten wahrnahmen."[10]

In früheren Zeiten gehörten die Siedlungen der Usbeken und der Afghanen im Norden zusammen. Die Grenze zwischen den beiden Ländern ist

> „erst knapp hundert Jahre alt. Nachdem Ende des 19. Jahrhunderts Russlands Drang nach Süden das Zarenreich und Britisch- Indien an den Rand eines Krieges gebracht hatte, führte zwischen 1885 und 1895 die Festschreibung der Nordgrenze des Pufferstaates Afghanistan durch russisch- britische Kommissionen zum friedlichen Ausklingen des „Great Game".[11]
> „... Die Demarkationslinie im Norden verlief mitten durch die Siedlungsgebiete der Usbeken, Tadschiken und Turkmenen ... Bis in die 1930er Jahre bedeutete der Fluss für die lokale Bevölkerung eher eine gemeinsame Lebensader als eine Trennlinie. Die Menschen wirtschafteten in einem staatsfernen, peripheren Raum zwischen dem Emirat von Buchara, dem Zarenreich und dem afghanischen Königreich."[12]

Die Folge ist, dass – ähnlich wie die willkürliche Grenzziehung im Südosten des Landes, die die Siedungsgebiete der Paschtunen im Südosten zerschneidet – tausende Usbeken südlich der Grenze in Afghanistan zwischen Usbekistan und Afghanistan leben. Der Einmarsch der Sowjetunion machte die unter sowjetischer Herrschaft lebenden Usbeken zu Feinden der in Afghanistan lebenden usbekischen

---

10 Chiari /Pahl 2009, Usbekistan
11 Als *Great Game* wird das jahrhundertlange Ringen zwischen Russland und Britisch- Indien bezeichnet.
12 Kutzmits 2009, In Chiari/Pahl 2009, S. 11

Bevölkerung. Denn sowjetische Usbeken waren nicht nur als Soldaten, sondern auch als Dolmetscher und *kulturelle Vermittler* für die Rote Armee im Einsatz. [13]

Usbeken leben den sunnitisch-islamischen Glauben und sprechen usbekisch, eine ostturkische Sprache, die in der afghanischen Verfassung von 2004 in Gebieten mit usbekischer Mehrheit neben Paschto und Dari als offizielle Sprache in Afghanistan anerkannt wurde.

Nach der erneuten Eroberung Afghanistans durch die Taliban sind die Grenzen zu Usbekistan für Afghanen geschlossen. Ausdrücklich wünscht Usbekistan keine Flüchtlinge, es sei denn, sie fliegen mit deutschen Maschinen über Taschkent sobald wie möglich weiter nach Deutschland. Usbekistan befürchtet nicht unbegründet eine islamistische Destabilisierung des Landes.

Über die vier geschilderten Ethnien hinaus gibt es zahlreiche weitere Volksgruppen, die in manchen Zählungen bis zu 200 reichen. Auch mehr als 40 000 Juden sollen einst in Afghanistan gelebt haben. Sie wurden immer weniger, weil ihnen weder der Islam noch der sowjetische Antisemitismus noch der Islamismus der Taliban gut gesinnt waren und sind. Heute gibt es – der Legende nach – noch einen einzigen Juden in Kabul, der eine kleine Synagoge schützt. Diese werde von Spenden aus den USA erhalten.[14]

2. Sprachen

Über Jahrtausende haben die zahlreichen durch das Gebiet Afghanistans ziehenden Völker mit ihrer Kultur auch ihre Sprachen hinterlassen. Heute ist die von vielen Afghanen gesprochene Sprache, wie bereits erwähnt, das Paschto, die Sprache der Paschtunen, die die Mehrheit der afghanischen Bevölkerung bilden und meist auch den das Land

---

13 Ebenda
14 Schetter 2017

regierenden König oder, seit der Umwandlung Afghanistans in eine Republik, den Präsidenten stellten.

> *„In der Dari-Sprache, ebenso wie in indischen und arabischen historischen Quellen, werden die Paschtunen (im Original kursiv SET) mit dem Namen Afghanen belegt. Ihre Sprache wurde als afghanisch (statt Paschto) bezeichnet...Bis zum 11. Jahrhundert kommunizierten die Paschtunen nur mündlich. Nur wenige beherrschten eine Schriftsprache. Daher existieren keine fundierten geschichtlichen Abhandlungen und ihre Entstehungsgeschichte ist in eine romantische Sagenwelt gehüllt."*[15]

Afghanische Kinder lernen den in arabischer Sprache geschriebenen Koran in ihren Koranschulen (Medressen) auswendig. So verstehen die hierzulande lebenden Erwachsenen oft nicht, was der Inhalt einzelner Suren sagt. Ab und an entsteht staunende Empörung, wenn sie mit Inhalten einzelner Suren des Koran konfrontiert werden. Dies gilt vor allem für offensichtlich kriegerische oder auch frauenfeindliche Inhalte. Nicht selten folgt dann die Antwort: *Das steht nicht im Koran!*

Die zweite Sprache ist Dari, die Sprache der Tadschiken, in der Stadt Kabul und besonders verbreitet im Westen des Landes. Dari ist eine Variation des Persischen bzw. der Farsi-Sprache. Auch diese Sprache besitzt eine lange Tradition.

Afghanen sprechen in ihrer Mehrheit also zwei Hauptsprachen. Viele der hier angekommenen afghanischen Männer sprechen beide Sprachen, Paschto und Dari. Frauen sprechen meist entweder Dari oder Paschto, je nach Zugehörigkeit zu ihrer Ethnie. Paschto-sprechende Afghanen sprechen eher Dari als Dari sprechende Tadschiken Paschto. Die Begründung hierfür ist unklar. Vermutlich ist die in der Hauptstadt Kabul gesprochene Sprache Dari der

---

15 Brechna 2005, S.67. Brechna bezieht sich hier auf Gholam Muhammad Ghobad 1990, *Afghanistans Weg in die Geschichte*, 4. Auflage, im Original auf Dari verfasst.

Grund. Ihr gegenüber gilt Paschto als Sprache der Paschtunen, auch übrigens als Sprache der Taliban, die fast ausschließlich der Ethnie der Paschtunen angehören. Darüber hinaus gibt es zahlreiche weitere Sprachen; die wichtigsten sind Usbekisch, Turkmenisch, Belutschisch und Nuristani. Urdu, die Sprache der Pakistani, ist ebenfalls weit verbreitet. Seit der Kolonialzeit ist auch Englisch eine häufig gesprochene Sprache; nach meiner Erfahrung sprechen aber Frauen eher kein Englisch, jedenfalls habe ich unter den Geflüchteten im Gegensatz zu englisch-sprechenden Männern bisher keine afghanische Frau getroffen, die des Englischen mächtig gewesen wäre. Das liegt vor allem an der mangelnden und unter den Taliban erneut verbotenen Schulbildung für Frauen.

3. Die afghanische Familie, Struktur und Funktion

Die drei Begriffe *patriarchal, patrilinear, patrilokal*, mit denen Samimy die afghanische Gesellschaft charakterisiert,[16] bezeichnen die Grundstruktur der afghanischen Familie ebenso wie deren gesellschaftliche Bestimmtheit. Allerdings trifft die Bezeichnung in Variationen auf die Familien der unterschiedlichen Ethnien zu. Die traditionellste ist wahrscheinlich die paschtunische Familie; Hazara-Familien scheinen aus mehreren Gründen liberaler organisiert zu sein. Dies liegt unter anderem an der für sie häufig aufgrund ihrer Diskriminierung und Verfolgung seit Jahrzehnten notwendig gewordenen Flucht und der anschließenden Rückkehr in die Ausgangscommunity. Die Flüchtenden brachten nach ihrer Rückkehr die Sitten und Gewohnheiten anderer Länder mit und veränderten damit die tradierten. Es scheint sogar, als ob Hazara-Familien ein späteres Heiratsalter und eine geringere Kinderzahl pro Familie

---

16 Samimy 2018

aufwiesen. Der Zusammenhang zwischen höherem Bildungsstand von Frauen und darauffolgender geringerer Kinderzahl ist bekannt.

Die Geburtenrate in Afghanistan beträgt derzeit 4,3 Kindern pro Frau. Trotz der seit über vierzig Jahren andauernden Kriege und der immensen Verluste hat sich die Einwohnerzahl Afghanistans deshalb mehr als verdoppelt. Sie beträgt derzeit etwa 32,94 Millionen Personen. Die Lebenserwartung beträgt 64,5 Jahre. 6% der Kinder erreichten 2019 nicht das 5. Lebensjahr. Die Arbeitslosigkeit lag zwischen 11 und 12%. Über 80% des weltweit exportierten Opiums stammt aus Afghanistan.[17]

Auch wenn im Einzelnen manche Unterschiede auszumachen sind, treffen auf die Volksgruppe der Hazara die allgemeinen Kriterien der afghanischen Familienorganisation ebenfalls zu: *Patriarchal, patrilinear und patrilokal* (Samimy). Der Bericht des 11- jährigen Hassan Ali Djan unterscheidet sich diesbezüglich nicht von der Erzählung des 12 Jahre alten paschtunischen Gulwali Passarlay (s.o.) Beide waren gleichermaßen als älteste Söhne für die Ernährung und den Unterhalt ihrer Familien verantwortlich, nachdem ihre Väter gestorben waren.

Patriarchal bedeutet: Menschen männlichen Geschlechtes, Männer/Väter/Großväter/Brüder/Söhne und Onkel haben eine größere Bedeutung als Frauen/Mütter/Großmütter/Schwestern, Tanten und Töchter. Dies galt zwar nicht mehr in der geschriebenen und 2004 von der Loya Djirga verabschiedeten afghanischen Verfassung, sehr wohl aber den jahrhundertealten Sitten und Traditionen nach, welche nach wie vor den gesellschaftlichen Alltag der meisten Menschen in Afghanistan bestimmen.

Patrilinear heißt, die Abstammung der gemeinsamen Kinder wird ausschließlich auf den Mann zurückgeführt. Für

---

17 Statistisches Bundesamt, Stichwort Afghanistan

das Geschlecht des Kindes wird dennoch alleine die Frau verantwortlich gemacht. Frauen sollen pro Familie mindestens einen, besser mehrere Söhne zur Welt bringen. Wenn nicht, werden sie allzu oft verachtet, verlacht und verspottet, auch von ihrem eigenen Ehemann. Unter anderem ist die Notwendigkeit, einen männlichen Nachkommen zu gebären, für die vermutlich ausschließlich in Afghanistan verbreitete Sitte der weiter unten beschriebenen Sitte der *Basha Posh,* also der nachträglichen Verwandlung eines Mädchens in einen Jungen, verantwortlich.

Im Falle einer – aus unterschiedlichen Gründen sehr seltenen – Scheidung werden aufgrund der Patrilinearität dem Ehemann und Vater die gemeinsamen Kinder zugesprochen. Diese Sitte herrscht allerdings in den meisten islamischen Ländern der Erde. Unter Anderem erklärt dies, warum Frauen fast nie die Scheidung von ihrem Mann wünschen. Welche Frau möchte nach einer Trennung ihre Kinder verlieren? Dennoch scheint es Ausnahmen zu geben: Falls der Mann die Kinder nicht behalten möchte, aus welchen Gründen auch immer, kann er sie auch seiner geschiedenen Ehefrau überlassen. So waren einige wenige Frauen in unserem Containerdorf zwar mit ihren Kindern, aber ohne Mann gekommen.

Patrilokal heißt: Nach einer eingegangenen Heirat ziehen die Töchter in die Familie des Mannes. Daher gehören die Töchter in den Augen der Herkunftsfamilie nie wirklich zu ihrer Herkunftsfamilie. Nach ihrer Verheiratung sind sie – außer ihrem Ehemann – oft der Herrschaft der Mutter des Ehemannes unterstellt. Afghanische Schriftstellerinnen, zum Beispiel Nadia Hashimi, beschreiben die Herrschaft der Schwiegermütter, – aufgrund der herrschenden Patrilokalität sind dies immer die Mütter der Ehemänner – als die in ihrer Jugend auf die gleiche Weise unterdrückten Frauen als äußerst demütigend und schwer erträglich. Weil Frauen vor allem in den Dörfern Afghanistans das Haus nicht oder nur in Begleitung verlassen dürfen, sehen sie zuweilen ihre Herkunftsfamilie, das heißt ihre Mütter und Geschwister, niemals wieder. Die Einsamkeit, die oft demütigende Behandlung durch einen Ehemann mit mehreren Frauen, treibt Frauen verständlicherweise nicht selten in den Selbstmord. Die hohen Suizidziffern afghanischer Frauen werden so verständlicher.[18]

Galt bereits im Paschtunwali die Frau weniger als ein Mann, so hat die Islamisierung diese Sitte überformt und verstärkt. Deshalb stießen die Taliban im Zuge der Eroberung Afghanistans zwischen 1990 und 1996 zunächst auf keinerlei Widerstand: Schienen doch die Vorschriften des Paschtunwali den von den Taliban verschärften Vorschriften des Islam ähnlich und geradezu entsprechend. Erst als die Taliban sich nicht als die frommen Religionsschüler entlarvten, als die sie sich zunächst dargestellt hatten, sondern als Mörder und Terroristen, wandten sich große Teile der paschtunischen Bevölkerung von ihnen ab.

Das Familienoberhaupt ist der Vater oder der Großvater oder, wenn beide ausfallen, der älteste Sohn, selbst dann, wenn dieser noch minderjährig ist. Frauen symbolisieren die Ehre des Hauses, werden streng kontrolliert und müssen Männern im Konfliktfall gehorchen. Eine aufschlussreiche Schilderung einer traditionellen paschtunischen Familie verdanken wir Gulwali Passarlay in der schon oben erwähnten Schrift: *Am Himmel kein Licht*.

---

18 Nadia Hashimi 2017. Die Autorin beschreibt darin in Romanform, doch historisch und soziologisch gut recherchiert, die Situation junger, oft 12-oder 13-jähriger Mädchen, die in Familien unterschiedlichen Einkommens und unterschiedlicher Gewohnheiten verheiratet werden. Sie schulden ihren oft nicht gewollten bis zu 30 Jahren und mehr Jahre älteren Ehemännern und deren Müttern unbedingten Gehorsam. Schläge scheinen an der Tagesordnung und ein nicht hinterfragtes Disziplinierungsmittel zu sein.

Erst viele Jahre nach seiner Flucht, die er im Alter von 12 Jahren alleine antreten musste, schrieb er seine Geschichte auf. Seine Mutter wollte sein und des älteren Bruders Leben retten, weil die beiden Brüder, noch Kinder, von den Taliban zur Blutrache an USA-Soldaten gezwungen werden sollten. Das hätte vermutlich, weil sie noch zu schwach waren, um am Kampf teilzunehmen, ihre Verwendung als minderjährige Selbstmordattentäter bedeutet. Im Paschtunwali hätte die Tötung der Mörder ihres Vaters und ihres Großvaters durch USA- Soldaten keinen anderen Ausgang erlaubt, als die USA-Truppen mit allen Mitteln zu bekämpfen. Fast sicher hätten beide Kinder ebenso wie ihr Vater und Großvater ihr Leben verloren. Die paschtunischen Sitten erlauben einen Blick auf die Motivation der unbeugsamen Kämpfer. Aus Sicht der paschtunischen Taliban gibt es keine Gnade: Weder für die Fremden, die in ihren Augen Afghanistan schänden noch für die einheimischen Abtrünnigen, die die Sitten und das Brauchtum des Paschtunwali und den Islam verraten. Wie in vielen afghanischen Familien war in den Augen der Mutter Gulwalis die Flucht der beiden minderjährigen Kinder der einzige Ausweg aus diesem Dilemma: Entweder Tod mit den Taliban-Kämpfern (als für direkte Kampfhandlungen untaugliche Minderjährige kindliche Selbstmordattentäter) oder Flucht. Vor diese Alternative gestellt, wählte die Mutter Gulwalis, wie unzählige afghanische Mütter von minderjährigen Kindern, für ihre beiden Söhne die gefährliche Flucht.

Exkurs 3: Gulwali Passarlay zur paschtunischen Familie

Nach dem Abzug der Sowjetunion im Jahr 1989 lebte Gulwali als *glückliches Kind* mit seiner Familie im Osten des Landes nach dem Paschtunwali:

> „Wie es in meinem Stamm der Brauch ist, waren meine Eltern entfernte Verwandte. Meine Mutter war die Nichte meines Großvaters väterlicherseits, die Tochter seiner Schwester. Bei ihrer Hochzeit war meine Mutter fünfzehn und mein Vater zwanzig Jahre alt, die beiden heirateten in dem Lager, in das meine Großeltern nach dem Einmarsch der sowjetischen Truppen im Jahr 1979 geflohen waren. Während der gut fünfzehn Jahre der Besatzung und des Bürgerkriegs kamen vermutlich 1,5 Millionen Menschen ums Leben, ein Drittel der afghanischen Bevölkerung, und noch einmal 1,5 Millionen Menschen waren auf der Flucht."[19]

Die Frauen seiner Familie beschreibt Passarlay als *äußerlich hart und gefühllos*, schon deshalb, weil sie so viel arbeiten mussten.

> „Noch ehe der Mann und die Kinder morgens aufwachen, müssen sie Brot backen und Tee kochen.
> In der Kultur der Paschtunen ist es eine große Schande, wenn ein Mann seinen Frauen erlaubt, das Haus zu verlassen, weil sie dort von anderen Männern gesehen werden können. Deshalb gingen meine Mutter und meine Tanten nur selten auf die Straße und wenn, dann nur vollständig verschleiert in ihrer Burka, wie es das Gesetz der Taliban verlangte.
> ... Ich war ein frommes Kind und achtete sehr darauf, dass diese Regel eingehalten wurde. Deshalb mahnte ich meine Tanten: `Der Zorn Allahs wird Euch treffen- geht und bedeckt Euer Haupt ...` Wenn ich nicht mit meinen Brüdern oder Cousins spielte, saß ich oft bei ihnen in der Küche, kommandierte sie herum und befahl ihnen, mir Tee zu bringen. Wenn meine Onkel nicht da waren, ließ ich nicht zu, dass sie nach draußen gingen, um Feuerholz zu sammeln, Nachbarn zu besuchen oder zu einer Hochzeit zu gehen. Ich war überzeugt davon, dass ich damit die Ehre der Familie wahrte. ‚Warum müsst Ihr auf die Straße gehen?', fragte ich. ‚Ihr seid die Königinnen des Hauses.' Das hatte ich oft von meinen Onkeln gehört. Genau wie das Sprichwort Khor yor ghor: Es gibt zwei Orte für die Frau, das Haus oder das Grab."[20]

Das Haus oder das Grab. Männer bestimmen das Leben von Frauen, auch wenn die Männer noch Kinder sind. Gulwali war sechs Jahre alt, als er seine Tanten in der Küche tyrannisierte. Aber das war ganz selbstverständlich. Ebenso selbstverständlich ist es in seiner Kultur, dass bereits

---

19 Passarley, S.21
20 Ebenda, S.24/25

Neugeborene einander versprochen werden. Diese Versprechen werden eingehalten, es gibt keine Möglichkeit für spätere Veränderungen. Gulwalis Vater, Arzt, geriet in die Mühlen des bald einsetzenden Kampfes der USA-Truppen gegen die Taliban. Die Familie wohnte im Süden Afghanistans, in einem Herrschaftsgebiet der Taliban. Das wurde ihr zum Verhängnis. Ein Onkel, Bruder seines Vaters, stand den Taliban-Kämpfern nahe. Gulwali schreibt in seinem Bericht, dass er nicht viel über ihn gewusst habe; aber eines Tages stürmten USA-Soldaten in das Haus der Passarlays, um nach Waffen zu suchen, die die Taliban dort tatsächlich oder vermutet versteckt hatten. Es kam zu einer wilden Schießerei, während der mehrere Familienmitglieder Gulwalis, vor allem sein geliebter Großvater und sein Vater, erschossen wurden.

„Das veränderte alles ..."

In der folgenden Zeit versuchten die Taliban, schon deshalb, weil Gulwali und seine Brüder aufgrund der Tötung ihres Vaters und Großvaters nach dem Paschtunwali zur Rache an den US-Soldaten verpflichtet waren, ihn und seine Brüder als Selbstmordattentäter und Taliban-Kämpfer zu rekrutieren. Ihre Methoden wurden zunehmend terroristischer, so dass Gulwalis Mutter, wie oben schon berichtet, keinen anderen Ausweg sah, als die beiden ältesten Söhne mit Schleppern nach Europa zu schicken, um zumindest das Leben von zwei ihrer Kinder zu retten.

Kinder, die unbegleitet aus Afghanistan nach Europa kamen, sind vor allem deshalb geflohen, weil sie von den Taliban bedroht bzw. in ihre Reihen gedrängt werden sollten. Das machte es 2015/16 schwer, ihre Einordnung als politisch Verfolgte vorzunehmen. Ihre Situation wurde nicht verstanden, weil in den Augen des Ankunftslandes ein mit den USA und Europa verbündeter Präsident herrschte. Sie sind auch nicht immer, wie Hassan Ali Djan,

Armutsflüchtlinge oder *Wirtschaftsflüchtlinge*. Manchmal müssen die Familien viel Geld aufbringen, um sie nach Europa schicken zu können. Gulwalis Vater war Arzt, seine Familie war nicht reich, besaß aber so viel Geld, die Schlepper für zwei der Kinder (vermeintlich ausreichend) bezahlen zu können. Mütter und Großmütter, Tanten und Schwestern, sowie weitere weibliche Anverwandte blieben – so lauten viele Erzählungen – ebenso tapfer wie schutzlos zurück.[21]

Die Struktur der Familie ist nicht nur in den ländlichen Gebieten Afghanistans patriarchalisch; so lange ein Mann das Familienoberhaupt stellt, ist der Gehorsam der Frauen und ihre Unterordnung unter die Männer der Familie auch in den Städten selbstverständlich. Ehepartner werden von den Eltern ausgesucht, auch in den Städten. Es geht nicht um eine Heirat aus Liebe, was allerdings Zuneigung und Liebe nicht ausschließt. Das Urteil der heranwachsenden und früh als heiratsfähig eingeschätzten Kinder selbst spielt keine Rolle. Weigerungen der Personen, die verheiratet werden sollen, werden nicht beachtet. Im Gegenteil: Falls sich ein Mann oder meist: ein noch sehr junges Mädchen, gegen die geplante Hochzeit zur Wehr setzt, wird es von der Familie bestraft und dennoch verheiratet.

Asmaa und ihre Familie
„Eines Tages erzähle ich Ihnen Alles!" sagte Aasmaa nach dem zweiten Gespräch in der Trauma-Sprechstunde, gerade als wir den Raum verlassen wollten. Hinter dem Wort *Alles* steckte viel mehr, als ich zu dieser Zeit zu vermuten in der Lage war.

> *„Ich war ein kleines Mädchen in einer großen Familie. Schon als Kind galt ich als sehr hübsch. Ich hatte dunkle Locken, eine sehr*

---

21 Passarley, S.45 ff

helle Haut, eine schmale Nase und ein schönes Lächeln. Ich wuchs unter meinen vielen Geschwistern sehr behütet auf.

Ich war noch nicht 12 Jahre alt, da begannen meine Eltern, an eine Ehe für mich zu denken. Wir hatten Verwandte, sie wohnten in unserer unmittelbaren Nachbarschaft. Deren Söhne wollten mich heiraten, besonders zwei Cousins, die ich seit meinen Kindertagen kannte. Den Älteren von beiden Brüdern fand ich so böse, dass ich immer dachte: Welches arme Mädchen muss diesen Mann wohl einmal heiraten? Er arbeitete meist in Kabul und da wurde er sehr erfolgreich. Schließlich war er sogar reich. Meine Eltern haben sofort Ja gesagt, als er fragte, ob er mich heiraten darf, ich aber wollte ihn nicht. Der jüngere Bruder wollte mich auch, aber der war weniger erfolgreich. Er war auch nicht so reich wie der Ältere. Mir hat er besser gefallen, aber gut auch nicht. Meine Eltern und viele andere Leute im Dorf bevorzugten für eine Heirat den älteren Bruder. Sie meinten, da kämen der Reichste und die Schönste zusammen.

Ich weigerte mich, wollte diesen bösen Mann nicht, ich wollte ihn auf keinen Fall. Ich weigerte mich, ihn auch nur anzusehen, wenn er zu meinen Eltern zu Besuch kam. Mein Vater hat mich verstanden, er hätte wahrscheinlich nachgegeben, aber meine Mutter setzte sich durch. Sie sperrte mich eine Woche lang in ein kleines Zimmer. Sie schlug mich jeden Tag mit einem Stromkabel. Nach einer Woche kam ich aus dem Zimmer und sagte: Ja.

Aber das wollte der jüngere Bruder nicht. Er wehrte sich. Er stritt mit dem älteren Bruder und schließlich sagte er sogar, er habe schon viele wilde Nächte mit mir und Freunden von ihm verbracht und ich sei längst seine Frau geworden. Das stimmte alles nicht, kein Wort davon war wahr. Aber der ältere Bruder glaubte ihm und ich glaube, er hat mich deshalb später so schlecht behandelt, weil er meinte, dass sein Bruder die Wahrheit gesagt hat.

Er wollte mich trotzdem haben, heiratete mich schließlich. Ich wurde fast täglich geschlagen. Er riss mich an den Haaren, vergewaltigte mich, auch noch nach der Geburt meiner Kinder, es wurden insgesamt fünf, zwei Töchter und drei Söhne. Er lieferte mich anderen Männern aus. Er zwang mich, mit anderen Männern Sex zu haben. Es war furchtbar. Er zwang mich dazu, eine Hure zu werden. Meiner Mutter erzählte ich alles, aber lange Zeit glaubte sie mir nicht oder meinte, ich müsse das aushalten. Eines Tages hielt ich es aber nicht mehr aus und lief immer wieder in mein Elternhaus. Meine Eltern schickten mich aber immer wieder zurück. Mein Elternhaus war nebenan, deshalb habe ich den Mann auch schon so lange gekannt. Das war mein Glück. Ich lief immer wieder zu meinen Schwestern, zu meiner Mutter, zu meinem Vater. Das hätte ich ja nicht gekonnt, wenn ich weiter weg gewohnt hätte.

Wir stritten uns ganz schrecklich, mein Mann und ich. Unsere Auseinandersetzungen wurden immer schlimmer. Eines Tages sprach er die Formel aus, die notwendig ist zur Scheidung: Geh! Ich benahm mich so, dass er sie nochmal aussprach und noch einmal.

> *Dreimal dieses Wort auszusprechen ist notwendig, damit eine Scheidung wirksam ist.* Dann lief ich zu meinen Eltern und sagte ihnen, dass er dreimal die Scheidungsformel ausgesprochen habe, er habe mich dreimal weggeschickt.
> Nun war ich ihn also los. Nur der Mann kann die Scheidung so aussprechen, ich musste ihn also dazu zwingen."

Damit war Asmaa aber eine *weg geschickte Frau*, ohne Ehre, eine Strafe für sie und eine Blamage für die Familie. Sie sah keinen Ausweg als die Flucht. Sie floh mit drei kleinen Kindern über den Landweg, über die Türkei und dann *über das Wasser*, wie sie sagte, nach Griechenland. Das Boot drohte unterzugehen, sie beschrieb ihre entsetzliche Angst um ihre Kinder. Aber sie und ihre Kinder schafften die Flucht.

„Alles ist besser, als diese Ehe auszuhalten".

Aber Asmaa bezahlte für ihren Widerstand gegen die Familie und gegen den ihr aufgezwungenen Mann einen hohen Preis. Sie war sehr krank, als sie in Deutschland ankam. Sie hatte viele Schmerzen im gesamten Körper. Sie, die Analphabetin, konnte sich in den angebotenen Sprach- und Integrationskursen nicht konzentrieren, sie hatte ausgeweitete Gedächtnislücken. Während der Gespräche mit uns dissoziierte sie manchmal, verlor den Faden ihrer Erzählung, sprach von Anderem. Eine Therapie lehnte sie ab. Inzwischen ist sie aus dem Containerdorf ausgezogen und lebt in einer anderen Stadt.

Die beiden Organisatoren der afghanischen Familien sind also der Islam und die weitgehend unhinterfragte je spezifische Ausformung des Patriarchats in der Stammesgesellschaft. Diese Organisatoren bilden eine undurchdringliche Gemengelage und verstärken sich gegenseitig. Ihre Auswirkungen auf die Situation der Frauen, die Afghanistan zum *schlechtesten Platz für Frauen weltweit* (s.u) werden lässt, werden in Europa und in den USA immer noch zu wenig verstanden. Die Sitten werden oft als *kulturelle Besonderheit*, Afghanistan als *traditionelle Gesellschaft* oder, verwissenschaftlicht und auf hohem Abstraktionsniveau, *als vormoderne Gesellschaft* bezeichnet und damit eingeordnet und, wenn nicht missverstanden, so doch verharmlost. Durch Abstraktion, Theoretisierung im Dienst von Distanzierung sowie der Gleichsetzung mit der Situation von Frauen in anderen vormodernen Gesellschaften wird die Spezifität der Situation afghanischer Frauen verkannt.

Svea und ihre Familie.
Svea ist eine Afghanin, die – im Gegensatz zu vielen anderen Frauen im Dorf – schon äußerlich durch oft als *trotzig* bezeichnetes Verhalten auffällt. Kurz nach ihrer Ankunft, schon im ersten Winter, trug sie kein Kopftuch, wie alle anderen Frauen, sondern sie steckte ihre schönen Haare unter eine Wollmütze. So sah sie schon früh *westlich* aus.

Sie hatte Glück: zusammen mit ihrem ebenfalls jungen Ehemann wurde sie von einem deutschen Ehepaar ausgewählt, kostenlos in eine schöne kleine Einliegerwohnung eines Einfamilienhauses zu ziehen.

Svea war aber krank, sehr krank. Sie fiel öfters in Ohnmacht, konnte sich dann an nichts erinnern, wurde aggressiv gegen ihre Gastfamilie und gegen jeden, der die Absicht hatte, ihr zu helfen. Nach kurzen freundlichen Begegnungen neigte sie zu abrupten Kontaktabbrüchen.

Nach und nach konnte sie dennoch ihre Geschichte, nur in Bruchstücken, erzählen. In Ihrem Herkunftsort war sie von einem viel älteren Mann vergewaltigt worden. Ihre Eltern töteten den Mann. Daraufhin musste Svea fliehen – sie wäre nicht nur der Schande einer Vergewaltigung bezichtigt worden (denn in Afghanistan werden für das ihnen angetane Verbrechen allein die Frauen, die Opfer, verantwortlich gemacht), sondern sie musste auch fürchten, von der Familie des Getöteten verfolgt und ebenfalls getötet zu werden. Blutrache hat in Afghanistan nicht selten die Ausrottung ganzer Familien zum Ergebnis.

Sie fürchtete aber, hier angekommen, so sehr um das Leben ihrer Eltern, dass sie doppelt und dreifach traumatisiert war: Wegen der erlittenen Vergewaltigung, wegen Flucht und Verlust der Heimat, wegen des Abschieds von ihren Eltern und wegen der entsetzlichen Angst, ihren Eltern drohe der Tod aufgrund der zu Recht befürchteten Blutrache durch die Familie des getöteten Vergewaltigers. Bisher ist nichts dergleichen passiert, aber es ist unklar, ob ein Opfergeld zur Wiedergutmachung und Versöhnung der Familie des Getöteten gezahlt wurde oder nicht. Dies ist die einzige Möglichkeit, der Rache der geschädigten Familie zu entgehen. Svea ist in einen anderen Ort gezogen, weil ihr Mann dort einem guten Beruf nachgehen kann. Das Paar hat inzwischen zwei Kinder.

Sveas Geschichte gibt aber auch Hoffnung. Vielleicht war es der Mut ihrer Eltern, deren hundertprozentige und wegen der zu befürchtenden Folgen geradezu selbstverleugnenden Unterstützung der Tochter, die dieser den Mut gab, sich von der sie bedrohenden Kultur der Herkunftsgesellschaft mit dem Symbol einer kleinen Wollmütze zu entfernen. Sie hatte sich in einen jungen Mann verliebt, den sie auf ihrer Flucht kennen lernte und der dann mit ihr gemeinsam den schwierigen Weg fortsetzte. Das Paar heiratete und der junge Mann fiel der Helfergemeinde von Beginn an als rücksichtsvoll und liebevoll auf. Es war auch Glück und vielleicht Zufall, dass eine deutsche Familie die beiden gastfreundlich in ihr Haus aufnahm. Trotz ihrer auffallenden Symptomatik war Svea dort gut aufgehoben. Die Familie kümmerte sich um die junge Familie so gut sie das konnte.

In traditionellen Gesellschaften mögen die Familiennormen zum Zusammenhalt des Stammes ihren Beitrag geleistet haben; in modernen oder sich modernisierenden Gesellschaften sind sie dysfunktional. Die Hälfte der Einwohner des Landes sind von Arbeit und vom Wirtschaftskreislauf ausgeschlossen. Einerseits sind die Sitten sehr streng und die Ehen sind von weiblicher Seite aus kaum auflösbar, andererseits kann ein Mann jederzeit die Scheidung aussprechen und Frauen und Kinder sitzen lassen. Gut angesehen ist das im Paschtunwali allerdings nicht. Was Frauen mit ihrem Leben anfangen, ohne Ausbildung und Einkommen, ohne von Sozialsystemen aufgefangen werden zu können, lässt sich an einzelnen nach Europa geflüchteten Frauen beobachten.

4. Bildung, Ausbildung, Schulen, Sport

Die farbenprächtigen Bilder Amira Makhmalbafs, jener iranischen Filmemacherin, die afghanische Frauen sowohl in kritischer als auch ästhetischer und nicht zuletzt emanzipatorischer Absicht in ihrem Film *At Five in the Afternoon* (2006) porträtiert hat, sind in ihrer Schönheit unvergessen. Afghanische Frauen sind in diesem Film in matt hellblau bis mittel-und dunkelblau gefärbte Burkas gekleidet: die Farben ihrer Kleider harmonieren mit den Farben des Landes und des Lichts.

> *„In einem Land ohne Meer hat die Farbe Blau eine andere Bedeutung. Es strahlt nur der Himmel, die Burka, der Lapislazuli."*[22]

Der Film *At five in the afternoon* spielt in der Zeit der beginnenden amerikanischen und europäischen Besatzung Afghanistans.[23]

Wirft man sich eine Burka über Kopf und Körper und schaut durch das für die Augen frei gelassene Stoffgitter, so wird unmittelbar erlebbar, was eine Burka tragen heißt:

---

22 Willemsen 2007, S.29
23 Vgl. Tömmel 2007.

Sich nicht frei bewegen können, nicht mehr sichtbar sein, nicht mehr da sein, und schließlich: nicht in der Welt sein, ausgelöscht sein. Menschen sind auf Resonanz angewiesen, ansonsten könnten wir nicht leben. Eine Burka tragen heißt: Nicht in Resonanz mit der Welt sein dürfen. Da hilft es wenig, wenn der Blick nach außen frei ist. Das ist er auch nicht wirklich: Das Stoffgitter zerteilt die Welt in kleine Einheiten, die zusammengesetzt werden müssen und keine Übersicht erlauben. Es ist fast nicht möglich, eine Übersicht zu gewinnen, die erlauben würde, sich ein Bild der Umgebung zu machen, die Orientierung erlaubte. In eine Burka gezwungen zu werden, wie es gegenwärtig wieder und erneut die Taliban tun, ist ein Verbrechen gegen die Menschlichkeit, keineswegs eine vielleicht kuriose, jedenfalls harmlose orientalische Sitte. Die Gegenseitigkeit ist es, die lebendig macht. Wir alle leben von Spiegelung, Gesehen werden, Antworten auf Gesehen werden. Im Anderen erkennen wir uns selbst, der Andere, die Andere erkennt sich in uns. Anders ist ein gutes und waches Miteinander nicht möglich. Im Haus dürfen Frauen die Burka ablegen. Ihr Mann darf sie sehen, andere Frauen dürfen sie sehen, auch ihre Kinder. Aber reicht das für ein ganzes Leben?

Gulwali Passarlay hat beschrieben, wie er als Kind seinen Tanten verbat, nach draußen zu gehen, wie er sie zwang, ihr Leben im Gefängnis zu leben. So hat seine Kultur es ihm vorgeschrieben. Ist die Härte der Frauen, von der er berichtet, nicht nur ihrer vielen Arbeit und ihrem frühen Aufstehen, sondern viel eher einer Eingeschränktheit ihres Lebens geschuldet? *Haus oder Grab* als Alternative? Welchen Umständen sind die Depressionen, an denen afghanische Frauen leiden, auch noch in Deutschland, geschuldet? Es mag Frauen geben, die die Burka als Schutz erleben. Das kann in einer Gesellschaft notwendig sein, in welcher jede Frau als Freiwild gilt, die sich nicht verschleiert. So sind es nicht die Kleider, die zu verurteilen sind, sondern die Strukturen einer Gesellschaft, in der Frauen als hilflos, schwach, dumm, infantil gelten, die man vor den wilden, sexbesessenen Männern schützen muss, damit ihnen kein Leid geschieht. Tatsächlich ist dies eine männerdominierende und herrschaftsstabilisierende Erzählung, die die Privilegien von Männern erhalten soll.

Anlässlich weltweiter Aufmerksamkeit für Frauenfußball während der Fußballweltmeisterschaft strahlte ARTE am 8.6.2019 eine Sendung über Fußball spielende Mädchen in Kabul aus. Die Sendung zeigte paradigmatisch, wie hoch die Hürden sogar für privilegierte Mädchen und Frauen bereits vor der erneuten Herrschaft der Taliban waren. Die Mädchen haben nicht nur Hindernisse zu überwinden, weil die den Körper zur Gänze bedeckenden Kleider nicht gestatten, sich frei zu bewegen, sondern die Spielerinnen riskierten damals schon Leib und Leben. Auch das Fahrradteam der Frauen in Afghanistan, seinerzeit von italienischen Fans für den Friedensnobelpreis ins Spiel gebracht (den sie leider nicht bekamen) hat mit riesigen Problemen zu kämpfen. Wo sollten sie trainieren? In der Stadt Kabul war dies unmöglich, denn

> „Wir stehen hier in Afghanistan jeden Tag vor großen Aufgaben. Ich fahre leidenschaftlich gerne Rad, kann das aber nicht tun, wann immer ich es will. Ich muss dazu raus aus der Stadt, denn in der Stadt werde ich von den Leuten schikaniert. Manchmal bewerfen sie mich sogar mit Steinen oder Abfall. Und selbst wenn ich nur einfach über die Straße gehe, bekomme ich Kommentare über meinen Körper, mein Gesicht, meine Beine, meine Haare und so weiter zu hören. Das alles macht einer 17-jährigen das Leben sehr schwer."[24]

Nahid Shahalimi, Tochter privilegierter Eltern, wanderte mit ihren Eltern nach Kanada aus und wohnt inzwischen als

---

24 Samast in Shahalimi S.94

Autorin in München. Sie führt ihren *starken Charakter*, der ihr geholfen habe, auch schwerste Aufgaben zu bewältigen, auf ihre frühe Begegnung mit dem Sport zurück. Aber auch sie schreibt, wie schwer es für Mädchen und junge Frauen in Afghanistan ist, sich einer sportlichen Neigung hinzugeben:

> *„Wenn sich ein Mädchen für diesen Weg entscheidet, sieht es sich großen Problemen gegenüber. Ich erinnere mich, dass noch während der Recherchen für dieses Buch – ich glaube, es war Anfang 2016 – eine junge Exilafghanin, die für eine NGO arbeitete, in Kabul auf offener Straße erschossen wurde, vor der Türe zu ihrem Fitnessstudio, nur weil sie ein paarmal in der Woche zum Sport ging. Die junge Frau Ende Zwanzig wurde kaltblütig von einem Mullah erschossen, der es für unmoralisch hielt, dass eine Frau Sport trieb."*[25]

2016: Das war 5 Jahre vor der erneuten Machtübernahme der Taliban. Inzwischen kann von sportlicher Betätigung für Mädchen nicht mehr gesprochen werden: Sport für Mädchen und Frauen ist einfach verboten. Oft war es aber der Sport, der junge Mädchen dazu motivierte, ihre bis dahin nicht stattgefundene Schulbildung auf schnellem Weg nachzuholen. Denn auch die Schulbildung für Mädchen, seit über 100 Jahren umkämpft, war nie selbstverständlich; 90% der Frauen in Afghanistan sind immer noch Analphabeten. Schulen, von sowjetischen ebenso wie westlichen Staaten gebaut und gefördert, werden wieder leer sein und schließlich verfallen, denn Lehrerinnen wird es nicht mehr geben. Die strikte Trennung der Geschlechter macht es überdies unmöglich, dass Mädchen von männlichen Lehrern unterrichtet werden. Auch die vielen Jungen, in der Vergangenheit von Lehrerinnen unterrichtet, werden auf regulären Unterricht verzichten müssen, weil auch diese ins Haus zurückgeschickt und zur Untätigkeit verdammt wurden. In Nadia Hashimis Roman *Hinter dem Regenbogen* sagt ein kleines Mädchen:

---

25 Shahalimi 2017

> „Ich näherte mich dem Ball. Sechs Füße traten danach und versuchten, ihn zurückzuerobern. Auch ich steckte den Fuß in das Gewühl. Dann spürte ich das Leder an meiner Sohle, trat danach und schoss es in hohem Bogen in Abdullahs Richtung. Abdullah stoppte den Ball mit der Ferse und lenkte ihn in Richtung gegnerisches Tor. Er rannte los.
> Aufgeregt rannte ich ihm hinterher. Es gefiel mir, Teil des Teams zu sein. Es gefiel mir, den Staub aufzuwirbeln.
> Es gefiel mir, ein Junge zu sein."[26]

Das konnte sie sagen, weil sie eine Basha Posh geworden war.

Frauen aus Afghanistan haben, hier angekommen, Schmerzen an Armen, Beinen, im Rücken und im Nacken, Kopf- und Gliederschmerzen ohne organischen Befund, weil sie keinen Sport treiben dürfen, weil ihnen jede Bewegung außer Hauses verboten ist. Sportärzte, Physiotherapeuten, Schmerztherapeuten hierzulande wissen, dass Mangel an Bewegung die Muskeln verkürzt; mit der Zeit verhärten diese sich und verharren in der verkürzten Stellung. Die Durchblutung wird vermindert, es entstehen mit der Zeit immer ärgere Schmerzen, die nur durch Dehnen und Bewegung verschwinden würden. Im Containerdorf haben wir die Schmerzen der Frauen an allen Gliedern nicht an einem Einzelfall, sondern an nahezu allen Frauen erlebt, deren Klagen über ihre Schmerzen endlos sind.

---

26 Hashimi 2017, S.73

IV. Frauen in der afghanischen Gesellschaft

Im folgenden Abschnitt werden Frauen in Afghanistan unter dem Aspekt ihres *individuellen* Lebens beschrieben, das heißt – soweit das überhaupt möglich ist – unabhängig von ihren Familien.

Das Gedicht der afghanischen Lyrikerin Roya beschreibt das Leid der afghanischen Frauen besser als viele wissenschaftliche Artikel:

> *„Gern wäre ich irgendwas auf dieser Welt,*
> *Nur keine Frau*
> *Ich könnte ein Papagei sein*
> *Oder ein Schaf*
> *Ein Reh oder*
> *Ein Spatz der auf einem Baum lebt*
>
> *Nur keine afghanische Frau*
>
> *Ich könnte eine türkische Dame sein*
> *Mit einem netten Bruder, der meine Hand hält,*
> *Ich könnte Tadschikin sein,*
> *Oder Irakerin*
> *Oder Araberin*
> *Mit einem Gatten, der mir sagt*
> *Wie schön ich bin*
>
> *Aber ich bin eine afghanische Frau.*
> *Wenn Not herrscht*
> *Steh ich zur Seite*
> *Wenn Gefahr droht,*
> *Steh ich ganz vorn*
> *Wenn es Leid gibt,*
> *Packe ich zu*
> *Wenn es Rechte gibt,*
> *Steh ich dahinter*
>
> Macht bedeutet Recht
> Und ich bin eine Frau
> Immer allein
> *Immer ein Beispiel für Schwäche*
> *Schwer lastet auf meinen Schultern*
> *Das Gewicht der Pein.*
>
> *Wenn ich sprechen will*

Wird meine Zunge geschmäht
Meine Stimme verursacht Schmerz
Wahnsinnige Ohren
Können sie nicht ertragen
Nutzlos sind meine Hände
Nichts kann ich tun
Mit meinen dummen Beinen
Ich gehe
Ohne Ziel.

Wie lange noch muss ich das Leid erdulden?
Wann wird die Natur meine Erlösung verkünden?
Wo ist das Haus der Gerechtigkeit?
Wer hat mir dieses Los bestimmt?
Sag es ihm
Sag es ihm
Sag es ihm

Gern wäre ich irgendein Geschöpf der Natur
Nur keine Frau
Nur keine afghanische Frau."

Roya, Kabul 2009[1]

1. Zahlen und Fakten

Afghanistan gilt als *der schlechteste Platz für Frauen auf der ganzen Welt.*[2] Das Urteil bezieht sich auf die *defacto* Situation der Frauen im Land. Denn nach der afghanischen Verfassung, die 2004 von der Loya Jirga verabschiedet wurde, sähe es auf den ersten Blick gut für die Frauen aus: So lautet Artikel 22 der afghanischen Verfassung:

> „Jegliche Form von Benachteiligung oder Bevorzugung unter den Bürgern Afghanistans ist verboten.
> Die Bürger Afghanistans, sowohl Frauen als auch Männer, haben vor dem Gesetz gleiche Rechte und Pflichten."[3]

Dieser Artikel der Verfassung überrascht in einem Land, das nach dem Urteil Vieler *der schlechteste Ort für Frauen*

---

1 Roya, Kabul 2009, zitiert nach Nordberg 2014, Prolog
2 Bohn 2018
3 Verfassung der Afghanischen Republik Afghanistan von 2004, Quelle siehe Anhang Text 2

weltweit ist. Ein miserabler Platz für Frauen war er aber auch schon vor der erneuten Machtübernahme der Taliban. Was erklärt den Widerspruch zwischen den in der Verfassung Afghanistans von 2004 garantierten Rechten und dem Klagelied einer in diesem Land aufgewachsenen afghanischen Frau, dessen Inhalt mitteilt, lieber ein Tier sein zu wollen als eine afghanische Frau?

Die Frage klingt naiv, denn in vielen Staaten der Welt stimmen Verfassungstext und Rechtswirklichkeit nicht überein. Dennoch: Warum ist die Situation der Frauen in Afghanistan nach wie vor so einzigartig beklagenswert, wie die Statistiken zeigen, die Literatur berichtet, die Frauen im Containerdorf, die Einwohnerinnen des Landes erzählen?

Liest man die ersten Artikel der afghanischen Verfassung, so findet man in Artikel 2 und 3 die folgenden, den Artikel 22 einschränkenden Sätze:

> *Artikel 2*
> *„Die Religion des Staates der islamischen Republik ist die heilige Religion des Islam.*
> *Anhänger anderer Religionen sind frei, ihrem Glauben zu folgen und ihre religiösen Zeremonien im Rahmen der gesetzlichen Bestimmungen auszuüben.*
> *Artikel 3*
> *In Afghanistan darf kein Gesetz dem Glauben und den Bestimmungen der heiligen Religion des Islam widersprechen."*[4]

Neben vielen anderen Gründen für Widersprüche zwischen gelebten Rechten und geschriebener Verfassung: Es hängt von den kulturellen Traditionen des Landes ab, was von der geschriebenen Verfassung umgesetzt wird. Die Dichterin Roya bezeichnet andere islamisch regierte Staaten, z.B. die Türkei oder Tadschikistan, sogar günstiger für Frauen als das Land Afghanistan. Obgleich die genannten Länder aus europäischer Sicht auch nicht gerade rosig für Frauen sind:

---

4 Ebenda

Im Vergleich mit den afghanischen Verhältnissen sind sie großzügig und manchmal geradezu liberal zu nennen. Das Frauenelend ist also nicht nur dem konservativen Islam, sondern dessen kulturell bedingter Interpretation auf der Grundlage einer uralten Stammeskultur geschuldet.

Dennoch haben die islamistischen Taliban die Einschränkungen für Frauen sowohl zwischen 1996 und 2001 als auch erneut in den Jahren 2001 und 2022 aufs äußerste verschärft. Offiziell gestehen sie Frauen zwar das Recht auf Bildung und Ausbildung zu; wenn diese aber ihrer radikalen Auslegung des Islam widerspricht, wird das Recht auf Bildung und Ausbildung erneut eingeschränkt. Derzeit benutzen Taliban die Situation der Frauen und die Diskussion um deren Rechte, den partiell erlaubten Schulbesuch und dessen willkürlich erneutes Verbot für Mädchen als Verhandlungsgrundlage, dem Westen Geldgaben und Unterstützung abzuringen. Bisher ist nicht davon auszugehen, dass Frauen Zugeständnisse im Tausch gegen finanzielle Unterstützung aus dem Ausland erhalten werden. Zu tief ist die Verachtung und Unkenntnis alles Weiblichen in den Taliban verankert.

Im afghanischen Alltag, mit Ausnahme einiger weniger städtischer Enklaven, hatten Frauen auch schon vor der Machtübernahme der Taliban keine Chance, gleichberechtigt am gesellschaftlichen Leben teilzunehmen. Wenn Frauen – selten genug – die Chance hatten, z.B. Professorinnen, Generalinnen, Wirtschaftsleiterinnen zu werden, bestand ihr Leben in mutigen tagtäglichen Kämpfen gegen die Gefahr, aufgrund ihrer Tätigkeit Leib und Leben zu verlieren. Tatsächlich konnten Frauen solche Berufe nur in den insgesamt wenigen Jahren erlernen, in denen sie von den kurzfristig greifenden Reformen der sich in kurzen Abständen ablösenden relativ liberalen Regierungen profitierten.

Afghanistan weist eine der höchsten Müttersterblichkeitsraten der Welt auf. 80% aller Suizide werden – weltweit einzigartig – von Frauen verübt (zum Vergleich: In Deutschland werden zwei Drittel aller Suizide von Männern begangen, ein Drittel von Frauen. Die Suizidraten sind insgesamt viel niedriger als in Afghanistan. Das ist auch nicht zufrieden stellend, aber die Zahlen geben im vorliegenden Zusammenhang Hinweise auf die Zufriedenheit der Geschlechter.

Afghanistan hatte 2020 knapp 40 Millionen, genauer 38,928 Millionen Einwohner. Davon sind 48,7 % Frauen. 41,8 % der Menschen sind unter 15 Jahren, 2,6 % über 65 Jahre alt. Die Lebenserwartung der Frauen in Afghanistan ist etwas höher als die der Männer: Sie betrug 2019 66,4 Jahre, die der Männer 63,4 Jahre. (Zum Vergleich: In Deutschland beträgt die Lebenserwartung von Frauen 83,6 Jahre, die der Männer 78,9 Jahre). Die Geburtenrate betrug 2019 je Frau über vier Kinder, genau 4,32 Kinder. Auf 10 000 Einwohner gab es 2016 3 Ärzte und 4 Krankenhausbetten. Auf 1000 Lebendgeburten im Jahr 2019 starben 47 Säuglinge. Die Zahlen dürften sich seit dem Jahr 2021 schlechter entwickeln.

Die Jugenderwerbslosigkeit betrug im Jahr 2019 17,2%, die gesamtgesellschaftliche Erwerbslosigkeit im gleichen Jahr 11,2 %. 90% der Frauen Afghanistans haben Erfahrung mit Missbrauch.[5]

Laut *Transparency International* ist Afghanistan das viertkorrupteste Land auf der Welt. Schon im Jahr 2018, von Januar bis September, wurden 2798 Zivilisten bei Anschlägen getötet, mehr als 5000 verletzt. Terroranschläge trafen unterschiedslos Mitglieder der gewählten Regierung, Männer, Frauen und Kinder. Auch diese Zahlen dürften sich in den letzten Jahren dramatisch erhöht haben.

---

5   Alle Zahlen sind dem Statistischen Bundesamt 2021 entnommen.

Am 2. August 2020 gab es einen Anschlag auf ein Gefängnis in Jalalabad. 59 Tote, viele Verletzte. Die Taliban beeilten sich zu versichern, dass sie nichts mit diesem Anschlag zu tun hätten. Die Verantwortung übernahm der IS (Islamischer Staat). Von ihnen sollen sich nach Zeitungsmeldungen 2000 Kämpfer in Afghanistan aufhalten. Dass beide Organisationen in der Vergangenheit eng zusammengearbeitet haben, lässt sich nicht bestreiten.[6] Wie wird das in Zukunft sein? Wie werden sie sich Al-Quaida, die Taliban und der IS gegenüber Frauen und Kindern verhalten? Die grausamen Verbrechen des IS gegen Frauen sind weltweit aktenkundig. Erste Verurteilungen von IS- Verbrechern und Verbrecherinnen gab es auch schon in Deutschland. Wenn die Taliban inzwischen versichern, Frauen und Mädchen hätten von ihnen nichts zu befürchten, dürfte auch dies eine der allfälligen Verlautbarungen sein, die die Taliban immer schon, seit ihrer ersten Machtübernahme zwischen 1996 und 2001, zur Beruhigung des Auslands, aus dem sie Geldzuwendungen benötigen, beteuert haben. Was Taliban unter Schutz für Frauen, Anstand und Ehre der Familie verstehen, bedeutet für die Frauen: *Khor yor Ghor, Haus oder Grab.*

2. Zwei Orte für Frauen. *Khor yor Ghor*: Das Haus oder das Grab

Gulwali Passarlay hat die Konsequenzen des Spruchs, den er als Kind von seinen Onkeln gehört hatte: Es gebe nur zwei Orte für Frauen, das Haus oder das Grab, für seine paschtunische Familie dargelegt. Wie sollen Frauen, verbannt ins Haus, abwartend bis zu ihrem Tod und ihrer Beerdigung, dieses Leben überstehen? In Gedichten afghanischer Poetinnen ist die Sehnsucht nach der Beendigung

---

6   Genauere Darstellung vgl. Steinberg 2014.

dieses Leids formuliert. Die hohen Suizidziffern zeigen, dass manche Frauen nicht warten möchten, bis die Natur ihr Elend beendet.

Nach meinem Eindruck ertragen die Frauen ihr Leben, weil und während sie ihre Kinder lieben, erziehen und fördern. Eine andere Freude scheint es nicht zu geben. Dennoch erziehen sie ihre Kinder meist – wie sollte es anders sein – in der Tradition des Landes und so, wie sie selbst ihre Erziehung durchlaufen haben.

Selbstverständlich gibt es Männer, die ihre Frauen aufrichtig lieben und ehren. Aber selbst dann scheinen sie ihre Frauen nicht wirklich zu kennen. Die Definition von Weiblichkeit in Afghanistan reduziert die Frauen auf Schönheit, Ehe, Familie und Fortpflanzungsfähigkeit. Das verhindert, sie als Individuen wahrzunehmen. Die durchschnittlich erwartbare Anpassung und Kritiklosigkeit gegenüber uralten kulturellen Gepflogenheiten, Gesetzen und Bestimmungen, von denen Männer offensichtlich profitieren, verhindert erfolgreich ihre nähere Beschäftigung mit Frauen.

So spüren die freundlichsten und gutwilligsten Männer offenbar nicht, wenn ihre Frauen depressiv verstimmt sind; geschweige denn stellen sie sich die Frage, warum dies wohl so ist. Denn Frauen haben glücklich zu sein, wenn sie verheiratet sind, viele Kinder bekommen, vor allem Söhne; eine weitere Sehnsucht und/oder irgendwelche anderen Bestrebungen von Frauen sind, kulturell bedingt, kaum vorstellbar.

Frauen stellen die Ehre des Hauses dar; dies gilt nicht nur für einfache Frauen auf dem Land, sondern auch für z.B. Parlamentarierinnen in der Stadt.

Jenny Nordberg lernte während ihrer Recherchen zur Sitte der Basha Posh in Afghanistan eine bekannte und gebildete Frau kennen, die vor der erneuten Machtübernahme der Taliban noch im Parlament gesessen hatte. Auch dort wurden Frauen nicht ernst genommen, verspottet und täglich angegriffen von Feinden, die nicht sehen konnten, dass die Hälfte der Einwohner in ihrem Land aus der politischen Bestimmung ihres Landes nicht ausgeschlossen werden sollte, nicht zuletzt aus wirtschaftlichen Gründen. Aber auch die von Nordberg interviewte Parlamentarierin hat eine Basha Posh, weil sie nur Mutter von weiblichen Kindern ist und sich deshalb sehr schämt. Sie hat einen Mann, der des Lesens und Schreibens unkundig ist, sie hat einen Vater, der sie zu einer Ehe mit einem ungebildeten Cousin auf dem Land gezwungen hat, obwohl dieser bereits eine Erstfrau sein Eigen nennt. Ihr Mann kann ihren Ehrgeiz, ihre Fähigkeiten, ihre Klugheit, ihr Leid, als sie, von den Taliban vertrieben, aus ihrer Stadt in das entfernte Dorf im Nordwesten Afghanistans ziehen muss, nicht nachvollziehen.

Sie darf nur arbeiten, wenn er ihr das erlaubt; schließlich gibt er seine Erlaubnis, weil seine Zweitfrau mit ihrer parlamentarischen Arbeit etwas zum Unterhalt der Familie beiträgt, genauer: den gesamten Unterhalt der Familie, auch den des Ehemannes und seiner ersten Frau sowie deren Kinder, im Alleingang finanzieren kann.[7]

Nicht die Anatomie ist das Schicksal, wie Freud meinte, sondern die Anatomie interpretierende Kultur ist das Schicksal. Nicht die Anatomie von Mann und Frau sind das Kriterium für Unterdrückung, Benachteiligung, Diskriminierung, sondern die kulturellen Sitten und Gebräuche, die die Rangordnung der Geschlechter bestimmen und mit ihr den Stellenwert von Anatomie.

In Europa kann sich derzeit kaum eine Frau beklagen, sie werde benachteiligt. Obgleich ihre Klagen dennoch anhalten, werden Frauen hierzulande wegen ihres Geschlechts oft sogar bevorzugt. Das heißt nicht, dass bereits

---

7 Nordberg 2014

alle Benachteiligungen hierzulande ein Ende hätten; aber rechtlich sind wir gleichgestellt. Im weltweiten Vergleich und insbesondere im Vergleich mit afghanischen Frauen sind die Frauen in Europa überaus privilegiert. Dies ist das Ergebnis eines langen Kampfes um Gleichberechtigung. In Afghanistan hat eine Frau hingegen derzeit und nach wie vor aufgrund ihres Geschlechts ein Leben in Abhängigkeit, Leid und Verzicht zu erwarten. Die Bemühungen der USA und ihrer westlichen Verbündeten weckten kurze Zeit Hoffnungen, sie sind derzeit alle gescheitert.

Auch die Steinigung zeigt, wie in Afghanistan offensichtlich nach wie vor Frauen und Männer mit zweierlei Maß gemessen werden. Männer werden z.B. für Ehebruch nicht bestraft. Das ist theoretisch nicht ausgeschlossen, aber wegen der Zeugen, die „dabei" gewesen sein müssen, kommen ehebrecherische Männer, deren Lebensweise nahelegt, dass es einen männlichen Ehebruch gar nicht geben kann, stets mit Leib und Leben davon. Denn sie dürfen vier Frauen heiraten, gesetzt den Fall, sie können es sich leisten, alle Frauen, so ist es im Koran vorgeschrieben, gleich zu behandeln.[8] De facto ist das natürlich nicht der Fall: Meist wird die erste Frau, wenn sie älter wird oder noch keinen Sohn geboren hat, ersetzt durch eine neue, eine jüngere Frau, alsdann folgt die nächste usw.

Da ein muslimischer Mann also vier Frauen heiraten kann, vorausgesetzt, er kann sich das finanziell leisten, darüber hinaus mit einer nicht festgelegten Zahl Ungläubiger und Sklavinnen Geschlechtsverkehr haben darf, weil sie noch nicht einmal als Frauen zählen, ist es gar nicht möglich, ihm einen Ehebruch vorzuwerfen. Auch die Sitte der Ehe auf Zeit kommt den Männern entgegen. Er kann immer sagen, ich habe geheiratet und die Frau wieder (auch am nächsten Tag) fortgeschickt. Einer Frau ist das

---

8   Der Heilige Koran, Sure 4,37

nicht möglich, ebenso wenig wie sie die Scheidung aussprechen kann. Sollte sie es dennoch tun, ist sie dazu verpflichtet, ihre Kinder ihrem Mann zu überlassen. Das alles lässt die Scheidungsrate in Afghanistan gegen Null reichen. Nicht nur die Berichte afghanischer Frauen sprechen von der Demütigung, die mit diesen Sitten für Frauen verbunden sind; auch die Erfahrungen europäischer Frauen, die sich mit muslimischen Partnern eingelassen haben, erzählen nicht selten von schweren Kränkungen und körperlichen Züchtigungen. Solche Berichte sind Erfahrungen aus Psychotherapien und erreichen eher selten öffentliche Aufmerksamkeit. Damit wird selbstverständlich nicht gesagt, dass Ehen zwischen Muslimen und Nicht-Muslimen nicht auch sehr glücklich sein können. Denn es gibt auch ganz andere Erfahrungen: Gute Beziehungen von Muslimen und christlichen Europäerinnen. Aber sie sind nicht die Regel, weil die Kulturunterschiede sehr groß sind. Hirsi Ali hat die Gefahren für Frauen in Europa durchaus zutreffend dargestellt.[9]

Hierzulande gibt es Frauen, die meinen, eine Europäerin könne die Situation afghanischer Frauen nicht verstehen, weil sie die Kultur nicht verstünde. Dem muss widersprochen werden: Gesetzt den Fall, es gäbe die hohen Suizid-Zahlen der Frauen in Afghanistan nicht, gesetzt den Fall, afghanische Frauen würden sich nicht verzweifelt vergiften, verätzen, aus dem Land fliehen, nicht die Geschichten ihres Leids erzählen, dann würde man dem Argument, Europäerinnen verstünden die ihnen fremde Kultur nicht, vielleicht ernst nehmen müssen. So kann diese Art der Kritik aber nur als Hinweis auf eklatantes Nichtwissen verstanden werden. Afghanische Frauen, in Deutschland angekommen, berichten nach anfänglichen Widerständen, die ihrer erlernten Ängstlichkeit und Sprachlosigkeit

---

9 Hirsi Ali 2021

geschuldet ist, selbst von ihrem Elend, ihren Schmerzen, ihrer Depression, ihrem Leid, ihrer Ohnmacht, ihrem tiefen Unglück. Sie sind froh, einer anderen Frau dieses Elend berichten zu können. Alles Unglück in Afghanistan ist menschengemacht und kann sehr gut auch von Europäerinnen verstanden werden.

Frauen, auch wenn sie, endlich anerkannt, in unserem Land leben, werden manchmal depressiv und es scheint keine Hilfe zu geben. Denn viele sind depressiv, ohne es zu realisieren, geschweige dies so zu nennen. Manche Frauen zeigen auffällige hysterische Symptome: Dissoziation, Ohnmachten, passagere Bewusstlosigkeit, Schmerzen in Armen und Beinen, im Körper insgesamt ohne somatischen Befund; hilfloses Weinen und Schreien, Symptome, die in Europa am Ende des 19. Jahrhunderts von Breuer, Freud und anderen zahlreichen Ärzten und Nichtärzten gesehen und beschrieben wurden.[10] Vor allem zu Beginn unserer Arbeit begegneten uns in den Unterkünften diese nicht selten beobachteten Symptome von Frauen. Schwere Erkrankungen führten dazu, für die Betroffenen eine Therapie zu vermitteln.

Unter europäischen Frauen sind diese Symptome selten geworden; sie sind fast nur noch in psychiatrischen Kliniken zu sehen und werden dort, etwas despektierlich, zuweilen mit dem Begriff *Mittelmeerkrankheit* belegt. Gesellschaftliche Verbreitung psychoanalytischer Aufklärung des *Rätsels Weib* (Freud) hat dafür gesorgt, dass die tatsächlichen Ursachen hinter den Symptomen der Frauen im 19. und beginnenden 20. Jahrhundert, nämlich Unterdrückung, insbesondere sexuelle Unterdrückung, erzwungene Untätigkeit, Ausschluss von Bildung und Ausbildung, Weigerung, Frauen an der Entwicklung der Gesellschaft zu

---

10 Breuer/Freud 1895/1996, Studien über Hysterie. Vgl. auch Tömmel 1985

beteiligen, gefunden wurden. In der rasanten gesellschaftlichen Entwicklung der folgenden Jahrzehnte sind die schlimmsten Benachteiligungen von Frauen – nicht zuletzt unter dem Einfluss der Psychoanalyse und deren Weiterentwicklungen, beschleunigt durch erfolgreiche Aufklärung großer Anteile der Bevölkerung – gemildert, wenn nicht behoben worden. Vor allem durch die Revolutionierung der Erziehung von Kleinkindern fühlen Mädchen in Europa sich heute nicht mehr oder nur sehr selten als das *Zweite Geschlecht* (Simone de Beauvoir).

Die Folgen der Unterdrückung von Frauen in Europa und allgemein dem Westen sind immer noch in dem jahrhundertalten Bestseller mit dem Titel *Studien über Hysterie* von Josef Breuer und Sigmund Freud, am Ende des 19. Jahrhunderts verfasst und veröffentlicht, nachzulesen. Heute könnte Breuers und Freuds Schrift als Aufklärungsbroschüre für die Erkrankung von Migranten dienen.

3. Immer noch: Steinigungen

Oben wurde bereits von einer Steinigung berichtet, die Gulwali Passarlay als Kind im Alter von 5 oder 6 Jahren im Süden Afghanistans, in seinem Heimatort, unvorbereitet miterlebte und nie mehr vergessen konnte.

Auch Roger Willemsen berichtet noch von Steinigungen. Nach der ersten Machtübernahme der Taliban im Jahr 1996 füllten sich die Frauengefängnisse „...rapide. In den Stadien finden öffentliche Auspeitschungen und Steinigungen statt Die Männerwelt triumphiert in einer Art machistischem Totalitarismus, der keineswegs unreflektiert ist", schreibt Willemsen.[11]

Weiß jemand, wie viele der derzeit *ungehorsamen* Frauen in Gefängnissen sitzen? Die wenige Tage und

---

11 Willemsen 2007, S.66

Wochen nach der Machtübernahme der Taliban noch in westlichen Medien gezeigten Proteste einiger mutiger Frauen sind jedenfalls derzeit weitgehend verstummt.[12]

Die Steinigung als besonders grausame Art des Tötens gibt es seit Jahrtausenden. Weil der Körper der nach der Scharia Verurteilten bis zur Hüfte oder den Schultern eingegraben wird, können diese sich nicht wehren, geschweige denn weglaufen. Sie erleben ihr Todesurteil ganz bewusst. Die Steine dürfen nicht zu groß sein, weil der Tod dann zu schnell und ohne große Qual eintreten würde. Sie dürfen nicht größer sein, als in eine hohle Hand passen; das Leiden, verbunden mit Scham, soll länger dauern, der Tod soll langsam eintreten, für die zum Tod Verurteilte so spürbar wie irgend möglich werden. Dabei scheint die Angst der Gesteinigten manche, – in den Schilderungen Passarlays viele – Zuschauer noch anzuregen.

Die Art der Bestrafung ist sowohl für das antike Griechenland überliefert als auch in der Bibel beschrieben, „dem Urdokument der jüdischen und christlichen Kultur," wie Wolfssohn die Bibel bezeichnet.[13] Mehrfach wurde auch Jesus von Nazareth mit dem Tod durch Steinigung bedroht. Angesichts einer Ehebrecherin, die gesteinigt werden sollte, sind die sprichwörtlich gewordenen Sätze Jesu überliefert:

„Wer von Euch ohne Sünde ist, werfe als Erster einen Stein auf sie."[14] Damit war die Steinigung beendet, bzw. sie wurde gar nicht erst begonnen. Im Johannes-Evangelium ist nachzulesen, dass alle potentiellen Steinewerfer sich – beschämt? – entfernten.

Im Koran steht nichts von einer Steinigung. Dennoch soll Mohammed verschiedentlich Steinigungen angeordnet

---

12 Vgl. auch FAZ vom 16.07.2022
13 Wolffsohn 2020
14 Joh 8,7

haben. Deshalb gehört die Steinigung auch heute noch zur Scharia, die den Kanon für Strafen auf bestimmte Verfehlungen umfasst. Insbesondere Homosexuelle sollen durch Steinigungen getötet werden. So hat das islamisch regierte Sultanat Brunei im Jahr 2019 die Steinigung als Strafe für Homosexualität eingeführt. Den Protest der EU (Europäische Union) beantwortete das Sultanat mit einem Brief, in welchem es für Verständnis warb: Steinigungen seien sehr selten, weil zwei Männer als Zeugen für das Fehlverhalten der Homosexuellen notwendig seien.[15]

4. Die afghanische Sitte der *Basha Posh* (Mädchen werden als Jungen verkleidet)

Afghanische Familien, deren Kinder ausschließlich weiblichen Geschlechts sind, werden bedauert und verspottet. Um dem zu entgehen, gibt es seit sehr langer Zeit, – bisher konnte mir noch niemand sagen, seit welcher Zeit – die Sitte *der Basha Posh,* übersetzt etwa: *Mädchen als Jungen verkleidet.*[16]

Die Sitte, Mädchen als Jungen auszugeben, ist in Afghanistan weit verbreitet. Sie soll die Missstände, die die Geburt von Mädchen in einer Familie ohne Sohn mit sich bringt, mildern. Mädchen in Afghanistan sollen keine schweren Lasten tragen, nicht Fußball spielen, nicht in die Schule gehen, nicht auf den Markt gehen und etwa um Preise feilschen, nicht unverschleiert auf die Straße gehen, sie sollen ausschließlich auf eine spätere Hochzeit und vor allem auf zahlreiche Geburten vorbereitet werden. Das

---

15 https://www.sueddeutsche.de/panorama/brunei-homosexuelle-todesstrafe, letzter Aufruf 13.08.22
16 Ein afghanischer Interviewpartner erzählte allerdings, dass auch der männliche Erwachsene einer missbräuchlichen Beziehung zwischen einem erwachsenen Mann und einem männlichen Jugendlichen als *Basha Posh* bezeichnet werde. Etwa 20% aller erwachsenen Männer seien *Basha Poshs.*

haben nicht die Taliban erfunden, sondern diese Vorstellungen sind, wie geschildert, uralte Vorschriften paschtunischer und weiterer Stämme Kultur.

In Indien werden Mädchen, weil sie nicht gewollt sind, oft abgetrieben. In Afghanistan wurden, weil es, insbesondere auf dem Land, keine Amnioszentese und keine Ultraschallgeräte gibt, die das Geschlecht vor der Geburt festzustellen in der Lage wären, kulturell andere Methoden gefunden, mit ungewollten Mädchengeburten zurecht zu kommen und dem Unglück ihrer Geburt zu begegnen: Wenn kein Sohn in der Familie geboren wird, muss ein Sohn her, auch wenn es ein falscher ist. So findet die Verwandlung eines Mädchens, meist einfach mittels gewechselter Kleidung und abgeschnittener Haare, in einen Jungen statt. Genannt wird das Ergebnis einer Verwandlung *Basha Posh*. Dass diese Sitte nicht etwa der Vergangenheit angehört bzw. eine archaische Sitte ist, die schon lange nicht mehr praktiziert wird, hat die schwedische Journalistin und Filmemacherin Jenny Nordberg in einem Buch aus dem Jahr 2014 mit dem Titel: *The Underground Girls of Kabul* beschrieben. Ihre Recherchen, die zwischen 2010 und 2011 stattfanden, zeigen, dass es sich weder um eine ausgestorbene Sitte aus alter Zeit noch um eine Phantasie europäischer Kulturkritiker handelt

Meine Nachfragen an in Deutschland lebende Afghanen konnten diese Sitte bestätigen. Männer antworteten nicht selten mit einem geheimnisvoll-verlegenen Lächeln; die Tatsache selbst wird nicht bestritten, eher verharmlost. Auch die verständnisvollsten Personen haben keinen Bedarf an Reflexion oder Diskussion über diese Sitte. Ein guter afghanischer Bekannter, den ich nach der Sitte der Basha Posh fragte, antwortete mit einem eher freundlich-mitleidigen, um Verständnis bittenden Blick: *Was sollen denn die Familien tun, die keine Söhne haben?*

Gründe für die Verwandlung eines Mädchens in einen Jungen im Alter von 6 bis 9 Jahren gibt es genug. Manchmal wird auch gleich nach der Geburt eines weiteren Mädchens nach vielen weiblichen Geschwistern, nach vergeblichen und verzweifelten Versuchen der Mutter, die sich wegen ihrer Mädchengeburten schuldig fühlt und beschämt ist, ein neugeborenes Mädchen als Sohn ausgegeben. Spott und Häme treffen allein die Frauen. Afghanischen Familien ist die Rolle des männlichen Spermas bei der Bestimmung des Geschlechts eines Kindes unbekannt.

Im Jahr 2018 erwähnte ich während eines Gesprächs mit einer Afghanin, die jammerte, bisher nur Mädchen geboren zu haben, dass es der Mann ist, von dem das Geschlecht der gemeinsamen Kinder abhängt. Meine Gesprächspartnerin sah mich ungläubig an. Der anwesende Dolmetscher war so überrascht, dass er sich nach dem Ende des Gesprächs die wissenschaftliche Begründung für diese Tatsache auseinandersetzen ließ. Er wunderte sich: Auch dieser kluge Mann war bisher der allgemeinen Meinung seines Herkunftslandes gewesen, welche besagt, dass es allein von Frauen abhänge, welches Geschlecht das gemeinsame Kind hat.

Ein Ehemann ohne männliche Nachkommen macht in Afghanistan also seiner Frau Vorwürfe, wenn nur Mädchen geboren werden. In seinen Augen ist er hieran nicht beteiligt und deshalb unschuldig. Dies spricht in den Augen der Frauen, deren Schuldgefühle aufgrund ihres vermeintlichen Versagens enorm sind, für die Erfindung eines Sohnes. Ein falscher Sohn ist besser als keiner. Da Mädchen ausschließlich für Heirat und Fortpflanzung erzogen werden und darüber hinaus für einen möglichst teuren Verkauf an die Familie des zukünftigen Mannes, müssen sie als brave, fortpflanzungsfähige zukünftige Frauen aufwachsen, die versprechen, anpassungsfähige, nicht laute, nicht aufdringlich wirkende, niemandem widersprechende und gehorsame Frauen zu werden. Je mehr dies gelingt, desto höher kann der Brautpreis angesetzt werden.

Insofern ist es nicht erlaubt, dass kleine Mädchen in Hosen herumlaufen, Fußball spielen, etwas lernen, was sie zum Widerspruch und zu Debatten anregen könnte, gar zu Unabhängigkeit und damit zum Beispiel zur eigenen und eigenwilligen Auswahl ihres Ehemanns motivieren würde. Folge der Unabhängigkeit könnte ein Aufstand gegen die von den Stammesältesten und den Religiösen erzwungene und von diesen mit Zähnen und Klauen verteidigte Unterordnung von Frauen sein.

Exkurs 4: Nadia Hashimi *Hinter dem Regenbogen* (Die Verwandlung von Rahima in Rahim)

Eine der beiden Heldinnen des Romans *Hinter dem Regenbogen*, Rahima, stammt aus einer Familie, deren Mutter 5 Töchter auf die Welt brachte und die deshalb immer wieder von ihrem Mann gescholten wird.

Die Mutter Rahimas, Madar-jan, ist überlastet mit Arbeit. Ihre Regale sind leer. Sie lebt mit ihrem drogensüchtigen Ehemann zusammen, der seit Jahren für einen regionalen Kriegsfürsten kämpft und die Ereignisse in Afghanistan und den Dienst, den er seinem Warlord schuldet, ohne Drogen nicht aushalten kann. In seinen wenigen Ruhepausen nimmt er zunehmend seine *Medizin,* wird hiervon immer abhängiger und kann kaum mehr für die Familie sorgen. Also braucht Madar-jan einen Sohn, der sie unterstützt und ihr hilft: Auf den Markt geht, arbeitet, Lasten trägt, in die Schule geht, lesen und schreiben lernt, kurz, alles tun kann, was einem Mädchen normalerweise verwehrt ist.

Rahima soll von nun an Rahim heißen. Sie/er ist bei der Verwandlung 9 Jahre alt. Sie übernimmt die Rolle des einzigen Sohnes in der Familie. Ihr gefällt die Rolle: Sie geht auf den Markt, feilscht mit Erfolg um die Lebensmittelpreise, trägt die schweren Einkaufskörbe nach Hause und nimmt in der Familie eine privilegierte Stellung ein, die ansonsten Söhnen zusteht. Ihre Schwestern sind neidisch. Sie darf mit gleichaltrigen Jungen Fußball spielen, sie tollt herum, sie gewöhnt sich an ihre Verwandlung.

Kurz vor der Verwandlung von Rahima in Rahim sagt ihre Mutter zu ihr:

> *„Ich glaube, es wäre das Beste, wenn Du Deinem Vater ein Sohn wärst.*
> *Ein Sohn?*
> *Es ist eigentlich ganz einfach. Das wird ständig gemacht, Rahima. Überleg doch nur mal, wie glücklich ihn das machen würde! Und du könntest viele Dinge tun, die deine Schwestern nicht tun können …*
> *Wir können dich anders anziehen und dir einen neuen Namen geben. Dann könntest du zum Laden laufen, wann immer wir etwas brauchen. Du könntest zur Schule gehen ohne dir Sorgen um die Jungs machen zu müssen, und Du könntest draußen spielen. Na? Wie klingt das?"*[17]

In Nadia Hashimis Roman *Hinter dem Regenbogen* kann die Szene einer Verwandlung eines 9-jährigen Mädchens in einen Jungen nachgelesen werden: Die äußere Verwandlung gibt dem Mädchen das Recht, sich wie ein Junge zu verhalten. Das Gefühl folgt der äußeren Verwandlung; das sich einstellende und endlich erlaubte freiere Verhalten, das normalerweise Jungen vorbehalten ist, prägt schließlich die Identität des Kindes.

> *„Schere und Rasierer in der Hand führte Madar-jan mich hinters Haus. Ich war nervös, als ich mich setzte und meine Schwestern zuschauten. Madar-jan nahm mein langes Haar hinter dem Kopf zusammen, flüsterte ein Gebet und begann langsam zu schneiden ….*
> *Madar-jan schnitt und schnitt und bog mein Ohr nach vorne, um auch dahinter zu schneiden. Und schließlich schnitt sie mir einen geraden kurzen Pony. Ich schaute auf den Boden und sah überall*

---

17 Hashini 2017, S. 51/52

> Haare...Mein Hals fühlte sich nackt an. Ich kicherte aufgeregt. Nur Shala fiel die einzelne Träne auf, die Madar-jan über die Wange lief.
> Dann war meine Kleidung an der Reihe. ... Ich stieg erst in das eine, dann in das andere Bein."[18]

Erst in der Aufzählung dessen, was Mädchen nicht dürfen bzw. was sie dürften, wenn sie Jungen wären, wird klar, wie begrenzt, wie eng, wie schon als kleine Kinder eingeengt afghanische kleine Mädchen aufwachsen müssen. Kein Wunder, dass sie später schweigen, sich zurückziehen, wenn Fremde kommen, dass sie nur noch huschen, weghuschen, wie Willemsen dies auf seiner Reise erlebt hat:

> „Es ist befremdlich, ein Land ohne seine Frauengesichter kennen zu lernen. Man deliriert über dem, was fehlt, stellt sich etwas vor, transponiert es ins Märchenhafte, halluziniert sich lauter altmodische Physiognomien herbei, und was bleibt von diesen Farbnebeln? Düfte, aufgerissene Augen zwischen Kajal-Linien, Viertelprofile, vom Schwung der abwendenden, fliehenden Bewegung verwischt."[19]

Selbstverständlich darf Madar-jan nicht sagen, dass sie es ist, die glücklich wäre, wenn sie einen Sohn hätte: Das Kind soll mit seiner Verwandlung seinen Vater glücklich machen. Frauen haben keine Wünsche zu haben und wenn doch, dürfen sie jedenfalls nicht offen ausgesprochen oder das Aussprechen gar dazu führen, dass die Wünsche auch noch erfüllt werden.

Die Verwandlung des Geschlechts des Kindes wird zur Realität, von der zwar alle sowohl in der Familie als auch in der Nachbarschaft wissen, dass es diese nicht gibt, aber ebenso selbstverständlich alle so tun, als sei sie die Wahrheit. Indessen muss kurz vor der Pubertät die Rückverwandlung stattfinden. Ein bis dahin als Junge erzogenes

---

18 Ebenda
19 Willemsen 2007, S.82

Mädchen muss nun wieder zur Frau werden – zur Frau, die bald verheiratet, d.h. verkauft werden muss und zwar für einen möglichst hohen Preis an die Familie des Brautwerbers.

In der Gegenwart des Romans kämpft der ungeduldige Vater Rahims an der Seite eines der großen Kriegsherren, die regional eine erhebliche Macht und großen Einfluss besitzen. Die in den Jungen Rahim verwandelte Tochter Rahima fühlt sich inzwischen sehr wohl in ihrer Haut, nachdem sie sich an die Hosenbeine, die ihr viel Lauffreiheit geben, gewöhnt hat. Sie freut sich, in die Schule zu gehen und auch in der eigenen Familie die traditionelle Autorität eines Sohnes zu genießen. Eines Tages bringt der Vater seinen Kriegsherren mit, der das als Junge verkleidete Mädchen sieht und Gefallen an ihm findet. Eine eventuelle Perversion des Kriegsherrn wird nur ganz leicht angedeutet. Sie ist eine Basha Posh und inzwischen 13 Jahre alt. Der Vater, immer noch wütend auf die Töchter und seine Frau, die ihm die Schande ausschließlich weiblicher Kinder eingebrockt hat, verkauft drei seiner Töchter, 13, 14 und 15 Jahre alt, an den heiratswilligen Kriegsherren und dessen Cousins. Alle Männer sind allerdings bereits mit mehreren Frauen verheiratet. Mehr als vier, so steht es im Koran, dürfen es allerdings nicht sein. Der Junge Rahim wird alsbald in das Mädchen Rahima zurück verwandelt und muss die ihm verhasste Hochzeitszeremonie über sich ergehen lassen und aushalten.

Nicht jedes Kind hält die Rückverwandlung aus. Je länger das Leben als Junge dauert, je tiefer sie in die Pubertät reicht, desto unwahrscheinlicher wird es, dass diese in der Folge ohne Probleme verläuft.

> *„Wo ein Geschlecht so unerwünscht ist, so verachtet und unterdrückt wird, und wo Töchter ausdrücklich ungewollt sind, muss man möglicherweise damit rechnen, dass sich Körper und Geist einer Heranwachsenden dagegen wehren, eine Frau zu werden.*

> Und sich bei diesem Prozess vielleicht auch dauerhaft verändern."[20]

Im Roman von Hashimi geschieht genau das: Rahima will, als sie durch besondere Umstände das Haus ihres Ehemanns und Kriegsherren verlassen und Kabul besuchen kann, nie mehr so abhängig werden wie sie das im Haus des Kriegsherrn war.

Dem Urteil, Afghanistan sei der schlechteste Platz für Frauen auf der Welt, ist wenig entgegenzusetzen. Der vor etwas mehr als 100 Jahren begonnene Kampf um die Befreiung von Frauen, der mit König Amanullah ihren Anfang nahm, hat bis heute nicht viel Erfolg gehabt. Nach wie vor werden Frauen als Besitz behandelt, dem kein eigenes Wollen, Können und Urteilen zusteht: Zan, Zar, Zamin, das heißt: Frauen, Gold und Land.

Nahezu aussichtslos ist die Situation der Frauen auch deshalb:

> „Jenseits diverser sonstiger politischer Unterschiede und Spaltungslinien ...an einem Punkt (herrscht, SET) ungebrochenes Einvernehmen zwischen den traditionalistischen und den modernen islamistischen Parteien – in der Frauenfrage wollen alle Seklusion (Anschluss) und Segregation".[21]

Frauen in Afghanistan sind das unbekannte Wesen, dessen Unbekanntheit sogar unbekannt ist. Die hierzu notwendige *Expedition in den dunklen Kontinent*[22] wurde in den westlichen Ländern inzwischen weitgehend bewältigt. Aber für Afghanistan gibt es da noch viel zu entdecken. Nach meiner Erfahrung interpretieren afghanische Männer auftretende

---

20 Nordberg 2014, S.195
21 Ebenda
22 Der Titel eines Buches der Psychoanalytikerin Christa Rohde-Dachser lautet: *Expedition in den dunklen Kontinent*. Sie setzt sich darin intensiv mit der Weiblichkeitstheorie Sigmund Freuds auseinander. Die Bezeichnung *dunkler Kontinent* stammt von Sigmund Freud, der ihn für die Unbekanntheit der weiblichen Psyche im 19. Jahrhundert verwendet hat. Vgl. Rohde-Dachser 2003

Depressionen ihrer Frauen als eine natürliche Folge der Gefühlsschwankungen von Frauen, weil sie eben Frauen sind, als zu erwartende Begleitumstände der weiblichen Natur. Manche Männer ermutigen ihre Frauen, nachdem sie kurze Zeit in Deutschland leben, ohne Kopftuch aus dem Haus zu gehen und ihre Haare offen zu tragen. Damit stoßen sie aber nicht selten auf die Hemmungen der Frauen selbst. Diese Männer sind Flüchtlinge, sie wurden selbst Opfer der Taliban-Herrschaft, sie selbst haben gespürt, mussten spüren, wie die Herrschaft ideologisch verführter und gefühlloser Personen ihnen Grausames zugefügt hat. Doch selbst ihnen fällt es nicht selten schwer zu sehen, dass Frauen gerne eigenständig denkende und fühlende Wesen wären, nicht nur schwache und hilflose Geschöpfe, die beschützt werden müssen und die sich, anders als die Tradition es weiß, ein Recht auf eigenständige Gedanken wünschen.

V. Zusammenfassung: Gründe für Flucht und Vertreibung.

Das gegenwärtige Unglück Afghanistans begann mit den großen Widersprüchen zwischen der zum Teil rasanten Entwicklung der großen Städte und der nach wie vor unveränderten Jahrtausende alten Kultur auf dem Land. Parteien wurden gegründet, Allianzen geschmiedet, deren Vorstellungen für das Leben der Landbevölkerung stark divergierten. Kommunistische oder sozialistische Islamkritiker konnten sich immer weniger mit traditionell Gläubigen verständigen. Ohne eine Kultur des Streites eskalierte jede politische Auseinandersetzung, übrigens bis heute. Aufs Äußerste verschärft wurden die innerafghanischen Kämpfe durch die Eingriffe ausländischer Mächte. Die rasante Entwicklung der Eliten in den Städten, gefördert und beschleunigt durch deren Ausbildung im Ausland, hatte nach mehreren Hilferufen der linken Regierung Afghanistans den Einmarsch der Sowjetarmee zur Folge. Damit begann das derzeitige Elend. Kaum lässt sich sagen, ob die Verhinderung des Einmarsches, für die manche Mitglieder des Politbüros der Sowjetunion stimmten, eine andere Geschichte Afghanistans oder sogar der Geschichte der Sowjetunion selbst zur Folge gehabt hätte. Dass aber die sowjetische Armee für eine gründliche Zerstörung afghanischer Dörfer verantwortlich ist und damit für die Armut und Heimatlosigkeit großer Bevölkerungsteile, die wiederum zu anhaltender Binnenflucht und Flucht in benachbarte Länder, nach Europa und in die USA führten, lässt sich kaum bestreiten.

Die offizielle Begründung für den im Winter 1979 begonnenen Einmarsch war der zuvor geschlossene Freundschaftsvertrag zwischen der linken Regierung des Landes und der Sowjetunion. Der Einmarsch war aber auch ein Ergebnis der Absichten der Sowjetunion, an seiner Südflanke ein unzuverlässiges Regime zu stützen, weil islamistische Einflüsse auf die im Süden liegenden islamischen Provinzen der Sowjetunion nicht ausgeschlossen werden konnten und verhindert werden mussten; außerdem schien der Einmarsch eine günstige Gelegenheit, geostrategisch politische Spielräume zu erweitern, weil 1979 die Kräfte der USA in den Auseinandersetzungen mit dem Iran gebunden schienen. Nicht zuletzt hatten Breschnew und das Politbüro den Plan, nach 6 Monaten Afghanistan – zur Ruhe gebracht und nach dem Einsetzen eines Freundes der Sowjetunion als Präsident – das Land wieder zu verlassen.[1] Damit wirkte sich zusätzlich zu den innerafghanischen Spannungen die Weltlage um 1979 auf Afghanistan verhängnisvoll aus. Ein weiteres Mal war Afghanistan – wie schon zu Zeiten des *Great Game* – ein Spielball äußerer Mächte.

In der Folge gingen die sowjetischen Besatzer und ihre afghanischen Helfer mit dem Ziel der Durchsetzung eines sozialistischen Staates in Afghanistan aber dermaßen brutal vor, dass sowohl eine gewaltige Binnenflucht als auch eine Flucht vor allem gläubiger Muslime nach Pakistan einsetzte. Über 1,5 Millionen Tote in Afghanistan kostete der sowjetisch-afghanische Krieg, der nicht als ein solcher bezeichnet werden durfte.[2] Auch wenn die Hauptstadt Kabul zur Zeit der sowjetischen Belagerung noch unzerstört blieb, kann der sowjetisch-afghanische Krieg als Beginn der nunmehr seit 40 Jahren andauernden massenhaften Flucht und Migration im Land selbst und in die Welt bezeichnet werden. Die Fraktionierung Afghanistans in traditionelle Stammes- und Herrschaftsgebiete und sich bekriegende Ethnien war schon einmal unter dem König Zaher Schah weitgehend beruhigt worden.

---

1 Brechna 2005, S.265
2 Borovik 1990

Im Inneren Afghanistans verlor aber auch der Islam spätestens vom Jahr 1989 an seine religiöse Unschuld: Eine Religion, ernst genommen als Beziehung zu Gott und seinen Gesetzen, sollte sich nicht dazu eignen, politische Machtkämpfe zu legitimieren. Das allerdings ist nicht eine Spezialität des Islam, sondern geschah und geschieht immer noch in allen Religionen der Welt: Auch das Christentum ist auf diese Weise missbraucht worden und wird es in Form fundamentalistischer Deutungen und den auf sie folgenden Auseinandersetzungen immer wieder. Auch Hindus und Buddhisten können nicht mehr nur als friedfertig und unschuldig bezeichnet werden. Dazu genügt derzeit ein Blick nach Indien und seinen wachsenden Nationalismus. In den Grenzgebieten Pakistans, dem von den USA unterstützten islamisch regierten Nachbarstaat, konnte sich die für afghanische Maßstäbe extreme Radikalisierung des Islam bzw. die *Talibanisierung* (Baraki) in ihrer bis in die Gegenwart zerstörerischen Art und Weise entwickeln.

Nach dem Sieg der Mudjahedin mit Unterstützung der USA und Saudi-Arabiens folgten heftige Kämpfe zwischen Kriegsherren unterschiedlicher Stammeszugehörigkeit. Es kam zu einem heftigen Bürgerkrieg. Warlords jeder Couleur bekämpften sich gegenseitig und verschärften die Binnenflucht und die Flucht nach Europa und die USA. Kabul wurde dem Erdboden gleichgemacht, vor allem unter dem Mudjahed Gulbuddin Hekmatyar. Sieger wurden im Jahr 1996 die Taliban. Auf grausame Weise ermordeten sie den Präsidenten Afghanistans, Nadjibullah.[3]

Allerdings konnten die Mudjaheddin ihren Kampf gegen die Sowjets nur deshalb gewinnen, weil sie sowohl vom pakistanischen Geheimdienst ISI als auch von den USA massiv mit Waffen und Geld unterstützt wurden. Erst nach der späten Einsicht der USA, dass die Taliban zum Hort für

---

3 Brechna 2005, S.332

den aus den arabischen Ländern, insbesondere aus Saudi-Arabien importierten Terrorismus wurden, vor allem für Osama Bin Laden, Kopf der Al-Qaida, und seine immer zahlreicher werdenden Anhänger, vollzogen die USA eine radikale Kehrtwendung.

Nach dem weltweiten Schock der Zerstörung des World Trade Center im Jahr 2001 durch die Al-Qaida wurden die USA zum erbittertsten Gegner der Taliban. Zusammen mit ihren Verbündeten begann ein gnadenloser Kampf gegen die Taliban vor allem aus der Luft. Dabei wurden so zahlreiche Zivilisten verletzt und getötet, dass der Einsatz der Verbündeten, zunächst von der Bevölkerung Afghanistans begrüßt, zunehmend unbeliebter wurde. In dem kurzen militärischen Einsatz im Herbst 2001 wurden die Taliban anscheinend schnell besiegt. Hamid Karzai wurde als Übergangspräsident eingesetzt.

Das einzig Gute, was man über ihn sagen könne, sei, dass er kein Blut an den Händen gehabt habe:
„Abgesehen davon wollte er niemandem wehtun und vereinigte ein paar der schlechtesten Kräfte. Und: Karzai hat uns betrogen: Er hat keine Regierung der Experten zusammengestellt, sondern die alten Gangster in hohe Posten eingesetzt."
Das sagten Afghanen, mit denen Roger Willemsen kurz nach dem Sieg über die Taliban während seiner Reise nach Afghanistan sprach.[4]

Offenbar war das nicht nur die Meinung einiger Weniger im Land, sondern nach Deutschland geflüchtete Afghanen äußerten im Rahmen unserer Gespräche ebenfalls ihre Ablehnung der Zentralregierung. Nicht nur gegenüber dem ersten Präsidenten Afghanistans Hamid Karzai waren sie skeptisch, sondern auch gegenüber seinem Nachfolger Ashraf Ghani. Sie sprachen verschiedentlich über die für sie

---

4   Willemsen 2007, S. 140

unverständliche partielle Zusammenarbeit der afghanischen Regierungen mit den Taliban und die noch unverständlichere Duldung ständiger pakistanischer Einmischung, insbesondere des pakistanischen Geheimdienstes ISI. Sie zeigten sich empört über den Widerspruch zwischen offiziellen Verlautbarungen und tatsächlicher Machtverteilung. Dass die USA dies alles duldete und sie die zunächst unter ihrem Schutz stehende afghanische Regierung dann selbst nicht mehr anerkannte, hielten die Eingewanderten für einen Skandal, der als solcher in Deutschland offenbar wenig realisiert und noch weniger diskutiert wurde.

Nach meinen Erfahrungen mit in Deutschland lebenden Afghanen ergab sich kein Hinweis, dass auch nur einer von ihnen als Asylgrund die Mitgliedschaft in der Gruppierung der Taliban angegeben hätte. Ausnahmslos alle Afghanen, die mir begegnet sind, sind vor der Gewalt der Taliban geflohen. Bassam Tibi meinte nach der Lektüre eines Berichts in der Zeitung Die Welt, Afghanen hätten ihre Mitgliedschaft bei den Taliban als Asylgrund angegeben und es sei ihnen aufgrund ihrer Angaben auch Asyl gewährt worden. Aus meiner Sicht kann es sich da nur um ein Missverständnis handeln. Meine Recherchen ergaben, dass es sich unter Afghanen herumsprach, eine Mitgliedschaft bei den Taliban habe eine langdauernde Untersuchung aufgrund der Beteiligung an einer terroristischen Vereinigung zur Folge. Daher sei keine Abschiebung, jedenfalls keine sofortige, möglich. Dieser Trick ist allenfalls ein Zeichen dafür, dass die betreffenden Afghanen lieber in Untersuchungshaft oder sogar ins Gefängnis gehen wollten als in ihr Land zurückzukehren.

Nach dem Auslaufen des ISAF-Einsatzes im Jahr 2014, der dem Land keinen Frieden und keine Sicherheit gebracht hatte, schwoll der Strom der Flüchtlinge gewaltig an. Die meisten Afghanen sind 2015/16 – außer in die unmittelbar angrenzenden Länder Pakistan und Iran – nach Europa und hier besonders häufig (neben Ungarn, Österreich und Schweden) nach Deutschland gekommen. Sie sind vor allem vor den Taliban, aber auch vor Naturkatastrophen, Armut, Unsicherheit, Perspektivlosigkeit geflohen. Entweder, weil sie direkt von den Taliban mit dem Tod bedroht worden waren oder weil sie vor deren mörderischer Herrschaft fliehen mussten. Deshalb fuhren sie von der Türkei aus über das Mittelmeer und setzten sich lieber der Gefahr des Ertrinkens aus als dass sie in ihrem Heimatland getötet oder für den Terror der Taliban rekrutiert worden wären.

Warum nach Deutschland? Susanne Schmeidl, langjährige Forscherin zu Afghanistan, gibt drei Gründe für die Bevorzugung Deutschlands an:

1. Es habe sich herumgesprochen, dass Deutschland eine Politik der offenen Türe praktiziere.
2. In Deutschland lebe die größte afghanische Diasporagemeinschaft, d.h. die größte afghanische Community in Europa.
3.
4. (Auch ich traf immer wieder auf Asylbewerber, die angaben, bereits Verwandte in Deutschland zu haben, die zum Teil schon seit Ende der siebziger Jahre des vorigen Jahrhunderts in Deutschland lebten und arbeiteten und sie motiviert hätten, nach Deutschland zu kommen).
5. Weil in anderen Ländern, zum Beispiel in Schweden, die Kontrollen in den letzten Jahren drastisch verschärft worden seien.[5]

Bedrohung von Leib und Leben, politische Verfolgung, materielle Not, Aussichtslosigkeit auf eine bessere Entwicklung in der Zukunft; keine Chancen für Kinder,

---

5 Schmeidl 2019

Aussichtslosigkeit bezüglich der ökonomischen und politischen Erholung des Landes, das nach wie vor und inzwischen mit noch mehr Berechtigung als *Failed State* bezeichnet werden muss. Es ist deshalb nicht verwunderlich, dass neben zahlreichen jungen Männern auch viele Frauen, unbegleitete Jugendliche und ganze Familien mit ihren Kindern das Land verlassen haben.

Mit dem Satz *Wir schaffen das* leitete Bundeskanzlerin Angela Merkel die 2015/16 beginnende Integration der Neuankömmlinge mit großem, manche meinen: mit übertriebenem Optimismus ein. Wie schwer dies sein würde, sowohl für die Ankommenden wie für die aufnehmende Kultur und wieviel Veränderung bis in die deutsche Parteienlandschaft die Fluchtwelle mit sich bringen würde, ahnte zunächst noch niemand.

Zweiter Teil: Ankunft

I. Afghanische Flüchtlinge im Jahr 2016

Sarah wird abgelehnt

Bald nach ihrer Ankunft in Deutschland stellte sich Sarah dem BAMF (Bundesamt für Migration und Flüchtlinge) vor, der ersten Anlaufstelle für die Erteilung des Bleiberechts. Der vernehmende Beamte fragte sie zunächst nach ihrem Namen, ihrem Alter, ihrem Geburtsdatum, nach Adresse, ihrer Herkunft und ihrem Fluchtweg. Leider hatte sie keinen Pass, auch sonst keinerlei Papiere und konnte sich also nicht ausweisen.

„Ich bin Afghanin".

„So?" sagte der vernehmende Beamte, „Das müssen wir ja dann mal prüfen".

Er wusste offenbar, dass nicht jede Person, die angab, Afghanin zu sein, tatsächlich auch aus diesem Land stammte.

„Dann sagen Sie mir mal: Welches sind die Grenzen Afghanistans?"

Sarah überlegte; sie überlegte ziemlich lange und sagte schließlich zögernd:

„Indien?"

Damit war sie abgelehnt. Vermutlich konnte sich der vernehmende Beamte nicht vorstellen, dass eine erwachsene Frau die Grenzen ihres Heimatlandes nicht aufzählen kann. Hätte er wissen können, dass sie Analphabetin war und nie eine Chance hatte, eine Schule zu besuchen? Danach hatte er sie jedenfalls nicht gefragt.

Heute, etliche Jahre später, ist die erste Befragung im BAMF immer wieder Anlass zu Scherzen in Sarahs Familie:

„Mama, was sind die Grenzen von Afghanistan? Indien, oder?"

Hamid freut sich

Ihn trafen wir Mitte des Jahres 2016 im Containerdorf.

Hamid ist ein groß gewachsener Paschtune aus dem Nordosten Afghanistans, in der Nähe von Kunduz geboren. Dort hatte er als Schäfer gelebt. Er hat den weit ausgreifenden Schritt der paschtunischen Nomaden, von dem Willemsen in seiner Afghanischen Reise berichtet. Hamids Gesicht strahlt Fröhlichkeit, Optimismus und Menschenfreundlichkeit aus.

Warum war er nach Deutschland gekommen?

> *„Eines Tages ging ich in eine Moschee um zu beten. Ich zündete eine Kerze an. Da fing die Moschee Feuer und breitete sich blitzschnell aus. Es war eine sehr kleine Moschee, nicht größer als ein kleines Zimmer. Die Moschee brannte fast ganz aus, ich konnte mich gerade noch retten.*
> *Am nächsten Tag standen Taliban vor meiner Türe und beschuldigten mich, ich hätte in gotteslästerlicher Absicht die Moschee niedergebrannt. Ich versuchte, ihnen den Hergang zu erklären. Aber sie glaubten mir nicht. Ich wusste, was das hieß: Noch in der Nacht floh ich."*

Auch das BAMF glaubte ihm nicht. Er sollte abgeschoben werden. Hamid hatte eine solche Angst, dass er von Unterkunft zu Unterkunft floh, damit ihn die Polizei nicht finden könnte. Mehrere Gutachten von Seiten des Asylkreises wurden nicht berücksichtigt. Nach einiger Zeit bekam er Kirchenasyl. Es ging ihm wieder gut, zur Freude der Priester bearbeitete er den gesamten Garten. Hamid strahlte wieder. Als nach einigen Monaten das Kirchenasyl zu Ende war, zog er in seine alte Unterkunft, litt aber erneut an Todesängsten wegen einer drohenden Abschiebung.

Als ich mich während des coronabedingten Lockdowns nach Hamid erkundigte, sagte mir der Integrationsbeauftragte, es gehe ihm schlecht. Er sei kürzlich in die Psychiatrie eingewiesen worden.

Die neueste Nachricht ist jedoch, übermittelt von afghanischen Freunden, es gehe ihm inzwischen wieder gut, er arbeite in einem Supermarkt.

Nasrin erzählt

Nasrin war eine der ersten Frauen, die die Trauma- Sprechstunde kamen. Nachdem einige Wochen nur Männer gekommen waren, stand sie eines Tages als eine der ersten Frauen, die es wagten zu kommen, in einer immer länger werdenden Schlange von Wartenden vor der Türe des als Sprechzimmer dienenden Containers.

Als sie endlich an der Reihe war, trat sie ein, reichte mir die Hand, dem Dolmetscher nicht. Ich sagte ihr, wie sehr es mich freute, dass sie den Weg zu uns gefunden habe. Seit wann sie hier wohne und warum sie geflohen sei? „Ich bin mit meinem Mann und meinen Söhnen gekommen."

Zusammen mit ihrem Mann und ihren drei Söhnen war sie nicht aus Afghanistan, sondern aus dem Iran geflohen. Dort hätten sie und ihre Familie seit langem als afghanische Flüchtlinge unter sehr schwierigen Umständen leben müssen. Verwandte hätten ihnen zwar Unterschlupf geboten, aber sie hätten sie los sein wollen und das hätten sie sich auch anmerken lassen. Eine regelmäßige Arbeit für ihren Mann sei nicht möglich gewesen. Der jüngste Sohn, 12 Jahre alt, habe nicht zur Schule gehen dürfen, für ihre beiden älteren Söhne habe es nicht die Möglichkeit gegeben, einen Schulbesuch zu organisieren oder eine Arbeit zu finden.

„Wann sind Sie gekommen?"
„Vor drei Monaten, aus dem Iran."
„Wie?"

> „Meine Familie und ich lebten schon lange im Iran, wird sind vor vielen Jahren dorthin geflohen."

Wie und warum sie in den Iran geflohen sei, sagte sie zunächst nicht.

Nach den einleitenden Sätzen begann sie zu klagen:

> „Ich habe Schmerzen, überall Schmerzen, in den Beinen, den Füßen, Kopfschmerzen, Bauchschmerzen, Gliederschmerzen."

Ich nannte ihr einen Hausarzt in der Nähe, beschrieb ihr den Weg, den sie zu Fuß vom Containerdorf aus zu ihm gehen konnte. Sie nickte, aber verstand offenbar nicht, warum ich ihr nicht gleich helfen konnte.

In den nächsten Wochen ergaben sorgfältige ärztliche Untersuchungen, dass ihre Schmerzen nicht durch einen somatischen Befund erklärt werden konnten. Die Kopfschmerzen waren manchmal weg, manchmal wieder da. Wie wir später feststellen konnten, schienen die Gliederschmerzen eher von dem üblichen Mangel an Bewegung fast aller, jedenfalls der meisten afghanischen Frauen herzurühren. Es waren muskuläre Verspannungen, von denen die meisten durch körperliche Bewegung und mäßigen Sport, durch Gehen und ein wenig Bewegung leicht hätten behoben werden können. Afghanischen Frauen ist es aber nicht erlaubt, sich außerhalb des Hauses sportlich zu betätigen. Die Gewohnheiten sind so tief verwurzelt, dass sich auch hier, in Deutschland, in dem Containerdorf, dessen Umgebung Felder und Wälder aufweist, in welchen die Frauen sich unbeobachtet bewegen könnten, die eingeübte Bewegungsarmut durchsetzt. Ergebnis sind schlimme Schmerzen auch sehr junger Frauen. Die angebotene und eigentlich recht einfache Erklärung der Ursachen hielten nicht nur Nasrin, sondern auch alle anderen Frauen für wenig glaubhaft.

Ich empfahl Massagen, insbesonere empfahl ich einen Mann, der sich auf die Behandlung von Wirbelsäulentherapie versteht. Damit hatte ich aber wenig Erfolg. Werden die Massagen von einem Mann durchgeführt? Unmöglich, das ginge nicht:

> „Es ist Sünde, wenn ein anderer Mann als der Ehemann den Körper einer Frau sieht".

Ich empfahl also eine Masseurin, die aber keine spezielle Ausbildung für die Behandlung des Kopfes und damit ihrer Kopfschmerzen hat. Nasrin versuchte es, erzählte aber in einer weiteren Stunde, dass die Krankenkasse diese Frau nicht bezahle. Spaziergänge?
Ja, das war möglich, aber selten:

> „Mein Sohn kommt um 12 Uhr aus der Schule, dann muss ich das Essen gekocht haben. Ich habe keine Zeit, spazieren zu gehen."

Gymnastik, einen Volkshochschulkurs in der Nähe?

> „Wird dieser Kurs von einem Mann geleitet?"

Das wusste ich nicht, wollte mich aber erkundigen.
Nach und nach, in vielen weiteren Stunden, mit zunehmendem Vertrauen, konnte sie ihre Vorgeschichte ausführlicher erzählen:

> „Als sie das vierte Kind gebar, starb meine Mutter. Da war ich 9 Jahre alt, die älteste von vier Kindern, einschließlich des Neugeborenen. Ich habe meine Mutter sehr geliebt. Nun war ich die für die gesamte Familie und unseren Haushalt verantwortliche älteste Tochter von insgesamt 4 Kindern, das jüngste Kind ein Baby. Mein Vater heiratete nach kurzer Zeit eine Frau, die nur wenig älter war als ich. Die neue Frau konnte uns Kinder nicht leiden, sie war eifersüchtig. Sie schlug uns und verbot uns, unseren Vater zu sehen. Darüber hinaus erzählte sie unserem Vater am Abend, wenn er nach der Arbeit nach Hause kam, was wir alles tagsüber angestellt hätten, damit auch er uns noch einmal strafen und schlagen sollte. Und er tat es.
> Ungefähr vier Jahre nach dem Tod meiner Mutter wurde ich an einen Cousin verlobt, kurz darauf verheiratet. Ich wollte diesen

Mann nicht, aber da gab es keinen Widerspruch. Ich musste in das Haus meines Mannes ziehen. Da lebten er, sein Bruder, dessen Frau und deren Kinder, außerdem sein Vater und seine Mutter. Die Nächte und Tage nach der Hochzeit waren furchtbar: Ich war doch noch so klein!"

An dieser Stelle unterbrach sie ihre Erzählung und weinte. Sie konnte nicht mehr weitersprechen. Ich versuchte, sie ein wenig zu trösten, und sie versprach, wieder zu kommen.

Aber erst einmal war die Erzählung zu Ende. Nasrin meinte, sie werde mir gerne ihre Geschichte weitererzählen, aber nur mit einer weiblichen Übersetzerin. Ich versprach, eine passende Dolmetscherin zu suchen. Sie fügte noch entschuldigend hinzu, dass sie nicht in der Lage sei, in Anwesenheit eines Mannes *über diese Dinge* zu sprechen, über die sie jetzt sprechen müsse.

„Ich liebe Dich wie einen Bruder, sagte sie zu dem Dolmetscher, aber ich kann es einfach nicht".

Er verstand sie, war weder erstaunt noch gekränkt. Wir nahmen vorläufig Abschied voneinander und verabredeten weitere Gespräche.

Im Laufe der nächsten Wochen fand ich über das Internet eine Frau, deren Ehemann per Mail versicherte, seine Frau sei eine gute Übersetzerin, habe beste Referenzen, habe selbstverständlich Zeugnisse, die sie mitbringen könne.

Zur Vorstellung – in Nasrins Abwesenheit – kam die Gesuchte in einem rosafarbenen Seidenkopftuch, das anmutig über Kopf und Schulter geschwungen war; sie war insgesamt sehr edel und geradezu luxuriös gekleidet. Irritiert war ich, dass sie unsicher war, nicht besonders gut sprechen konnte, nur langsam und etwas mühsam deutsche Worte formulierte. Eine versierte Dolmetscherin, als die sie ihr Mann beschrieben hatte, hatte ich mir anders vorgestellt. Es irritierte mich auch, dass sie sich nicht selbst beworben hatte- ich wollte ja ausdrücklich eine Frau als Dolmetscherin. Zu dieser Zeit hatte ich noch zu wenig verstanden, dass Ehemänner für ihre Frauen auch in Deutschland nicht selten Verhandlungen etwa für einen Job ganz selbstverständlich übernehmen.

Ich beschloss dennoch, es mit ihr zu versuchen.

Beim nächsten Treffen – in Anwesenheit der neuen Dolmetscherin – versuchte Nasrin, ihre Geschichte weiter zu erzählen. Aber bereits nach wenigen Worten, die von Avah (Name geändert) übersetzt wurden, zögerte sie und schaute mich etwas verlegen an. Dann sagte sie, an die Dolmetscherin gerichtet:

„Nein, das habe ich nicht gemeint."

Sie konnte also –inzwischen etwa ein Jahr in Deutschland, – den Sinn und den Wortlaut der Übersetzung bereits verstehen und beurteilen. Aber im Laufe der Stunde wurde Nasrin immer ungeduldiger. Irgendwie brachten wir die Sitzung zu Ende, ohne dass sie das Vertrauen gefunden hätte, in ihrer unterbrochenen Geschichte fortzufahren. Sie blieb höflich, war aber sichtlich von der neuen Dolmetscherin enttäuscht und geradezu genervt.

In den nächsten Tagen informierte sie selbst per WhatsApp den früheren Dolmetscher, sie wolle nun doch, dass er wieder übersetze. Diese Frau habe sie nicht verstanden. Nach einem fast unmerklichen Zögern setzte sie mit ihrem früheren Dolmetscher die unterbrochene Erzählung über den Beginn ihrer Ehe fort:

> „Mein Mann konnte nie so lange warten, bis er eingedrungen war und so fehlte der Fleck auf dem Tuch, der meine Unschuld bewiesen hätte. Meine Schwiegereltern, vor allem mein Schwiegervater, schlugen mich deshalb jeden Tag. Mein Mann sagte lange nichts, aber schließlich kam eines Tages sein Vater mit einem Mittel, das die Potenz seines Sohnes steigern sollte. In der Folge begannen meine Schmerzen erst recht. Ich weinte und weinte, aber nichts half. Endlich war dann ein Fleck auf dem Tuch und mein

Schwiegervater entschuldigte sich. Immerhin wusste jetzt die ganze Familie, dass ich als Jungfrau in die Ehe gegangen war".

Viel besser wurde ihr Leben dennoch nicht.

Wie kam es zur Flucht in den Iran?

„Auf einer geschäftlichen Reise in den Süden von Afghanistan geriet der Bruder meines Mannes mit einem anderen Mann in Streit. Es handelte sich um einen Wachposten von mehreren Taliban-Kämpfern. Sie saßen in der Sonne und putzten ihre Gewehre. Schon zuvor hatte sich mein Mann mit den Taliban angelegt; er wollte nicht mit ihnen kämpfen und sein Bruder wollte es auch nicht. Sie hingegen versuchten es immer wieder, wie sie es sowieso mit der Zivilbevölkerung so gemacht haben. Ein Wort gab das andere – und schließlich gerieten sie auch körperlich aneinander. Das Handgemenge wurde so heftig, dass sich ein Schuss aus dem Gewehr eines der Taliban löste und ihn unglücklicherweise traf. Er war sofort tot.

Es war furchtbar: Ein Taliban tot, mein Mann in furchtbarer Aufregung. Obgleich das Ganze ja ein Unfall war, hätte das niemand von der Polizei geglaubt. Wir mussten damit rechnen, dass die Taliban Rache an uns nehmen würden. Zuvor schon hatte sich ja der Bruder meines Mannes geweigert, zusammen mit den Taliban zu kämpfen. Die Taliban würden Rache an uns nehmen, besonders an meinem Mann und seinem Bruder. Blutrache ist die Sitte, niemand entgeht ihr.

Ich war kurz nach dieser Geschichte bei einer Tante zu Besuch. Noch in der Nacht flohen wir: mein Mann und ich mit meinem kleinen erstgeborenen Sohn über die Westgrenze in den Iran."

Mein Mann hatte keine Arbeit. Wir lebten sehr beengt bei Verwandten, die uns los sein wollten und uns das täglich wissen ließen.

Ich bekam noch einen weiteren Sohn. Die ältesten Söhne sind nun 19 und 18 Jahre, der jüngste ist 10 Jahre alt. Meine beiden weiteren Söhne sind dort geboren. Sie durften dort aber nicht in die Schule gehen. Viele Jahre lebten wir dort, unter zum Teil schrecklichen Verhältnissen."

Zu einem der kommenden Treffen, wir waren nun schon ziemlich vertraut miteinander, brachte Nasrin einen Topf mit, der statt eines Deckels mit einem an vier Ecken zusammengeknoteten Tuch bedeckt und zugebunden war.

Ich sollte ihre Kochkünste kennen lernen; im Topf waren kleine Fladen aus Gemüse und Hackfleisch, kräftig mit Knoblauch gewürzt. Ich bedankte mich und konnte meiner Freude und Anerkennung über das Geschenk Ausdruck geben. Das Essen schmeckte hervorragend und bei der nächsten Gelegenheit konnte ich Nasrin dies auch mitteilen.

Nasrin brachte auch schon einmal beste Rosinen mit. Später schenkte sie mir sogar eine sehr schöne Bluse. Aber das ist schon ein Vorgriff. Im Rahmen einer psychoanalytischen Therapie hätte ich gesagt, sie entwickelte eine positive Mutterübertragung auf mich. Sie war voller Vertrauen, das ihr half, gesund werden zu wollen. Das Vertrauen spornte sie an, viel zu lernen, vor allem die deutsche Sprache, um der Wahlmutter eine Freude zu bereiten.

Tatsächlich freute ich mich jedes Mal, wenn ich sie traf. Ich schätzte ihre Intelligenz, die Schnelligkeit, mit der ihre Kenntnisse der deutschen Sprache sich verbesserten. Ihre Sprachkenntnisse halfen wiederum auch ihren Kindern, sich in der Schule besser zu positionieren, zu lernen und damit besser zu integrieren.

Nasrin sprach in den folgenden Stunden weiter über ihren Mann, wobei sie immer wieder einmal etwas verunsichert in Richtung des Dolmetschers schaute. Ob dieser sie auch verstehen würde? Dieser verstand aber ihre Not und verhielt sich neutral und verständnisvoll.

Sie war mit ihrem Mann nicht so glücklich, wie sie es sich gewünscht hatte, ohne dass sie dies jemals ausdrücklich sagte und ohne, dass für sie jemals eine Trennung in Frage gekommen wäre. Er behandelte sie oft nicht gut; er war vermutlich auch nicht einverstanden, dass sie so gerne zu den Sprechstunden kam und mit mir sprach; wenn ich in das Dorf kam, stand er manchmal vor dem als Sprechzimmer dienenden Container und starrte mich wütend an. Ich verstand sehr wohl, dass und warum ihm die Gespräche seiner Frau mit uns nicht passten. Aber ich grüßte ihn freundlich und Nasrin nahm unsere Gespräche wieder auf.

Nicht nur der Anfang der Ehe – die Verheiratung gegen Nasrins Willen und in ihrem in Afghanistan üblichen kindlichen Alter – war nicht gut. Auch später spielte er den Patriarchen.

Nasrin hat drei Söhne, das ist ihr Trumpf. Wie oben ausgeführt, bringt die Geburt von Söhnen einer Mutter doppelt so viel Ehre ein wie die Geburt einer Tochter, welche bestenfalls Mitleid und schlimmstenfalls Verachtung zur Folge hat. Um jeden der Söhne machte sie sich dennoch Sorgen und so kam es, dass ich nach und nach auch sie kennen lernte.

Der älteste Sohn ging noch für kurze Zeit in eine deutsche Schule, lernte sehr schnell die deutsche Sprache und fand einen gut bezahlten Job. Bald bot er sich deshalb anstelle des Dolmetschers als Übersetzer für seine Mutter an. Ich sah darin eine Art von Kontrolle; aber diese ist, wie oben ausführlich dargelegt, ungeschriebenes Gesetz in Afghanistan. In seiner Tragweite verstand ich diese Regel allerdings ziemlich langsam. Das Ausmaß der Kontrolle über Frauen und die Unterdrückung ihrer Fähigkeiten, ihrer Intelligenz, ihrer Bedürfnisse und ihrer Wünsche, falls sich diese nicht auf die Familie richten, verstand ich leider besonders langsam.

Der älteste Sohn, selbstbewusst, klug, gewandt, imponierend auftretend und in europäischen Augen ziemlich autoritär, handelte aber genauso, wie die afghanischen Sitten es ihm vorschreiben: Er übernahm Verantwortung, schützte seine Mutter, handelte im Zweifelsfall an ihrer Stelle. Als er einmal unverhofft mit Nasrin zu einem der Treffen kam, an welchem der Dolmetscher nicht anwesend war und wir am Schluss einen neuen Termin ausmachen wollten, sagte er höflich, dass ich ihm doch bitte den Zettel mit den Daten geben solle, seine Mutter würde sowieso alles vergessen. Sie sei ja auch durch ihre Kopfschmerzen sehr krank, so dass er die Organisation der Treffen gerne übernehmen würde.

Für ihn war diese Maßnahme offenbar ganz selbstverständlich; ebenso selbstverständlich war, dass er seiner angeblich kranken Mutter helfen müsse. Für mich hingegen war dies Kontrolle, Besserwisserei, Übergriffigkeit und autoritäres Gehabe.

Auf diese Weise werden Frauen infantilisiert, geradezu dumm gemacht, nicht ernst genommen, leider auch krank gemacht. Der Sohn tat nur das ihm nach seiner Auffassung Vorgeschriebene; ich hingegen war auch deshalb besonders überrascht, weil ich mir kaum eine Frau vorstellen konnte, die zuverlässiger, pünktlicher und gewissenhafter zu einem Termin gekommen wäre als Nasrin. Frauen in und aus Afghanistan sind aber, so lernte ich langsam, allein deshalb schwach, krank, schutzbedürftig und wenig intelligent, *weil sie Frauen sind*.

Ich lehnte freundlich ab, sagte, dass ich einen ganz anderen Eindruck hätte, gab Nasrin einen Zettel mit dem Datum für unser kommendes Treffen und wollte mich verabschieden. Sie dachte immer an ihren Termin, sie vergaß ihn nicht ein einziges Mal und hatte sich schnell an die europäische Pünktlichkeit gewöhnt. Sie versäumte auch keinen der von uns vermittelten Arzttermine, sie erinnerte sich an alles sehr gut, auch an ihre Vergangenheit.

Ihr Sohn sagte nichts. Seine Höflichkeit, selbstverständliche Gepflogenheit der meisten Afghanen, verbot ihm, mich etwa zurechtzuweisen oder zu korrigieren. Er begleitete ruhig seine Mutter zur Türe, hielt diese auf, grüßte freundlich und beide gingen hinaus.

Größte Sorgen machte Nasrin der zweitälteste Sohn. So lernte ich auch ihn kennen.

In einer Zeitung, einem regionalen Blättchen, stand eines Tages die Geschichte von einer Erstürmung des

Containerdorfes durch die örtliche Polizei: Ein 16-jähriger Asylbewerber hatte drei seiner Freunde wegen einer angeblich erlittenen Vergewaltigung angezeigt.

Der Ablauf der in Frage stehenden Nacht war unklar. Nasrin wünschte sich, ihr Sohn solle mir alles erzählen. Ihre körperlichen Schmerzen nahmen zu, sie machte sich große Sorgen: Noch war die Aufenthaltsgenehmigung für die Familie nicht erteilt, im Gegenteil, beim ersten Durchgang war die gesamte Familie vom BAMF abgelehnt worden.

Nach der Ablehnung hatte die Familie mit Hilfe eines Rechtsanwalts Einspruch gegen die drohende Abschiebung eingelegt. Ängstlich warteten alle nun von Woche zu Woche auf einen Termin, um sich erneut befragen zu lassen, dieses Mal mit deutlich mehr Erfahrung im Ankunftsland, mit einem Sohn, der schon einen Job hatte und die Landessprache sprach, mit zwei weiteren Söhnen, die zur Schule gingen und einem Vater, der zumindest manchmal in einer benachbarten Klinik arbeitete. Das alles waren Pluspunkte, die zählten. Und nun das!

Den großen Kummer, den Nasrin mit ihrem Sohn hatte, trug sie zu uns.

In den Raum trat ein schüchtern wirkender Junge. Er wirkte sehr unterschiedlich im Vergleich mit seinem selbstbewusst und fast arrogant auftretenden großen Bruder. Schmächtig und eher zierlich, dunkel gekleidet, unauffällig, nahm er auf dem angebotenen Stuhl Platz.

War er es, von dem Nasrin viel später berichtete, dass sie gerne ein Mädchen geboren hätte und ihren Sohn nach seiner Geburt in Mädchenkleider gesteckt hatte? Oder verstand ich wieder einmal nicht, welche Rolle die zweiten Söhne haben? Oder war er einfach von Natur aus anders als sein älterer Bruder? War seine Rolle eine ganz andere als die des Erstgeborenen, der der seinen offensichtlich glänzend gewachsen war?

Mit herunterhängendem Kopf berichtete er, wie die in Frage stehende Nacht verlaufen sei: Mit viel Alkohol. Zunächst hatten alle vier Jungen viel Spaß, waren ausgelassen, tranken eine Menge Wein und wohl auch Stärkeres. Dann gab es in einem Zimmer nächtliche Szenen, die er so beschrieb, dass er als Unschuldiger und Nichtbeteiligter dabei herauskam. Von einer Vergewaltigung wollte er nichts wissen, er habe längst geschlafen, als die anderen Jungen vielleicht noch wach gewesen seien. Jedenfalls käme so etwas für ihn niemals in Frage.

Für Nasrin, die während dieses Gesprächs nicht anwesend war, wurde die Geschichte zu einem Alptraum. Sie wollte doch so gerne – nach Flucht und langem Leiden – endlich ankommen in einem Land, in welchem sie sich zumindest sicher fühlen konnte. Ihre Kinder sollten sich anständig verhalten, in die Schule gehen, einen guten Beruf wählen und möglichst keine Schwierigkeiten machen, zumal eine Aufenthaltsgenehmigung für die gesamte Familie noch nicht sicher war. Sie hatte große Angst, dass die Anhörung vor dem BAMF erneut schief gehen könnte, wenn ihr Sohn sich nicht den Regeln entsprechend verhielte. Außerdem, das kam nun auch noch ans Tageslicht, hatte er bereits eine Anzeige wegen eines kürzlich stattgefundenen Fahrradunfalls erhalten, an welchem angeblich er die Schuld trug.

Dieser Fahrradunfall war sowohl nach der Schilderung der Polizei als auch nach den Schilderungen Mohammeds eine Lappalie. Offensichtlich hatte die beteiligte Frau aus der nahen Umgebung, unterstützt von ihrem Ehemann, die Absicht, dem Jungen die Kosten für ein neues Fahrrad aufzubürden.

Nasrins Familie zahlte schließlich das Fahrrad in Raten von 50 Euro pro Monat ab. Dann kehrte Ruhe ein.

Die Familie wandte sich an einen Anwalt, der den Sohn in zwei Verhandlungen vertrat: Mit Erfolg. In einer der folgenden Treffen, zwei Jahre nach ihrer Ankunft, berichtete Nasrin, dass die gesamte Familie eine Aufenthaltsgenehmigung bekommen hätte. Alle konnten erst einmal aufatmen.

Eines Tages schrieb Nasrin eine SMS, ob sie mich sprechen könne. Sie kam mit ihrem ältesten Sohn. Dieser war inzwischen so schick gekleidet, und sah dermaßen geschniegelt und gebügelt aus, dass ich mich nur wundern konnte. Sein Outfit war klares Weiß, seine Schuhe weiße Turnschuhe, sein Haar schick frisiert. Er sah wie das Muster eines an die sportbegeisterte Jugendkultur Deutschlands angepassten jungen Mannes aus.

Nasrin setzte sich auf einen Stuhl, ihr Sohn setzte sich auf einen Stuhl neben sie.

Nasrin sah anders aus als gewöhnlich: Sie hatte ein ungewöhnlich verschlossenes, geradezu zugesperrtes Gesicht und wirkte verkrampft. Mit Spannung wartete ich auf ihre Worte, die mir ihr Anliegen erklären würden.

„Mein Vater ist schon sehr alt. Jetzt ist er auch noch krank. Ich würde ihn gerne sehen."

Ich nickte. Es war ja jener Vater, der einst seine Frau, die Mutter Nasrins, nach der Geburt des vierten Kindes verloren hatte und dann ein etwa 12-jähriges Mädchen geheiratet hatte.

Was war mit ihr? Sie konnte ja nur wenig älter sein als Nasrin. Kümmerte sie sich um ihn? Was war mit Nasrins jüngeren Geschwistern? Wo lebten sie?

Wie eng war das Verhältnis Nasrins zu ihrem Vater- wann hatte sie ihn das letzte Mal gesehen? Vor ihrer Flucht in den Iran? Hatte er niemanden, der ihn an seinem Krankenbett besuchen konnte? Welche Krankheiten machten ihm zu schaffen? Wie alt war er jetzt? Sein Alter hatte ich nie erfahren. Er musste etwa 70 Jahre alt sein.

Seit längerer Zeit wusste ich, dass das genaue Alter in afghanischen Familien meist nicht bekannt ist.

„Er ist jetzt im Krankenhaus, im Iran", sagte Nasrin.

„Woran leidet er?"

„Es ist irgendetwas im Kopf, er erinnert sich nicht mehr."

„Ist er vielleicht dement?", überlegte ich.

„Ich möchte ihn noch einmal sehen, vielleicht sehe ich ihn dann nie mehr wieder."

Aber sie habe leider die 700 Euro, die der Flug kosten würde, nicht zur Verfügung.

Meine Frage, woher also das Geld kommen solle, beantwortete sie mit einem etwas härteren, auch verlegenen Gesicht:

„Haben Sie das Geld für mich?"

Ich war sowohl überrascht, dass sie mir so sehr vertraute, dass sie mich um Geld bitten konnte. Gleichzeitig wusste ich, dass ich ihrem Wunsch nicht entsprechen durfte, sonst hätte ich vermutlich das gesamte Dorf ausstatten müssen.

Ich fragte also ihren Sohn, ob er ihr nicht helfen könne?

Er lachte mir ins Gesicht und sagte: „Wieso ich?"

„Weil Ihre Mutter ihren alten und kranken Vater, Ihren Großvater, gerne sehen möchte und Sie vermutlich so viel Geld haben?"

„Ja, aber was denken Sie denn? Ich werde mich bald verloben und da brauche ich über 20 000 Euro!"

Die hohen Kosten einer afghanischen Verlobung oder Hochzeit kannte ich seit langem. Sie kommen deshalb zustande, weil etwa 100 oder 200 Gäste eingeladen und beköstigt werden, meist mehrere Tage lang. Viele Afghanen zahlen über Jahre die Schulden, die sie aufgrund der horrenden Kosten für ihre Hochzeitsfeierlichkeiten aufnehmen mussten, ab. Dies alles schien mir aber in diesem Falle kein Grund zu sein, seiner Mutter die benötigten 700 Euro nicht zu geben.

Aber vielleicht kannte ich eine Sitte nicht, verstand ich irgendetwas nicht, was ich hätte wissen sollen. Zu einer Hochzeit war ich bereits eingeladen worden, die Kosten waren bekannt, aber warum in einem solchen Fall nicht 700 Euro von dem Ersparten abgeben?

So meinte ich nur, dass ich leider das Geld derzeit nicht hätte. Mir fiel nichts anderes ein, weil ich fast sicher war, das gesamte Dorf würde bald vor meiner Türe stehen und Geld brauchen.

Nasrin tat mir leid, aber ich war merkwürdigerweise sicher, dass sie das Geld irgendwie und von irgendwoher beschaffen könnte.

Nach mehreren Wochen kam sie und übergab mir ein Geschenk, eingewickelt in Papier, mit den Worten:

„Aus dem Iran".

„Aha? Sie waren also bei Ihrem Vater?"

„Ja, er ist sehr krank."

Ich packte das Geschenk aus. Es war eine braun und ockerfarben gemusterte Bluse, mit Pailletten bestickt. Offensichtlich hatte Nasrin sie nach meiner Haar- und Augenfarbe ausgesucht. Ich freute mich.

„Danke!"

Sie sah ganz glücklich aus und meinte, dass die Bluse mir gutstehe.

Dieses Mal war der Dolmetscher nicht anwesend und sie war ohne ihren Sohn gekommen. Wir konnten uns bereits leidlich in der deutschen Sprache verständigen. Nasrin sagte, sie gehe vier-bis fünfmal in der Woche zum Sprachunterricht und das mache ihr große Freude. Sie wird nach der Corona Krise, die nicht nur die Containerdörfer arg getroffen, sondern auch manche der zahlreichen zwischen

Helfern und Angekommenen guten Kontakte unvermittelt und plötzlich unterbrochen hat, wiederkommen und wir werden die angefangenen Gespräche fortsetzen. Arbeit? Lernen? Sie braucht keinen Dolmetscher mehr, sie kann so viel Deutsch, dass wir (fast) ohne Schwierigkeiten miteinander kommunizieren können.

Nach längeren Ferien meinerseits, in denen die Gespräche mit ihr ausfielen, sagte sie, sie verstünde jetzt, was wir wollten, das Sprechen mit uns helfe ihr. Wenn sie nicht reden könne, würden ihre Schmerzen stärker werden. Ich betrachtete ihre Worte als Durchbruch. Kürzlich rief ich sie an und fragte, wie es ihr gehe. Gut, sagte sie, ihre Familie habe eine gute Wohnung gefunden und könne nun bald aus dem Containerdorf ausziehen.

Ajmal berichtet

Ajmal kam im Jahr 2015 nach Deutschland. Er konnte, wie manche, denen ihre Familie half, von Afghanistan über den Iran und die Türkei nach Deutschland fliegen, wo bereits einige seiner Verwandten leben. Unmittelbar nach seiner Ankunft stellte er sich den Asylbehörden. Er wurde aber abgelehnt, sollte abgeschoben werden, erhielt schließlich eine Duldung. Er lebte in der Asylunterkunft in einer nahen Kleinstadt, in einem Zimmer zusammen mit fünf Männern aus Afghanistan und aus Pakistan.

Sein erstes Erlebnis mit dem Bundesamt für Migration und Flüchtlinge (BAMF) war nicht dazu angetan, sein Vertrauen in deutsche Behörden, von denen er doch bisher viel Gutes gehört hatte, zu stärken. Die befragende Beamtin war eine freundliche Frau. Vor ihm war ein Afghane an der Reihe, der aus Ajmals Sicht abenteuerlich aussah, lange Haare hatte, sogleich mit dieser Frau einen Flirt begann. Dieser Mann bekam sofort eine Aufenthaltsgenehmigung, unklar, wieso eigentlich. Er vermutete, die Frau sei so begeistert von dem Mann gewesen, dass dieser nicht mehr viel zu seinem Wunsch, als Asylbewerber anerkannt zu werden, sagen musste.

Dann kam er an die Reihe: Ein zu dieser Zeit sehr junger, eher schüchterner, zwar nett und freundlich, aber nicht abenteuerlich aussehender junger Mann, der sich etwas unsicher präsentierte, einfach sprach und ehrlich war. Was? Er hatte mit wem gearbeitet? So? Das müsse man ja wohl nachprüfen. Was? Drei seiner Brüder seien im Kampf mit den Taliban getötet worden? Das müsse er doch bitte beweisen. Mit ihm hatte die Frau keine Nachsicht. Er wirkte unglaubwürdig, weil er schüchtern, unsicher und vorsichtig war. Ablehnung.

Auch eine zweite Vorstellung war nicht erfolgreich. So suchte und fand er einen Anwalt, der sich, für wenig Geld und viel Arbeit, leidenschaftlich für Flüchtlinge einsetzt. Ajmal musste zunächst aber weiterhin Enttäuschungen einstecken. Nach 5 Jahren des Hierseins und der unsicheren Duldung wurde er depressiv. Das war keine einfache und passagere depressive Verstimmung, sondern, wenn man schon Diagnosen bemühen möchte, eine mittelgradige Depression aufgrund der Umstände, in denen er hier leben musste: die Folge der großen Enttäuschung in einem Land, das einige seiner Verwandten freundlich aufgenommen hatte und die seit langem hier sicher und gut lebten. Die Schuldgefühle, die er gegenüber seinen alten Eltern empfand, weil er sie allein gelassen hatte und ihnen nicht einmal, falls er überhaupt eine telefonische Verbindung bekam, eine gute Rückmeldung geben konnte, verstärkten seine Depression.

Auch die Unwahrheiten schwadronierender Mitbewerber aus seiner Asylunterkunft machten ihm zu schaffen. Er konnte nicht begreifen, dass sie häufig vor ihm eine Aufenthaltserlaubnis bekamen. Wie konnte das sein? Er gab zu, dass es auch für ihn, der doch diese Menschen genau kannte, manchmal schwer war, zu sehen, ob ein Mann aus Pakistan kam und behauptete, er sei aus Afghanistan und von den Taliban verfolgt. Er konnte zugeben, dass von einem Menschen, welcher der afghanischen Kultur unkundig war, sicher nicht leicht zu erkennen war, wer die Wahrheit, wer die Unwahrheit sagte. Aber eine solche Häufung von Irrtümern?

Über unsere Vermittlung bekam er einen Therapieplatz. Dort konnte er wenigstens alles sagen, was ihm die Seele beschwerte. Er konnte wöchentlich einmal seinen Kummer aussprechen. Langsam fasste er Vertrauen: Sicher begünstigt durch seine bereits in Afghanistan gelebte Zuneigung zu seinen Eltern, insbesondere zu seiner Mutter. Sie hatte ihm alle die Liebe geschenkt, die dem Kind und späteren Erwachsenen ein Leben lang Widerstandskraft und Durchhaltefähigkeit verleiht, auch schlimmste Zustände auszuhalten.

In einer weiteren Verhandlung hatte der Rechtsanwalt Erfolg. Ajmal bekam eine Aufenthaltsgenehmigung und wurde gesünder. Über die Vermittlung eines Onkels lernte er eine bildhübsche Frau, sogar zwei junge Frauen kennen, zwischen denen er sich entscheiden konnte. Er heiratete die Auserwählte. Schon zuvor hatte er eine Wohnung bekommen, die zwar für seine Verhältnisse viel zu teuer war, aber in einem guten Stadtviertel lag und ihm endlich Ruhe vor den von ihm nicht sehr geschätzten Mitbewohnern seiner Asylunterkunft verlieh. Er arbeitete Tag und Nacht, lernte die deutsche Sprache immer besser, wurde gesund. Inzwischen lebt er mit seiner Frau und seinen beiden Kindern in einer komfortableren Wohnung und ist zufrieden.

Auf die Frage, ob er hier gerne sei, sagt er

> *„Ja, natürlich. Es ist derzeit schwer, weil das Geschäft in Coronazeiten tot ist. Aber das wird irgendwann besser werden. Ich*

> bekomme eine gewisse Hilfe vom Staat, das lindert die ärgsten Nöte. Zurückgehen kann ich nicht. Aber mit meinem Pass kann ich meine Eltern besuchen. Sie sind froh, dass ich hier in Sicherheit lebe."

Tamina zeigt etwas

Auch Tamina lebt seit nunmehr 6 Jahren in Deutschland. Sie lebt immer noch in der Asylunterkunft, weil es schwer ist, eine Wohnung für sieben Familienmitglieder zu finden. In Coronazeiten ist dies besonders schwer, weil es auch im Dorf vereinzelt Jugendliche gibt, die sich nicht an die Regeln halten, die nachts über den Zaun klettern und in die Stadt ausschwärmen. Das verunsichert sie, weil sie Angst um ihre Kinder und um sich selbst hat. Als sie kam, war sie sehr zurückhaltend im Containerdorf. Zu den Frauen, die mit ihr dort wohnen, wollte sie keinen näheren Kontakt. Sie hielt sie für Klatschtanten, obgleich sie dieses Wort nicht benutzte:

> „Sie reden den ganzen Tag, meist über andere Leute, weil sie nichts zu tun haben."

Inzwischen kann sie schon sehr gut deutsch sprechen. Sie, einst Analphabetin, lernte hier lesen, schreiben und deutsch sprechen. Ihr Einfühlungsvermögen und ihre Intelligenz haben ihr dabei geholfen.

Neulich sagte sie:

> „Wenn ich hier geboren und aufgewachsen wäre, hätte ich viel gelernt, nur zwei Kinder bekommen und hätte studiert. Den Stress (mit 5 Kindern, SET) hätte ich mir gespart."

Sie ist eine außergewöhnliche Persönlichkeit, die Wärme und Klugheit ausstrahlt. In vielen Gesprächen erzählt sie, dass sie, wenn sie glaube, am Ende zu sein, den Koran lese, das tröste sie. Allah werde ihr helfen. Sie liest den Koran, wenn es ihr körperlich oder seelisch nicht gut geht und legt ihn erschöpft beiseite, wenn sie nicht mehr die Augen aufhalten kann. Sie ist mit Leib und Seele Muslima und wird dies auch bleiben. Aber sie respektiert und schätzt Menschen anderer Religionen. Sie ist nicht fanatisch.

Nach der Erteilung der Aufenthaltsgenehmigung für ihre Familie fühlt sie sich vor allem sicher. Sicherheit ist so wichtig für sie, dass dieses Gefühl ganz im Vordergrund steht. Hier sind ihre Kinder in Sicherheit, sie ist in Sicherheit. Ihr Mann ist in Sicherheit. Sie möchte in Deutschland bleiben. Sie dankt Allah am Morgen und am Mittag, am Abend und nachts für ihre Errettung, wie sie das nennt. Sie betet, dass ihren Kindern nichts passieren möge, dass ihre Familie zusammenbleiben möge, dass sie nie mehr nach Afghanistan zurückkehren müsse, dass sie vor Mord, grausamen Verwandten und unverständlichen Maßnahmen von Seiten irgendeiner Autorität verschont bleiben möge.

Eine kleine Geschichte am Rande:

Eines Tages sprachen wir über das Tragen von Kopftüchern. Ich meinte, dass das doch mühsam sei und dass die meisten Afghaninnen so wunderbare schwarze Haare hätten, die sie schmückten. Tamina lachte und sagte, sie trage das Kopftuch, weil sie meine, der Islam schreibe dies für Frauen vor. Dann gestand sie, ein ganz klein wenig verlegen, sie habe sich neulich die Haare gefärbt.

„Wie? Was? Welche Farbe denn?"

„Blond," sagte sie.

„Dürfen wir das mal sehen?" frug ich, denn der Dolmetscher war auch anwesend.

„Ja, schon," sagte Tamina und zog langsam ihr Kopftuch von den Haaren.

Zum Vorschein kam fast orangefarbenes Haar, kurz geschnitten, ein kurzer blonder Bubikopf. Ich war völlig verblüfft.

Eine große Veränderung!

„Was sagt denn Ihr Mann dazu?"

„Dem ist es egal", lachte sie.

Samira verstummt

Samira war fast noch ein Kind, als sie im Alter von 12 Jahren mit ihrer Mutter und ihren fünf Geschwistern nach Deutschland kam.

Bald nach ihrer Ankunft besuchte sie eine Regelschule. Nach kurzer Eingewöhnungszeit wurden ihre Leistungen hervorragend, sie hatte in allen Fächern gute Noten. Sie war der Liebling vieler Helfer im Containerdorf: Hübsch, liebenswürdig und höflich, eine Jugendliche, die sich als Vorzeigekind eignete.

Eines Tages, so etwa um Samiras 16. Geburtsjahr herum, wurden die im vergangenen Jahr nur zögernd und vorsichtig geäußerten Klagen der Asylhelfer über ihre Veränderung deutlicher: Sie lasse nach, sie sei traurig, sie spiele nur noch mit dem Handy, sie habe immer schlechtere Noten, nach Berichten ihrer Mitschülerinnen falle ihr manchmal während des Schulunterrichts der Kopf auf die Bank – so müde sei sie. Vielleicht schaffe sie den Realschulabschluss nicht, sie mache allen Sorgen.

Was war passiert? Nachfragen beantwortete sie nicht, sie mauerte, sie schwieg, sie war trotzig. Gut, so sind Jugendliche in ihrem Alter oft.

Aber irgendetwas war doch nicht in Ordnung: Was?

Nach und nach wurden Gerüchte laut, sie solle zwangsverheiratet werden. Wieso? In Deutschland? Wie kann man hier jemanden zwangsverheiraten? Und von wem? Und mit wem?

Sie schaffte den Realschulabschluss, aber nur noch mit Durchschnittsnoten. Das kluge Mädchen war beeinträchtigt, keine Frage. Also was nun?

Personen aus dem Asylkreis halfen ihr, eine Lehrstelle als medizinisch-technische Assistentin zu finden. Nach kurzer Zeit musste sie diese Stelle aufgeben, weil sie es nicht schaffte, weil sie ständig übermüdet und überfordert war.

Langsam wurde die Situation klarer: Ihre Mutter hatte vermutlich den Eindruck, nicht mehr fertig zu werden mit ihr. In den letzten Jahren hatte sie Samira wohl zunehmend dazu gezwungen, ihre vier Brüder zu bedienen. Nach der Schule wurde sie dazu verpflichtet, beim Kochen zu helfen, den Brüdern das Essen zu servieren, den Tisch zu decken und wieder abzuräumen. Währenddessen saßen ihre Brüder am Tisch und amüsierten sich. Wenn diese dann zum Sportunterricht oder zum Fußballspiel aufbrachen, musste Samira abspülen, aufräumen, die Küche säubern, die Betten machen. Für Lesen und Lernen war keine Zeit mehr. Kurz: Sie wurde offenbar dazu verpflichtet, die in Afghanistan übliche Rolle einer Frau auch in Deutschland einzunehmen.

Samira war zunächst wütend, dann traurig, dann depressiv, ihre Leistungen ließen immer mehr nach. Ihr zunächst noch geäußerter Protest endete, als ihre Mutter sagte, bei anhaltender Opposition werde sie sie zwangsverheiraten. Es gebe genug Bewerber, es gebe genug Männer, die sich an ihr erfreuen würden.

Das aber hatte die Mutter selbst erlebt und war körperlich und seelisch schwer traumatisiert. Es fanden Gespräche statt, die nicht viel Erfolg brachten, vor allem nicht bei der Mutter, die auf ihrem Recht beharrte, ihre Kinder so zu erziehen, wie sie es für notwendig halte. Eine Zwangsehe sei in Deutschland nicht erlaubt? Das mache nichts, da gebe es schon Auswege. Eine Reise werde genügen. Ihr Mann könne da behilflich sein. Die Helfer waren hilflos. Für Samira wurde ein therapeutischer Kontakt hergestellt, der Erfolg ist offen.

II. Ausgewählte Konfliktfelder

1. Der Einfluss afghanischer Sozialisation auf die Integrationsfähigkeit von Flüchtlingen

Nicht alle Frauen, hier angekommen, fallen in ihre früheren Gewohnheiten zurück; nicht alle Männer, in Deutschland angekommen, nehmen ihre in Afghanistan eingeübte dominante Rolle in ihren Familien ein.

Für eine konstruktive Anpassung spielen viele Faktoren eine Rolle. Ein Faktor scheint die Art und Weise zu sein, in welcher die jeweilige Sozialisation der Angekommenen in Afghanistan verlaufen ist. Auch eventuell schwere Traumatisierungen im Herkunftsland wirken sich unterschiedlich schwer bei der Ankunft aus. Transgenerationelle Transmission von Traumata kann stattfinden, sie kann jedoch auch an Bedeutung verlieren, mit der Zeit blasser werden oder ganz ausbleiben.[1]

Man kann transgenerationelle Transmission, vereinfacht, auch als Traditionsbildung verstehen. Vom Vater auf den Sohn, von Mutter auf die Tochter, werden alte, seit langem bestehende kulturell vermittelte Muster des Denkens, Verhaltens und des Handelns weitergegeben und erfüllt. Denn es ist ja nicht so, dass jede Weitergabe von Eigenschaften und Erlebnissen– nichts anderes bedeutet der Begriff – traumatischen Inhaltes sein muss. Kulturell bewährte Kulturtechniken und Verhaltensweisen werden weitergegeben und von der nächsten Generation selbstverständlich gelebt. In traditionellen Gesellschaften ist dies gewöhnlich der Fall. In sich schnell wandelnden

---

[1] Die Psychoanalyse versteht unter transgenerationeller Transmission das Phänomen, dass Nachkommen traumatisierter Menschen noch in zweiter, dritter und vierter Generation die Symptome der ursprünglich traumatisierten Personen zeigen können. Erarbeitet wurde dieses Konzept an Holocaust-Überlebenden. Die TGT lässt sich aber auch an anderen Personen beobachten.

Gesellschaften kann das anders aussehen: Protest und Aufstand gegen Tradiertes sind gegebenenfalls die Norm; in sich sehr schnell verändernden Kulturen wie der gegenwärtigen zum Beispiel in Europa und Deutschland, und geschähe der Wandel nur auf der Oberfläche, kann große Verwirrtheit von Jugendlichen entstehen. Das Übermaß an Wahlmöglichkeiten und eine vordergründig große Freiheit im Entwurf von Lebensläufen führt bei Jugendlichen und Erwachsenen schließlich und in manchen Fällen zu Leere und depressiven Zustandsbildern. Kulturkritiker wie z.B. der französische Soziologe Alain Ehrenberg sprechen in diesem Zusammenhang von einem *erschöpften Selbst,* dessen Vorkommen Ehrenberg für große Populationen annimmt. Insbesondere Leistungszwang einerseits und Zwang zur Selbstverwirklichung andererseits, zur Norm eines individuellen Lebensentwurfs erhoben, können neurotische Störungen aktivieren.[2]

Es gibt aber ebenso elterliche Weitergaben, die lebenslang Resilienz und Überwindung selbst widrigster Umstände zur Folge haben. Vermutlich gilt dies unabhängig von unterschiedlichen Kulturen.

Nasrin verlor im Alter von 9 Jahren ihre Mutter, die im Alter von etwa 23 Jahren während der Geburt ihres vierten Kindes starb. Ihre Mutter muss Nasrin sehr geachtet haben, sehr geliebt, denn nach ihrer Flucht kann Nasrin sowohl im Iran als auch in Deutschland trotz großer Widerstände alle Chancen nutzen, die ihr geboten werden. Die primäre Liebe zwischen ihrer Mutter und ihr half ihr über die schweren Jahre nach dem Tod der Mutter, im Haus ihres Schwiegervaters, während ihrer Flucht und auch im Prozess der Eingewöhnung zu Beginn ihres Hierseins hinweg. Sie konnte offenbar sogar die Liebe zu ihrer Mutter auf mich übertragen, auf eine zunächst fremde Person aus

---

2 Ehrenberg 2015

einer fremden Welt. Sie hat generell das Talent, Menschen für sich zu gewinnen. So nähte sie aus eigener Initiative zu Beginn der Corona-Krise viele wunderhübsche Nasen-Mund-Masken, die sie an Freunde verschenkte. Auch ich durfte mir eine der mit hübschen Blumen bedruckten und aus mehrlagigem Baumwollstoff hergestellten Masken auswählen.

Ihr Ehemann achtet sie gemäß afghanischer Sitte schon deshalb, weil sie ihm mehrere Söhne gebar. Nasrin erzieht ihre Söhne in einer Weise, die ihnen erlaubt, hier ein gutes Leben beginnen zu können. Sie kann alle Vorteile, die sie für ihre Kinder in Deutschland sieht, optimal nutzen. Sie ist das Herz der Familie, ohne welches diese nicht so wäre, wie sie ist: Inzwischen erfolgreich integriert ohne die eigene unverwechselbare Identität zu verlieren. Sie entspricht den starken Frauen Afghanistans, die dem Bild der verhuschten Frauen, welche Roger Willemsen in seinem Buch *Afghanische Reise* beschrieben hat, widersprechen.

Oder Maureen, die erzählt, sie habe einen wunderbaren Vater gehabt, der sie im Alter von sechs Jahren lehrte, möglichst viel zu lernen, so viel wie ihre Brüder. Sie erzählt, wie sie mit ihrem Vater über einen Fluss in ihrer Geburtsstadt Herat schaute, zum anderen Ufer, wo die Schule ihrer Brüder stand. Ihr Vater habe ihr die Schule aus der Ferne gezeigt. Sie habe auch dorthin gehen wollen. Das war zwar für sie als Mädchen nicht vorgesehen, aber an Nachmittagen lernte sie mit ihren jüngeren Brüdern das, was diese zuvor in der Schule gelernt hatten. So blieb sie nicht Analphabetin, sondern konnte schon vor ihrer Emigration in die Türkei und dann nach Deutschland sehr gut lesen, schreiben und rechnen. Ihre Ausbildung wurde unterbrochen, als sie mit 13 Jahren an einen Verwandten verheiratet wurde, dem sie schon vor ihrer Geburt versprochen worden war. Damit war auch ihr Vater einverstanden. Maureen verstand dies zwar nicht, aber sie ist ihrem Vater heute noch dankbar dafür, dass er sie etwas lernen ließ, ihr damit so viel Selbstwertgefühl ermöglichte wie sie brauchte, um sich später weiter zu entwickeln und einen Beruf zu erlernen. Die Erfahrung mit ihrem klugen Vater war der Grundstein zu ihrer erfolgreichen Integration in Deutschland. Damit nahm allerdings auch ihre Ehe ein Ende, eine Ehe mit einem Mann, der sie, auch nach der gemeinsamen Flucht nach Deutschland, mit Prügel davon abhalten wollte, sich weiter zu bilden.

Heute ist sie im Alter von 60 Jahren eine selbstbewusste Frau, die allen ihren Kindern durch Bildung, Beruf und eigene Anstrengung ermöglichte, ein gutes Leben zu führen. Alle Kinder haben studiert und sind in Deutschland und Europa erfolgreich. Sie selbst ist nunmehr eine liebevolle Großmutter, die nach wie vor für ihre Familie alles tut, was sie eben kann.

Und es gibt die Revolutionärin, die ihre Haare schon kurz nach ihrer Ankunft in Deutschland nicht unter einem Kopftuch, sondern unter einer kleinen Wollmütze versteckte. Wie oben dargestellt, floh sie nach Deutschland, nachdem sie, fast noch ein Kind, von einem viel älteren Mann vergewaltigt worden war und ihre Eltern diesen Mann töteten. Aus Angst um ihr Leben vor der nun fälligen Blutrache der Familie des ermordeten Mannes hatte sie keine Wahl: Sie musste fliehen. Freilich standen nun ihre Eltern im Fokus der Rachepläne der Familie des getöteten Vergewaltigers. Svea hatte nach der Ankunft in Deutschland alle Symptome einer ausgeweiteten Angststörung. Ihr Mann, den sie auf ihrer Flucht kennen lernte und mit dem sie hier zusammen ankam, liebt sie, hat viel Verständnis für sie und steht ihr in jeder Hinsicht zur Seite. Er ist ähnlich wie ihre Eltern besorgt um sie, hilft ihr, hier Fuß zu fassen und beschützt sie ebenso wie die hier geborenen gemeinsamen

Kinder. Die Solidarität und Treue, die ihre Eltern nach afghanischer Sitte ihrer Tochter gegenüber empfanden, überträgt sich auf ihren Ehemann und vermutlich sogar auf die Aufnahmebereitschaft der deutschen Wahleltern.

Und es gibt Asmaa, die schöne Frau, deren Schönheit ihr nicht nur Glück brachte: Den Streit der beiden Brüder, die sie beide – ohne sie zu fragen oder ihre Abneigung gegen beide zu beachten – zur Frau haben wollten, das Unverständnis der Mutter, die Wut des späteren Ehemannes, der sie anderen Männern auslieferte. Auch sie überträgt unbewusst den Verrat ihrer Mutter, welche sie dem von Asmaa selbst einst als *bösen Mann* bezeichneten späteren Ehemann auslieferte, ebenso wie ihr eigenes schweres Schicksal auf ihre Kinder.

Manche Frauen aus Afghanistan haben sich in Deutschland auf einzigartige Weise – gemessen an den Chancen in ihrem Land – verwirklichen können: Zum Beispiel die Hochschullehrerin Shogufar Malekyar, die an der Heidelberger Universität forscht und lehrt. Oder die Autorin Mariam Nori. Oder die Gründerin einer deutschen Hilfsorganisation für Afghanistan, Nadja Karim.

Andere bewegen sich in weniger bekannten beruflichen Bereichen, sind aber bestens integriert, sind hier angekommen, möchten nicht mehr zurück.

Oder Ajmal, der jüngste Sohn einer Mutter, die ihn nach Deutschland geschickt hatte, weil sie schon drei ihrer Söhne durch die Taliban verloren hatte und ihrem vierten Sohn das Leben retten wollte. Eines Tages bezeichnete er mich als *seine deutsche Mutter*. Ich war sehr berührt von seinen Worten und freute mich darüber. Sein Geschenk, als er von seiner ersten Reise mit deutschem Pass nach Afghanistan zurückkam, war eine wunderschöne Tasche, nach alter Tradition geknüpft in einem mir seit Kindertagen bekannten afghanischen Muster.

Wieder andere haben es sichtlich schwerer. Sie brauchen lange, um sich in Deutschland einzugewöhnen. Die Traumatisierung durch die oft gefährliche Flucht ist nicht die einzige: Sie bringen traumatische Erfahrungen, die nicht primär auf Flucht und Vertreibung zurückzuführen sind, aus ihrem Herkunftsland mit. Die Zahl derer, die verloren gehen, nicht integriert sind, ist leider unbekannt.

Wie oben dargestellt, gehören zu den mitgebrachten Traumatisierungen für Frauen die Verachtung ihres Geschlechts, die erzwungenen Heiraten im Kindesalter; das Verbot, sich in der Öffentlichkeit frei zu bewegen; das Verbot, Sport zu treiben, die daraus resultierenden Schmerzen im gesamten Körper. Der Anteil körperlicher Leiden afghanischer Frauen ist gar nicht zu überschätzen. Im Gegenteil musste ich erfahren, dass *jede* Frau, mit welcher wir gesprochen haben, an Schmerzen leidet. Da diese Schmerzen nicht auf ihre Ursache zurückgeführt werden können, besser: da die Ursachen der Leiden von den Leidenden selbst nur schwer oder gar nicht nachvollzogen werden können, entstehen Ängste um den eigenen Körper. Über Sexualität sprechen weder Männer noch Frauen oder nur nach langer Vertrautheit. Männer sprechen mit Frauen nie darüber. Soweit ich die Schilderungen verstanden habe, herrschen in den Familien zahlreiche sexuell begründete Missverständnisse. Während ich meinen Gesprächspartnerinnen zuhörte, fühlte ich mich immer wieder an Sigmund Freuds Studien über Hysterie erinnert.[3]

Auch Männer sind manchmal sexuell Unterdrückte, kennen oft ihren eigenen Körper nicht, dürfen ihn nicht kennen. Ängste beherrschen beide Geschlechter, Männer und Frauen. Kamel Daoud, geboren in der islamischen Kultur Algeriens, schreibt über das Aufwachsen in einer Kultur, die die religiös geforderte körperlose Reinheit an die Stelle

---

3   Breuer/Freud, 1895,1997

von Sexualität setzt. Dass erst nach dem Tod die endlose Lust für Männer mit immer wieder sich zu Jungfrauen wandelnden Huris erfolgen soll, ist eines jener erstaunlichen Inhalte der islamischen religiösen Kultur, vor denen im Westen aufgewachsene Frauen und Männer fast sprachlos stehen.[4]

Geglückte Sexualität ist meist und vor allem das Ergebnis geglückter Primärsozialisation. Damit ist die frühe, durch die Eltern erlernte Verknüpfung von emotionaler Nähe, Liebe und Sexualität gemeint. Dass diese Verschränkung auch in unserer Kultur für manche Menschen schwer zu erreichen ist, ist nicht neu. In islamischen Ländern ist es die weitgehend verbotene und/oder streng regulierte Sexualität, die nicht selten zum Missbrauch von jungen Männern, Missbrauch von abgewerteten Frauen und für zahlreiche Frauen viel zu frühen Ehen und für Frauen zu oft unglücklichen Vielehen führt. Einer meiner Gesprächspartner sprach darüber, dass etwa 20% der afghanischen Männer ihre Sexualität mit jugendlichen Männern ausleben. Aus naheliegenden Gründen gibt es hierzu keinerlei statistische Daten.

Erste Begegnungen zwischen Personen aus Afghanistan und Deutschland bieten noch keinen Rückschluss auf die frühere Sozialisation. Aber nach wenigen gemeinsamen Stunden wird meist klarer, welche Sozialisation die verschiedenen Gesprächspartner durchlaufen haben könnten. Was es etwa für die Entwicklung junger Mädchen bedeutet, als Basha Posh aufgewachsen zu sein, um dann kurz vor der Pubertät wieder zurückverwandelt zu werden, weil sie dann für die Familie für einen möglichst hohen Brautpreis verkäuflich sein müssen, lässt sich nur ahnen.

Vermutlich bedeutet die Übernahme der Rolle eines Jungen im frühen Latenzalter von Mädchen einen Bruch,

---

4   Daoud 2020, vgl. unten ausführlicher

der seelisch nicht einfach zu heilen sein dürfte, jedenfalls nicht mit einer einfachen Zurückverwandlung in Form von Veränderung der Kleider. Viele dieser Frauen möchten, wie Jenny Nordberg eindrucksvoll schildert, so frei weiterleben wie zuvor, sie sind nicht mehr bereit, ihrem Mann Kinder zu gebären und sich ins Haus einsperren zu lassen. Werden sie dennoch dazu gezwungen, weil nicht sie, sondern ihre Familie ihr Leben bestimmt, werden sie oft so unglücklich, dass ein Suizid die einzige Option scheint. Alternativ möchten sie Afghanistan für immer verlassen. Viele scheinen sich zu weigern, überhaupt eine Ehe einzugehen.[5]

Glücklicherweise gibt es unter den Afghanen in Deutschland, soweit wir bisher wissen, keine Basha Posh. Die Ursache ist einfach: Hier können junge Mädchen sich kleiden wie sie möchten: Röcke, Hosen, alles ist erlaubt. Sie dürfen etwas lernen, sich weiterbilden, Fußball spielen, Fahrrad fahren und herumtoben. Allerdings ist diese Freiheit nicht für alle Zuwanderer eine Alternative. Religiöse Bedenken werden geäußert, europäische Liberalität und *Nacktheit* werden nicht immer als gute Alternative zur Herkunftskultur erlebt. Neue Möglichkeiten werden nicht wahrgenommen, Rollenklischees aus gewohnten Sozialisationsprozessen erneut wirksam.

Die Tochter einer Mutter, die ich aus der Trauma-Sprechstunde kannte, kam in meine Sprechstunde, weil Mitglieder des Asylkreises sich große Sorgen machten und mich baten, mit ihr zu sprechen, um vielleicht den Grund ihres Kummers (besser: Ihrer Depression) – zu erfahren.

In die Sprechstunde kam ein etwa 13-jähriges, sehr hübsches und gut gekleidetes Mädchen mit Kopftuch. Ich hatte die Information, sie spreche die deutsche Sprache gut, ich würde keinen Dolmetscher benötigen.

---

5 Nordberg 2014

„Wie geht es Dir?"
„Danke, gut."
„Wie ist denn die Stimmung zu Hause?"
„Danke, sehr gut."
„Und in der Schule?"
„Danke, sehr gut."
„Ist es nicht so, dass Du zu Hause sehr viel arbeiten musst?"
„Nein, das passt schon."

Nach einer dreiviertel Stunde musste ich einsehen, dass da nichts zu machen war. Das Mädchen, so vermutete ich, hatte Angst: Vor der Mutter, die sie Gewohnheiten weiblicher Sozialisation auslieferte, die sie selbst in Afghanistan erlitten hatte; vor den Brüdern, die ihr mit Strafen drohten, falls sie auch nur ein Wort der Kritik gegenüber Fremden äußern würde. Sie glaubte auch nicht an meine Verpflichtung zum Schweigen, die ich ihr vor unserem Gespräch erklärt hatte. Eine Schweigepflicht ist in der afghanischen Community unbekannt. Jeder redet über jeden, jeder erfährt stets *Alles*, so hatte es mir der Dolmetscher vor Jahren erklärt.

Um jeden Einzelnen der hier ankommenden Geflüchteten müsste sich zu Anfang mindestens ein Helfer kümmern. Dieses Zahlenverhältnis ist aber kaum zu erreichen. In dem Bericht von Hassan Ali Djan wurde dieses Zahlenverhältnis fast erreicht, wenn auch, wie eher möglich, durch Arbeitsteilung. Das in seinem Fall erfreuliche Ergebnis ist dem Zusammenspiel einer bemerkenswerten Resilienz des Ankommenden mit dem Engagement der vielen Helfer in München und Umgebung zu verdanken: Sozialarbeiterinnen, Integrationshelfer, freiwillige Unterstützerinnen, Nachhilfelehrerinnen und Studenten, die ihre Freizeit für Mathematikunterricht zur Verfügung stellten, schließlich ein großzügiger und verständnisvoller Arbeitgeber.

Dass die Herkunftssozialisation, – die Erfahrungen der Kinder und Jugendlichen im Rahmen der gegebenen afghanischen Kultur – eine große, wahrscheinlich die entscheidende Rolle bei der Eingewöhnung in eine neue und zunächst völlig fremde Gesellschaft spielt, zeigt auch ein Vergleich der beiden Jugendlichen Hassan und Samira.

Hassan ist der älteste Sohn einer großen Familie aus der Ethnie der Hazara, dessen sterbender Vater ihm alle Verantwortung für die große Familie übertragen hatte. Von Kindheit an war er immer *der älteste Sohn,* schon in seiner Heimat fraglos für viele kleinere Geschwister zumindest mitverantwortlich. Dass diese Bürde ihm aber auch half, freiwillig das unvorstellbare Abenteuer einer Flucht auf sich zu nehmen, mit ein paar Dollars ausgestattet, ein Mangel, der ihn zum Beispiel in Teheran zwang, obgleich noch ein Kind, auf dem Bau zu arbeiten, um weiterleben zu können, zu sparen und das übrige Geld nach Hause zu seiner Mutter und seinen kleinen Geschwistern zu schicken, das ist das Ergebnis der Erziehung zu einem *ältesten Sohn*, die in Afghanistan zu den unhinterfragten Sozialisationsgewohnheiten gehört. Die Bürde und gleichermaßen die Würde, der älteste Sohn zu sein, gab ihm vermutlich auch die Fähigkeit, sich in einen Ersatzreifen unter einen Lastwagen zu winden und, während der unendlich langen Autofahrt von Griechenland nach Deutschland, immer mit der ständigen Angst, herunterzufallen, durchzuhalten. Die unvorstellbare Qual, in einem Schwall von Abgasen mit dem sich immer wieder einstellenden Gefühl, schon tot zu sein, entschlossen durchzustehen, setzt den offenbar nicht zu zerstörenden Willen voraus, seine Mutter und seine jüngeren Geschwister zu ernähren, auch unter Einsatz seines eigenen Lebens.

Dagegen Samira. Eines von vielen der hier ankommenden offensichtlich begabten und klugen Mädchen aus Afghanistan, die schon kurz nach ihrer Ankunft keinerlei Schwierigkeiten zu haben scheinen, sich den schulischen Anforderungen anzupassen, zu lernen, eine glänzende

Schülerin zu werden, vielleicht zu studieren. Aber dann, für afghanische Verhältnisse sogar spät, nämlich mit etwa 15 Jahren, holt sie die heimische Sozialisation ein. Ihre Mutter, selbst tragisches Opfer ihrer eigenen Sozialisation, schwer traumatisiert, zwingt sie endlich, die gleiche Rolle einzunehmen wie sie selbst sie in ihrem Heimatland innehatte.

So leben nach anfänglich erfreulichen Ergebnissen manche afghanischen Frauen in Deutschland erneut so, wie sie immer schon gelebt haben: Reduziert auf ihr Haus, eingesperrt, fokussiert auf Hausfrauentätigkeit und Kindererziehung, abhängig von ihrem Mann und der Community. Sie werden depressiv, auch wenn sie sich nicht mehr, wie in Afghanistan, vergiften, verbrennen, verätzen oder auf sonst eine erschreckende Art das Leben nehmen.[6]

Die in Deutschland ankommenden Männer können nicht verstehen, warum ihre Frauen depressiv reagieren. Selbst die gutwilligsten unter ihnen sind nur selten in der Lage zu ermessen, welche Folgen die erlernte Sprach- und Bildungslosigkeit und der anhaltende Freiheitsentzug für ihre Frauen hat. Das Gedicht von Roya zeigt, wie sich viele Afghaninnen fühlen: So schlecht, dass sie lieber ein Tier sein wollen als eine afghanische Frau.

„Wenn Sie mehr über die Frauen wissen wollen, fragen Sie die Dichter," hatte Sigmund Freud einst seinen Studenten mitgeteilt. Er gestand damit auch seine eigene Unfähigkeit ein, ein umfänglicheres Wissen über das *Rätsel Weib* zur Verfügung zu stellen. Dass die meisten Dichter mehr über Frauen wissen als die meisten Wissenschaftler, bleibt indes bis heute wahr.

Es mag Frauen geben, die gerne ein Kopftuch tragen: Eine Freundin, in Afghanistan geboren und schon lange mit deutscher Staatsbürgerschaft sehr gut integriert, sagte

---

6 Suizidziffern afghanischer Frauen siehe Statista 2020

allerdings, dass ich nicht glauben solle, dass auch nur eine einzige Frau freiwillig dieses Stück Stoff trage. Von dem Tragen einer Burka ganz zu schweigen. Ob Frauen das aber immer bewusst sei, sei allerdings unklar. Viele Frauen sind davon überzeugt, dass sie das Kopftuch auch hier nicht ablegen können, weil die anderen Frauen es auch nicht ablegen und weil in afghanischen Städten, mehr noch auf dem Land, Frauen ohne Schleier ausgelacht, beschimpft und manchmal sogar mit Steinen beworfen werden. Diese Angst vor Bedrohung durch Diskriminierung sitzt tief. Zeiten, in denen afghanische Frauen unverschleiert gehen durften, angefangen von der Epoche König Amanullahs über das Jahr 1959, als Mohamad Daoud Khan den Schleierzwang aufhob bis zur Zeit der sowjetischen Besatzung 1979 bis 1989, sind bei jungen Frauen in Vergessenheit geraten beziehungsweise haben ihr Leben nicht bestimmt. Deshalb gehorchen sie hierzulande zuweilen islamistischen Einschränkungen und damit auch ihren Männern, Brüdern und Vätern nicht selten auf dieselbe Weise, wie sie es in Afghanistan gewohnt waren: Kultur, auch Alltagskultur, ist kein Kleid, das einfach abgelegt werden kann.

Leider bieten aber westliche Gewohnheiten Eingewanderten nicht immer gute Beispiele oder Alternativen.

2. Liebe und Sexualität in Afghanistan

„Eines der irritierendsten Merkmale der afghanischen Gesellschaft ist die gnadenlose Unterdrückung der Frauen. Afghanische Frauen kämpften schon lange um ihre Grundrechte, bevor die Taliban auf den Plan traten. Von wenigen Großstadt-Enklaven abgesehen, herrscht überall die eiserne Hand des Patriarchats; die strikten Stammesgesetze versagen Frauen seit jeher ihr Recht auf Arbeit, Erziehung, adäquate Krankenversorgung und persönliche Freiheit. Einschränkungen, die in den vergangenen 30 Jahren durch Krieg, Vertreibung und Anarchie noch verschärft wurden. Doch obwohl sich in den letzten Jahren manches verbessert hat, leiden immer noch viel zu viele Frauen unter dem unbestrittenen, absoluten

Diktat der Stammesbräuche, die ihnen eine nennenswerte Teilnahme am gesellschaftlichen Leben verwehren."[7]

Khaled Hosseini schrieb diese Sätze in seinem Vorwort zum Roman Atic Rahimis *Stein der Geduld* im Jahr 2009, zu einer Zeit, als die Taliban zwar längst wieder an Boden gewonnen, aber noch nicht die Regierung übernommen hatten.

Statt einer ausführlichen Diskussion des Themas Sexualität und Liebe, die den Rahmen des Buches sprengen würde, sollen zwei Schriftsteller zu Wort kommen, die sich besser in der islamischen Welt der Sexualität auskennen als Europäer dies jemals könnten.

Der in Kabul geborene französische Autor Atiq Rahimi hat durch seine Romane auf die häufig verzweifelte Lage der afghanischen Männer und Frauen aufmerksam gemacht; in seinem Buch *Stein der Geduld* finden sich erhellende Aufschlüsse zur tabuierten Sexualität in Afghanistan. Es liegt zwar nahe, dass Sexualität zwischen Mann und Frau nur in Abhängigkeit von der Rolle, die beiden Geschlechtern kulturell zugestanden wird, stattfinden kann, aber dieses Wissen kann besser verstanden werden, wenn in einer Erzählung die Beziehungen lebendig werden.

Exkurs 5: Weibliche Sexualität und Ohnmacht in Atiq Rahimi: *Stein der Geduld*[8]

In Kabul, der Hauptstadt Afghanistans, herrscht Krieg. Es ist die Zeit nach dem Abzug der sowjetischen Truppen und den Kämpfen der Mudjahedin, deren Zuordnung zu bestimmten Gruppierungen Rahimi allerdings nicht näher bezeichnet. Denn seit vielen Jahren ist es für die Zivilbevölkerung im Wortsinn gleichgültig, wer Krieg führt: Wie oben dargestellt, wird das Land seit 1979, dem Datum des

---

7 Hosseini 2009, Vorwort zum Roman in Rahimi 2009
8 Rahimi 2011

Einmarsches der Sowjetarmee, von unterschiedlichen Kriegsparteien zerstört. Im Roman kämpfen Mudjahedin unterschiedlicher Parteien und Ethnien sowohl im Hinblick auf die Personen als auch ihrer Ziele und ihrer Mittel fast ununterscheidbar gegeneinander. Rahimi lässt in seiner Beschreibung bezüglich dieser Kämpfe bewusst deren Hintergrund im Dunkeln. Symbol hierfür ist, dass nicht einmal seine Heldin, die er *die Frau* nennt, weiß, für welche Gruppierung ihr inzwischen schwer verletzt und bewusstlos auf seinem Lager liegender Mann gekämpft hat. Die Leserinnen und Leser erhalten nur, ebenso wie die handelnden Personen, die vage Andeutung, dass nicht klar ist, wer wann wen wie bekämpft. Das gelingt Rahimi auch durch die Schilderung einer minimalistischen Szenerie, die sich nicht zuletzt für die Aufführung in einem Theater eignen würde: Es gibt nur eine Hauptperson: *die Frau*. Dass diese Frau zwei Kinder hat, Mädchen, wird angedeutet, vor allem dadurch, dass sie abwesend sind, weil sie von ihrer Mutter regelmäßig zu einer Tante gebracht werden, um sie vor dem Tod durch Raketen und Schüsse zu schützen.

Die Frau wohnt in einem kargen Zimmer zusammen mit ihrem Mann, der im Sterben liegt. Sie pflegt ihn, ernährt den Bewusstlosen über eine Sonde, zunächst schweigend. Mit der Zeit erst beginnt sie zu sprechen, dann langsam zu flüstern oder zu schreien. Sie schreit das gesamte Elend ihres Frauenlebens hinaus. Damit scheint sie auch einen Platz für eine Veränderung in ihrem Leben zu entdecken: Erst ein bewusstloser Mann erlaubt das Bekenntnis einer lebenslang zum Schweigen verurteilten Frau. Erst seine phantasmatische Verwandlung in einen seit alter Zeit in einem afghanischen Märchen als *Stein der Geduld* bezeichneten Ansprechpartner gestattet ihr nach und nach das Geständnis ihres Lebens.

Etwas passiert doch in dem abgeschlossenen Zimmer, in dem die Realität des Krieges um Kabul nur durch das sich verändernde Licht im Fenster, durch den hereindringenden Lärm der Geschosse, durch die Gerüche des Hofes erfahrbar wird. Zwei Kämpfer betreten den Raum, ein Mann mittleren Alters und sein junger schüchterner Begleiter. Offenkundig hat der Kämpfer vor, die Frau zu vergewaltigen. Sie weiß, dass er es tun wird, es ist keine Frage.

„Die Frau bleibt auf ihrem Platz. Sie verfolgt jede Bewegung des Mannes mit einem Misstrauen, das sie zu verbergen sucht. ‚Hast Du keine Angst allein zu sein?' fragt der Mann, indem er den Rauch ausbläst. Sie zuckt mit den Schultern. ‚Habe ich eine andere Wahl?' Nach einem tiefen Zug aus der Zigarette forscht der Mann weiter: ‚Hast du niemanden, der sich um dich kümmert?' Die Frau wirft einen Blick auf den grünen Vorhang. ‚Nein, ich bin Witwe.'

‚Aus welchem Lager?'
‚Aus Eurem nehme ich an.'
Der Mann lässt es dabei bewenden. Er nimmt noch einen langen Zug von der Zigarette, dann fragt er weiter: ‚Hast du Kinder?'
‚Ja, zwei...zwei Mädchen.'
‚Wo sind sie?'
‚Bei meiner Tante.'
‚Und warum bist du nicht dort?'
‚Wegen der Arbeit. Ich muss meinen Lebensunterhalt verdienen, meine beiden Kinder ernähren.'
‚Und was machst du für eine Arbeit?'
Die Frau schaut ihm geradewegs in die Augen und antwortet: ‚Ich verdiene meinen Unterhalt mit dem Schweiß meines Körpers.'
‚Was?' fragt er verwirrt.
Die Frau, mit einem Ton, der keinerlei Scham verrät: ‚Ich verkaufe mein Fleisch.'
‚Was soll der Blödsinn?'
‚Ich verkaufe mein Fleisch, so wie ihr euer Blut verkauft.'
‚Was faselst Du da?'
‚Ich verkaufe mein Fleisch zum Vergnügen der Männer.'
Der Mann springt wütend auf und stößt hervor: ‚Allah, Al- Rahman! Al- Mumin! Beschütze mich!'
‚Vor wem?'
Jäh fährt der Zigarettenrauch aus dem Mund des Mannes, der wieder seinen Gott anruft, ‚im Namen Allahs,' den Teufel verjagt,

> *‚beschütze mich vor dem Satan!' einen tiefen Zug nimmt und gemeinsam mit dem Rauch die aufgebrachten Wörter von sich gibt:*
> *‚Schämst du dich denn nicht, das zu sagen?'*
> *‚Es zu sagen oder zu tun?'*
> *‚Du bist doch Muslimin, oder nicht?'*
> *‚Ich bin Muslimin.'*
> *‚Du wirst gesteinigt werden! Du wirst bei lebendigem Leib im Feuer der Hölle verbrannt werden!'*
> *Er steht auf und rezitiert einen langen Vers aus dem Koran ... Er wütet ... Der Mann knirscht mit den Zähnen, stößt einen schrillen Schrei aus und verlässt das Haus.*
> *Die Frau verharrt unerschütterlich, bis sie hört, wie der Mann auf den Hof hinausgeht und dem anderen zuruft: ‚Komm, wir verschwinden von hier. Das ist ein gottloses Haus!'*
> *Dann sagt sie zu ihrem bewusstlos daliegenden Mann hinter dem grünen Vorhang:*
> *‚Verzeih mir!' flüstert sie. ‚Ich musste das sagen, sonst hätte er mich vergewaltigt.'*
> *Und wenig später:*
> *‚Eine Hure zu vergewaltigen, ist also keine Vergewaltigung. Aber die Jungfräulichkeit eines Mädchens zu rauben, der Ehre einer Frau Gewalt anzutun! Das ist Euer Credo!'*[9]

Eines Tages kommt der Jüngling, der den Kämpfer begleitet hat, und bietet ihr, unsicher und schüchtern, einen Geldschein für ihre Dienste an. Nach vergeblichen Versuchen, ihm zu erklären, dass sie keine Hure ist, gibt sie auf. Sie akzeptiert ihn, lehrt ihn die Liebe. Er sorgt für sie, während sie weiter ihren Mann in seinem Versteck in einem Nebenkämmerchen mit einer Zucker-Salz Lösung nährt und die Sonde immer wieder sorgfältig reinigt.

Noch später erfährt sie, dass der Mudjahed, mit welchem der Jüngling vor längerer Zeit ihren Raum betreten hat, diesen als Kind aufnam, um ihn später sexuell zu missbrauchen.

Der Roman zeigt auf erschütternde Weise das Leid aller Frauen Afghanistans, weswegen die Frau auch keinen Namen tragen muss. Sie steht für das Elend der in Burkas gewickelten Frauen nicht nur in Zeiten der sich bekriegenden Mudjahedin. Aber nicht nur der Mudjahed in Kabul lebt

---

9 Rahimi 2011, S.108 ff

die pervertierte Moral, sondern auch ihr Ehemann, den sie schließlich, ihm immer tiefer vertrauend, als ihren *Syngue sabour, Pierre de Patience, Stein der Geduld* bezeichnet. Ob es klug war, sein Leben zu retten und ihm ihre Gedanken und Erlebnisse anzuvertrauen, zeigt das Ende der Geschichte.

Obgleich die Hauptperson im Roman weiblich ist, gelingt es Rahimi zu zeigen, dass das Elend der Sexualität beide Geschlechter, Männer und Frauen, betrifft. Beide sind Opfer einer religiös begründeten und verstörenden Sexualmoral, sanktioniert mittels einer perversen Auffassung von Verbot und Strafe.

Exkurs 6: Männliche Sexualität und Ohnmacht in Kamel Daoud: *Meine Nacht im Picasso-Museum*

Kein Zufall ist, dass auch Daoud sein Buch Frauen widmet:

> „Den Frauen, die in der ‚arabisch' genannten Welt oder anderswo kein Recht auf ihren eigenen Körper haben."[10]

Daoud stammt nicht aus Afghanistan, sondern ist in Algerien geboren. Gemeinsam ist den beiden Dichtern die – man kann es nicht anders nennen – Trauer über die Unterdrückung und pervertierte Zähmung der Sexualität im Islam, aber darüber hinaus auch in anderen „Monotheismen" (Daoud) und die damit verbundene sexuelle Rechtlosigkeit von Frauen.

Kamel Daoud hat sich eine Nacht in das Picasso-Museum in Paris einsperren lassen. Er verbringt seine Nacht meditierend und schreibend vor den Bildern Picassos, die für ihn der Inbegriff sinnlicher Malerei sind. Aber sie sind nicht nur das: Sie sind ein Symbol für die gesamte abendländische Kultur, für ihren Bilderreichtum– im Gegensatz

---

10 Daoud 2020, S.4

zum Bilderverbot der islamischen Welt -, die er, sich distanzierend, in Anführungszeichen setzt: Die „arabisch" genannte Welt.

Vielleicht kann nur ein Mann aus der „arabisch" genannten Welt Picassos Gemälde so erleben, wie Kamel Daoud das tut: Als gemalte sinnlich-sexuelle Raserei, deren Erleben das Verbot oder – psychoanalytisch gesprochen – die religiös verursachte *Verdrängung d*er Sexualität zur Voraussetzung hat. Die Trauer Daouds ist dem Erleben ebenso vor – wie nachgeordnet: Ein Mann, der erst sterben muss, bevor er in den Genuss von 72 Huris kommt, kann nicht anders als Picassos Bilder Marie-Thérèses auf diese Weise zu erleben. Ein Mann in der arabisch genannten Welt darf keine Körper lieben, schon gar nicht den einer Frau, weil er selbst seinen Körper nicht besitzen darf:

> *„Die Bürde des Körpers ist keine Sünde, die man heilen kann, sondern eine Illusion, der Schatten eines Schattens, etwas Künstliches und Schweres. Der Körper ist das prekäre Vermögen des Reisenden, in das man nicht das ganze Erbe seiner Lebenszeit investieren sollte. Eine hartnäckige Idee, die den Genuss beschmutzt und die Erotik trübt. …Abdellah (der von Daoud erfundene virtuelle Islamist) …wird wollen, dass sein Körper himmlisch ist, seinem Eigentümer zurückgegeben wird. Der wahre Körper ist für nach dem Tod. Vor dem Sterben ist der Körper nur eine Illusion. Das ist eine entsetzliche Verkehrung, die man verstehen muss, will man den heutigen Wahnsinn verstehen."*[11]

Ja, plötzlich versteht man den „heutigen Wahnsinn." Daoud gelingt es, über seine mit Schwere, Schmerz und Trauer fast unerträglich gesättigte Sprache zu vermitteln, wie sehr die „arabisch" genannte Welt in ihrem selbst gemachten Gefängnis festsitzt. Wie die jungen Männer, die ihren Körper nicht besitzen dürfen, weil ihnen der Unsichtbare dies verbietet, oft nicht anders können als Frauen wie „Beute" (Hirsi Ali) an sich zu reißen. Aber plötzlich wird noch mehr

---

[11] Daoud, S. 154

verständlich: Dass der aggressive Kampf der Islamisten, der Kampf des Islamisten Abdellah gegen den Westen aus den Tiefen des gesellschaftlich und religiös seit langem unbewusst Gewordenen stattfindet; er gilt eigentlich den entblößten Körpern, der angeblichen Nacktheit des Westens, der verbotenen Freiheit der Körper. Diesen Kampf kann keine noch so gut gemeinte Aufklärung einfach gewinnen; meist bleibt dieser oberflächlich und wirkungslos, und Abdellah, der virtuelle Islamist, bleibt unerlöst zurück.

Ein junger Mann aus Afghanistan, minenverletzt und Kämpfer für die *gute islamische Sache,* übergab mir einst, etwa vor 10 Jahren, weil ich Gast in einem Haus afghanischer Gastgeber in Deutschland war und er mich aus irgendeinem Grund für vertrauenswürdig hielt, die schriftlich fixierten Bestimmungen, die für die Gebete und die Sexualität afghanischer Männer im Verlauf eines Tages gelten. Reinigungsvorschriften und akribisch detaillierte Anweisungen vor, nach, während und um den Geschlechteraustausch herum setzten mich so in Erstaunen, dass ich bis heute nicht fassen kann, was ich darin las.

Es ist eben nicht so, dass nur Frauen unterdrückt und von einem Übermaß an Einschränkungen und Strafmaßnahmen betroffen sind, die gesamte Sexualität, wie Daoud schreibt, der Körper selbst, ist verboten, eingeschränkt, nicht existent.

Etwas alltäglicher klingt das so:

> *„Was sind in meinem Leben, meiner Kultur, meinem Land die Accessoires der Liebe, der Erotik? Der Friedhof; in den sittenstrengen Dörfern flüchtet man sich dorthin, um zärtlich zu sein, die Hand am Busen und ängstlichen Blicks, oder um lauen Wein zu trinken. Dann das Fenster der immer verschlossenen Häuser, in denen die Frauen auf Lebenszeit eingesperrt sind: Das Fenster enthauptet die Frau, trennt ihren Körper vom Geschlecht, ihren Kopf von den*

> *Händen, schneidet sie entzwei, fixiert sie in die Geometrie hölzerner Winkel und löscht ihre Rundungen aus...*"[12]

An Legitimationsversuchen fehlt es nicht: Gott persönlich, so ist dem Heiligen Koran zu entnehmen, hat es so bestimmt und angeordnet:

> *„Die Männer haben Vollmacht und Verantwortung gegenüber den Frauen, weil Gott die einen vor den anderen bevorzugt hat und weil sie von ihrem Vermögen (für die Frauen) ausgeben."*[13]

Gott hat die Männer vor den Frauen bevorzugt. Fragt sich, was ihn dazu bewogen haben mag. Diese Begründung sieht eher danach aus, als ob sie die gesellschaftliche Situation aus der ersten Hälfte des 7.Jahrhunderts in Mekka und vor allem in Medina widerspiegeln würde. Auch im Alten und im Neuen Testament sind ähnliche Stellen wie im Koran zu finden. Der Unterschied ist, – von fundamentalistischen Deutungen abgesehen – dass die gesellschaftliche Entwicklung der jüdisch-christlichen Kultur über viele Jahrhunderte dazu geführt hat, jene Bibelstellen historisch zu relativieren, die die Rippengeburt der Eva als Begründung dafür anführen, Frauen seien das zweite, also das nachgeordnete, abgeleitete, das weniger wichtige, das untergeordnete Geschlecht der Menschheit. Biologisch sind bekanntlich die Frauen das erste Geschlecht: Die Embryonalentwicklung zeigt das deutlich genug.

Afghaninnen, in einer Kultur erzogen, in der Männer verantwortlich für Wohl und Wehe der Frauen sind, womit ihre Überlegenheit begründet wird und auch die Erlaubnis, sie bei Ungehorsam zu schlagen, treffen auf eine europäische Kultur, in der die Frauen arbeiten, Geld verdienen, frei sind, ausgehen, sich kleiden wie sie möchten und sich ihren Ehemann nicht (mehr) von den Eltern aussuchen lassen,

---

12 Daoud 2020, S.161
13 Der Koran, Sure 4,37

sondern selbst wählen. Diese Freiheiten mussten jahrhundertelang auch gegen ein von manchen ahnungslosen Männern pervertiertes Christentum durchgesetzt werden.

Jugendliche aus Afghanistan, insbesondere aus weit abliegenden Dörfern, das ist verständlich, müssen geschockt sein von dem (vermeintlichen) Frauenangebot in Deutschland. Dass es kein sexuelles Angebot bedeutet, wenn Frauen hier in Shorts und Bustiers einkaufen, Fahrrad fahren, Sport treiben, joggen etc. müssen sie erst lernen. Manche Zugewanderte (zum Beispiel auf dem Domplatz in Köln an Silvester vor 6 Jahren) lernen dies nur schmerzhaft, wenn sie nämlich wegen sexueller Nötigung und Vergewaltigung verhaftet werden und Strafanzeigen bekommen.[14]

Am Silvesterabend 2021, so ein Artikel in der Frankfurter Allgemeinen Zeitung, hat sich in Italien erneut ein Szenario wie in Köln im Jahr 2016 entfaltet.

In Mailand fielen „Horden junger Männer auf dem Mailänder Domplatz über mindestens neun junge Frauen her. …damals wie heute kam den Frauen niemand zur Hilfe: Nicht die Sicherheitskräfte und auch sonst niemand."

Schnell sei klar gewesen, „dass es sich bei den Tätern um junge Migranten oder um Söhne aus Einwandererfamilien handelte, überwiegend aus muslimisch geprägten Herkunftsländern."[15]

Die Reaktion der Politiker und der meisten Medien seien, so der berichtende Journalist, in Italien und Deutschland die gleiche gewesen: "Erstmal korrekt verdrängen statt etwas zu benennen, was einem als unkorrekt angekreidet werden könnte." Auch die Angst, die Täter zu benennen, „damit nicht trübes Wasser auf die Mühlen des Rassismus gelenkt werde", kommt deutschen Lesern

---

14 Vgl. Schwarzer 2016
15 Matthias Rüb, **FAZ** vom 10.01.2022

bekannt vor. Bassam Tibi ist zuzustimmen, wenn er – geradezu wütend – konstatiert: „Antimuslimische Kritik ist nicht Rassismus! Muslim kann ein schwarzer Mann aus dem Senegal ebenso wie ein blonder Mann aus dem Kosovo sein! Der Islam ist eine Weltreligion und keine Religion einer bestimmten „Rasse".[16]

Die Zeilen Tibis müssten laut werden, damit Verirrte aller Länder sie endlich hören würden.

Damit sind wir aber wieder in den Sprachgewohnheiten des Alltags angekommen; nicht die unendliche Trauer und der Schmerz des leidenden Dichters Kamel Daoud, sondern die kämpferische Auseinandersetzung zwischen ziemlich wenig Verständnis für die jeweilige Gegenseite aufweisenden Gruppierungen bestimmt die derzeitige Diskussion.[17]

Für die meisten Mitbürger muslimischen Glaubens wäre es besser, wenn gesagt würde, aus welchen Ländern und Kulturen welche Täter kommen. Ansonsten werden *alle* Muslime immer wieder Geiseln für Schandtaten, für die sie nicht verantwortlich sind. Afghanen sind an solchen Taten selten oder gar nicht beteiligt; aber auch das wird nicht klar, so lange man Muslime als *Rasse* bezeichnet. Würde man genau untersuchen und veröffentlichen, woher welche Täter kommen, was genau ihre Taten sind, wann genau wer für welche Taten nach den Vorgaben des Rechtsstaates bestraft wurde, so könnte man die einzelnen Taten aufklären und damit Populisten den Wind aus den Segeln nehmen. Bisher wird aber immer noch mit ungenauen und pauschalen Entschuldigungen, ebenso unberechtigt wie pauschale Beschuldigungen, einer irregeleiteten Vox Populi der Weg bereitet.

---

16 Tibi 2018
17 Kelek 2009 in taz.net.15.03,2009

Dem Anschein nach gibt es ein schlimmes Verbrechen in Deutschland, das darf nicht verschwiegen werden, von zwei afghanischen Brüdern verübt, die aufgrund islamistischer Denkweise die Lebensführung ihrer Schwester als so westlich, als so verderbt empfanden, dass sie sie vermutlich töteten.[18] Gestellt wurden die Brüder, als sie mit einer verdächtigen Tasche in einen Zug einsteigen wollten. Die Berichte über diesen Fall und seine vermuteten Hintergründe verschwanden sehr schnell aus den Nachrichten, vermutlich ein weiteres Mal, weil kein *Rassismus*, das neue und falsch verwendete Modewort linker Gutmenschen, oder auch kein *Fremdenhass* geschürt werden sollte. Es handelt sich aber bei der Empörung über diese Art schwerer Verbrechen gegen Frauen weder um Rassismus noch um Fremdenhass, sondern um berechtigte Fragen, ob in Deutschland Sitten um sich greifen könnten, die irgendwann alle hier lebenden Frauen, muslimische ebenso wie christliche, jüdische und auch alle nicht-religiöse Frauen, betreffen würden. Ayaan Hirsi Ali hat dies in ihrem neuen Buch *Beute* dargelegt.[19]

Leider muss ich ihr zustimmen: Es ist nicht ausgeschlossen, dass islamistische Vorschriften bei uns zunehmend an Raum gewinnen oder schon gewonnen haben.[20]

Falsch ist zu glauben, Sitten, Kleider und Mode enthielten keine kulturelle Aussage: Der Islam, eine Religion, aus der man sich nicht verabschieden kann, bleibt Europa erhalten. Viele islamische Sitten und Gebräuche, die aus dem Herkunftsland unserer Einwanderer stammen, ebenfalls. Sie werden auch, mehr oder weniger bewusst, übernommen. Auch wenn Bärte in der historischen Vergangenheit Europas schon oft in Mode waren, ist es doch auffällig,

---

18 Süddeutsche Zeitung vom 08.08.2021
19 Hirsi Ali 2021
20 https://www.stuttgarter-nachrichten.de-inhalt.silvester-berlin

dass in letzter Zeit Bärte erneut sehr an Attraktivität gewonnen haben; ob die jungen und älteren Hipster ahnen, wem sie aller Wahrscheinlichkeit nach den neuen Trend zur Schau getragener Männlichkeit zu verdanken haben, darf bezweifelt werden. Manche Geschäfte bieten besonders schicke Kopftücher an; noch vor der Pandemie kam die Berliner Verwaltung auf die Idee, während der Feierlichkeiten zu Silvester eigene Schutzräume für Frauen vor dem Brandenburger Tor einzurichten, damit ihnen nichts geschehen solle.

Seit wann scheinen solche Schutzräume wohl notwendig zu sein?

3. Samuel P. Huntingtons Thesen

Ohne im vorliegenden Rahmen die Thesen Samuel P. Huntingtons kritisch diskutieren zu können: Aus meiner Sicht hat er im Jahr 1996 – dem Jahr des ersten Erscheinens der amerikanischen Ausgabe – Entwicklungscharakteristika und Konflikte im 21.Jahrhundert plastisch beschrieben.[21]

Hierzu gehört etwa der als *clash of civilizations* zu bezeichnende weltweit geführte Krieg der Islamisten gegen die westliche Zivilisation mit dem Mittel der „Religionisierung",[22] den Bassam Tibi den mehrheitlich islamisch regierten Ländern der Welt vorwirft. Die Religionisierung ist ein nicht zu unterschätzender Faktor in der Selbstwahrnehmung der islamischen Länder und gehört zur Gruppe ihrer

---

21 Huntington 1996. Seiner Kernthese, nicht mehr Ideologien, sondern Auseinandersetzungen zwischen Kulturen (civilizations) bestimmten in Zukunft die Weltordnung, ist heftig widersprochen worden.
22 Tibi versteht unter Religionisierung die Erklärung politischer, ökonomischer und sozialer Probleme in islamisch regierten Ländern mit Hilfe der Religion. Beispiel: Die Ablehnung des Islam durch den Westen sei der Grund für die Armut und Unterentwicklung der meisten islamischen Länder der Welt. Vgl. dazu auch die aufschlussreichen Ausführungen der Islamwissenschaftlerin in Breuer 2015.

Legitimationsideologien. Huntington hat keinen Kernstaat für die islamische Welt angegeben. Aber was stellt der Iran dar? Was bedeuten die islamistischen Versuche, ein islamisches Kalifat zu gründen? Bisher sind diese Versuche vereitelt worden, aber niemand weiß, ob das so bleiben wird.

Seit 1979, verschärft seit den 90-er Jahren, als andere Autoren noch von einem *Ende der Geschichte*[23] schwärmten, womit der endgültige Sieg liberaler und demokratisch verfasster Gesellschaften vorausgesagt wurde, hat der Versuch der Eindämmung westlicher Zivilisationen, begleitet von weltweiter Zunahme autokratischer Machthaber verschiedener Couleur, aber einig im Kampf gegen den Westen, an Fahrt aufgenommen.

Etwas gewagt kann man eine weitere These vertreten: Es handelt sich auch um die Rache autokratischer Männer an der Zunahme von Frauen-Power in der westlichen Welt. Das kann bewusst oder auch unbewusst oder beides der Fall sein. Leider kann dieser These hier nicht nachgegangen werden. Wenn man aber zum Beispiel Vladimir Sorokins Roman *Der Tag des Oprotschniks* liest, sieht die These weniger gewagt aus.[24]

Zwischen antidemokratischen Machtbestrebungen als solchen und in der Hauptsache religiös und zivilisationshistorisch oder ideologisch begründeten Machtkämpfen sollte zwar unterschieden werden. Dass Religion, Ideologie, Geschichtsmythen zur Legitimation von Machtkämpfen dienen, führte bereits Emmerich Francis im letzten Jahrhundert in seinem Buch *Ethnos und Demos* aus.[25] Interessant ist, dass Machtkämpfe offenbar stets ideologischer Legitimation bedürfen. Das bedeutet nichts weniger als dass Menschen sehr wohl Recht und Unrecht ihrer Handlungen

---

23 Fukuyama 1992
24 Sorokin 2009
25 Francis 1965

zu unterscheiden in der Lage sind. Denn normalerweise gibt es von Seiten der Bevölkerung kein Pardon für verbrecherische Handlungen. Diese müssen also entschuldigt, begründet und legitimiert werden. Zu groß ist die Angst der Machthaber, die von ihnen Beherrschten könnten erkennen, was die eigentlichen Motive sind, als dass sie sich ohne Berufung auf edle Motive Angriffskriege und Zerstörung ganzer Kulturen, Mord und Totschlag von Menschen erlauben könnten.

Anlässlich des Abkommens von Doha über den vollständigen Abzug der USA und ihrer Verbündeten ohne jede Gegenleistung lachten westliche Beobachter über den Sprecher der Taliban im Jahr 2021. Er triumphierte über den *grandiosen Erfolg der gesamten muslimischen Welt, die sich dem weltweiten Djihad verpflichtet fühlen.*[26] Der Kampf und der Sieg der Taliban wurden eindeutig mit Hilfe von *Religionisierung* begründet. Die Worte des Sprechers der Taliban waren damit auch Balsam auf die Seelen weltweit kämpfender Islamisten. Der Krieg der Taliban in Afghanistan war ein Krieg von Islamisten gegen die Ausbreitung der westlichen Zivilisation in einem in großen Teilen archaisch gebliebenen Land, das sich in ihren Augen erfolgreich gegen die drohende Ausbreitung westlicher Zivilisation zur Wehr setzte. Es handelte sich nicht um einen Machtkampf um der bloßen Macht willen, sondern aus meiner Sicht um eine Verteidigung der eigenen, der islamischen Kultur gegen eine andere, als fremd empfundene Zivilisation. Denn die Mehrheit der afghanischen Bevölkerung bevorzugte nicht eine westlich geprägte Zivilisation. Immer wieder wurden Stimmen laut, die deutlich zum Ausdruck gebracht haben, dass Afghanen trotz Leid, Flucht und Vertreibung nicht wollten, dass ihre alte Kultur durch Verwestlichung zerstört werden würde. Als Zerstörung ihrer Kultur

---

26   Vgl. Text 3 im Anhang

empfanden die meisten Afghanen sowohl die Besetzung der Sowjets als auch die der Nato. Auch Arman, ein nach Deutschland vor den Taliban geflohener Paschtune, hätte es nach seinen eigenen Aussagen nicht begrüßt, wenn seine Kultur, unter deren Übernahme durch die Taliban er sehr gelitten hat, in seinem Heimatland untergegangen wäre.

Es war der Fehler der Sowjetunion, das nicht gesehen zu haben, mehr noch der USA und ihrer Verbündeten, den Kern der afghanisch-demokratischen Bestrebungen nicht als solche verstanden zu haben. Vielleicht wäre es möglich gewesen, die Taliban und ihren Terror gegen die Bevölkerung zu verhindern, wenn die USA und ihre Verbündeten die kulturellen Sehnsüchte und Traditionen der Afghanen ernst genommen hätten und eine behutsame Demokratisierung zum Beispiel auf der Grundlage von landeseigenen Traditionen unterstützt hätten.

Unterschiedliche kulturelle Traditionen prallen auch aufeinander, wenn Millionen von Einwanderern aus islamischen Ländern innerhalb kurzer Zeit Sicherheit und Frieden in westlichen Ländern, den USA, Europa und Deutschland suchen, die mehrheitlich christlich oder säkular sind und nicht auf die Flut aus fremden Kulturen einwandernde Flüchtlinge vorbereitet sind, es nicht sein können.

Die Einwanderung aus der Türkei nach Deutschland in den sechziger Jahren des vorigen Jahrhunderts hätte eine Vorbereitung auf eine islamische Kultur sein können. Aber *türkische Fremdarbeiter* sollten als Arbeitskräfte nur kurze Zeit bleiben und bald wieder zurück in ihre Heimat gehen. Dass so viele Türken in Deutschland geblieben sind, hat offenbar niemand vorausgesehen. Auf bedauerliche Weise – von Ausnahmen abgesehen – blieben sich die unterschiedlichen Kulturen beider Länder bis heute weitgehend fremd. In Gegenteil scheint es so zu sein, dass die dritte

Generation der türkischen Einwanderer weniger ihrer Aufnahmegesellschaft mit Verständnis zugeneigt sind als die erste Generation dies war oder noch ist. Derzeit wird das Ergebnis zweier Gesellschaften unterschiedlicher Zivilisation in einer gemeinsamen Gesellschaft als *Parallelgesellschaft* bezeichnet.

Die Einwanderer würden an einem Integrationsproblem leiden, konstatiert Bassam Tibi. Dem kann kaum widersprochen werden. Gründe für Integrationsprobleme seien vor allem eine mangelnde Fähigkeit der Aufnahmegesellschaften, Integration in eine funktionierende, von sich selbst überzeugte und die eigene Gesellschaftsordnung positiv besetzende Ankunftskultur anzubieten. Dies wecke Aversionen, Aggressionen und schließlich geradezu Feindschaft gegen die Aufnahmegesellschaft.[27]

Das ist eine ebenso deutliche wie zutreffende Kritik auch an der deutschen Furcht vor positiver Besetzung der eigenen Gesellschaft. Diese muss ja nicht kritiklos sein, im Gegenteil. Auch 75 Jahre Nachkriegszeit und die Aufarbeitung berechtigter Scham und Schuld angesichts der ungeheuerlichen Verbrechen des Nationalsozialismus an Kriegsgegnern, Juden und Minderheiten haben es offenbar nicht vermocht, Deutschland wahrzunehmen als ein Land, das auch andere Traditionen aufweist als mörderische Gewalt.

Deutschland bietet Einwanderern bisher keinen angemessenen Platz in seiner Gesellschaft, jedenfalls nicht so, dass die Ankommenden sich sowohl aufgenommen als auch als neues und wertvolles Mitglied einer geachteten Kultur wahrnehmen können. Insofern ist nicht erstaunlich, dass zum Beispiel türkische Mitbürger, die schon lange die deutsche und /oder doppelte Staatsbürgerschaft besitzen,

---

27 Tibi 2018, Einleitung zur Neuausgabe Islamische Zuwanderung und ihre Folgen, der neue Antisemitismus, Sicherheit und „die neuen Deutschen", z. B. S. 158 ff.

an einem Autokraten wie Recep Tayyib Erdogan festhalten. Es scheint so, als ob die frühere, oft nicht einmal ausreichend bekannte Kultur den mangelnden Halt für hier aufgewachsene Türken ersetzen müsse. Psychologisch ist das verständlich: Wer keinen Platz in einer Gesellschaft erhält, fühlt sich nicht zugehörig und sucht nach Alternativen für Zugehörigkeit. Aber es ist fraglich, ob die deutsche Zivilisation die Kraft aufbringt, ihre Freiheiten so offensiv zu verteidigen, wie Bassam Tibi sich das wünscht. Erst in allerletzter Zeit scheint sich hier ein vorsichtiger Wandel anzubahnen.

Eine andere Auffassung vertritt Aladin El-Mafaalani. Der in Deutschland geborene Sohn eingewanderter Migranten aus Syrien ist der Auffassung, dass Streit, Auseinandersetzung, Konflikte Zeichen einer offenen Gesellschaft sind und geradezu der Beweis, dass Integration funktioniere. Damit bezieht er sich als studierter Soziologe und Politikwissenschaftler, der auch eine Professur innehat, auf die berühmte Schrift von Georg Simmel über den Streit. Simmel legt in dieser Schrift dar, dass Konflikte und deren Austragung immer einen Konsens voraussetzen. Mafaalani dient diese Einsicht zur Begründung seiner Ausführungen in einem Buch, das sich, auch weil einfach formuliert, einen Platz auf der Spiegel-Bestsellerliste eroberte. Der Autor, der es selbst *geschafft* hat, bietet seinen Lesern zahlreiche optimistische Botschaften an: Noch nie habe es in der Welt so viel Positives gegeben wie heute, eine globale Gesellschaft wie die Deutschlands biete letzten Endes jedem eine faire Chance. Kritisch sieht er die Aktivitäten von Islamisten wie auch von deutschen Rechtspopulisten. Beide Gruppierungen seien Anhänger einer geschlossenen Gesellschaft, Islamisten genauso wie diejenigen, die Einwanderung allgemein verhindern möchten. Sein Buch ist ein optimistisches Statement für die Entwicklung einer globalen

Welt, die allerdings derzeit vor aller Augen wieder ins Wanken gerät.[28]

Ein Vergleich mit Einwanderern aus Asien zeigt allerdings, dass den zum Teil düsteren Voraussagen Ruud Koopmans oder Bassam Tibis, um nur zwei prominente Mahner vor einer ungeregelten islamischen Einwanderung zu nennen, nicht so einfach zu widersprechen ist. Zum Beispiel haben Vietnamesen, trotz anfänglich vieler Anfeindungen, im Gegensatz zu vielen Muslimen ihren Platz in Deutschland sehr wohl gefunden.[29]

Sucht man nach Gründen für gelingende Integration mit begleitend bejahender Aufnahme durch eine Gesellschaft, so findet man weitgehende Toleranz der Bevölkerung am ehesten dort, von wo keine Gefahr droht. Von Vietnamesen befürchten Deutsche zum Beispiel keinen terroristischen Anschlag. In letzter Zeit wurden allerdings umgekehrt Angriffe auf Asiaten bekannt. Sie gehen auf die Verwechslung von Asiaten generell mit Chinesen zurück, in der schlichten Annahme, *alle* Chinesen trügen die Schuld an der Covid 19 Pandemie. Wieder bestimmte eine rasche Kollektivierung von Schuld die Handlungsweise vieler Menschen. Weil aller Wahrscheinlichkeit nach von Wuhan, dem Fleischmarkt mit Wildtierverkauf, die erste Corona-Infektion ausging, werden individuell unbeteiligte Menschen beschuldigt. Bald hatte aber doch gegenüber Asiaten dieser Spuk ein Ende.

Ein weiteres Beispiel für die Bereitschaft der Bevölkerung, Flüchtlinge fast bedingungslos aufzunehmen, von welchen sie sich nicht bedroht fühlt, ist die derzeit stattfindende Aufnahme aus der Ukraine in Polen, Ungarn, Moldawien, Slowenien, Deutschland und Frankreich. Die Willkommenskultur in ganz Europa ist riesig, die Hilfsbereit-

---

28 El Mafaalani 2018
29 Koopmans 2010

schaft überwältigend. Keine Angst vor Fremdheit oder eventuell aggressiven Angreifern, nicht zuletzt auch deshalb, weil die meisten Neuankömmlinge Frauen und Kinder sind, hindert die jeweils einheimische Bevölkerung daran, eigene Wohnungen anzubieten, Geld zu spenden, Sachspenden zusammenzutragen. Länder wie Polen und Ungarn, die sich seit Jahren dagegen wehren, Migranten aus arabischen Ländern wie Syrien und den Irak oder aus mittelasiatischen Ländern wie Afghanistan aufzunehmen, bieten plötzlich und vom Staunen mancher EU-Bürger begleitet, alles an, was sie zuvor jahrelang Fremden aus anderen Staaten verweigert haben.

Ein Fremder schreckt in allen Gesellschaften der Welt. Ich selbst habe dies mehrfach zum Beispiel in Afrika, im Senegal, erlebt. Der Schreck muss nicht gewaltsame Folgen haben (das unter Umständen auch), aber je unbekannter ein anderes Gesicht, eine andere Hautfarbe, ein nicht bekanntes Auftreten eines Gastes ist, desto eher folgt erst einmal ein Erschrecken, oft auch Aggression.

Insbesondere nach den Erfahrungen mit terroristischen Anschlägen in den USA, Europa, in Frankreich, England, Spanien, Schweden, Österreich und Deutschland, war und ist der Schreck und die Angst vor Islamisten besonders hoch. Dass in der Folge nicht immer unterschieden wird zwischen Islam und Islamismus, zwischen muslimischen Mitbürgern und islamistischen Tätern, ist sehr bedauerlich. Offensichtlich liegt dies an mangelndem Wissen und mangelnder Aufklärung. Dass die Politik ohne Beratung vor sich hin, man muss schon sagen, wurstelt, ist nicht nur ausgewiesenen Kennern der islamischen Geschichte, z. B Bassam Tibi oder Ahmad Mansour ein Graus.

In Zukunft sollen durch verstärkte Integrationsbemühungen der aufnehmenden Gesellschaften, so europaweit die fast einhellige Meinung der Politik (mit Ausnahme der extremen Rechten, die die Aufnahme von Flüchtlingen ganz verhindern möchte) Parallelgesellschaften konsequent vermieden werden. Ob und wie dies gelingen wird, bleibt abzuwarten.

Auch wenn Europa tolerant, manche Beobachter meinen, leichtfertig, viele Millionen von Flüchtlingen aus mehrheitlich islamisch regierten Ländern aufnehmen, wird dies die weltweiten Auseinandersetzungen zwischen Islamisten und der westlichen Welt nicht beenden. So lange keine offene Diskussion über die anstehenden Probleme zwischen der aufnehmenden Kultur und den Einwanderern möglich ist, so lange Europa nicht nur von Islamisten, sondern auch von großen Teilen der islamischen Minderheit als das *Haus des Islam* gesehen wird, das stufenweise erobert werden soll, kann eine Lösung kaum gefunden werden.

4. Willkommenskultur versus Separation/Parallelgesellschaft

Zu Beginn der Flüchtlingsflut im Jahr 2015/16 entstand eine beeindruckende Willkommenskultur. Im Gegensatz zu heutigen Klagen von Muslimen, die Willkommenskultur gegenüber Ukrainern sei derzeit viel herzlicher als sie damals gegenüber Arabern und Afghanen gewesen sei, unterschieden sich diese zu Beginn keineswegs voneinander.

Die Bilder vom Münchner Hauptbahnhof im Jahr 2015 sind unvergessen: Viele Menschen waren gekommen, um nicht nur Afghanen, sondern auch Flüchtlinge aus Syrien, dem Irak, aus Nigeria, Eritrea und anderen Ländern willkommen zu heißen. In vieler Hinsicht erinnert die derzeitig herrschende Willkommenskultur für ukrainische Flüchtlinge durchaus an jene vor sechs oder sieben Jahren.

Die deutsche Bevölkerung kam, oft zusammen mit ihren Kindern, zum Münchner Hauptbahnhof, um die Ankommenden willkommen zu heißen; die Leute verschenkten

Kleidung für Männer, Frauen und Kinder, Spielsachen, Essen und Geld- so manches Kind hatte ein wenig Taschengeld in seinen Händchen, das es einem Flüchtlingskind geben wollte. Frauen hatten Töpfe mit frischem Essen dabei, Kisten voller Obst, Taschen mit Fleisch und Brot: Alles, wovon sie annahmen, Flüchtlinge würden sich darüber freuen. Berge von Kleidern türmten sich in den bereit gestellten Lagern. Alte Menschen, nach dem Zweiten Weltkrieg aus Schlesien, dem Sudetenland, aus Pommern vertrieben und geflüchtet, standen in Gruppen zusammen, tauschten ihre früheren Erlebnisse aus, erzählten den neben ihnen auf dem Bahnhof stehenden Menschen das eigene Schicksal und wünschten, die Flüchtlinge aus dem nahen und fernen Osten sollten genauso gut aufgenommen werden wie sie es einst wurden – auch wenn damals Deutschland doch noch so viel ärmer gewesen sei.

Die gleichen Szenen spielten sich bald darauf im Süden von München ab, als die örtlichen Bürgermeister ihren Gemeinden zeigen wollten, was bisher zugunsten der Flüchtlinge erreicht worden sei: Es waren sogar einige hübsche neu gebaute Dörfer dabei, den heimischen Dörfern der Asylsuchenden nachempfunden. Andere Gemeinden hatten gut eingerichtete Container bereitgestellt. Auch hier schwärmten alte Menschen, zur Besichtigung eingeladen, einst aus Schlesien, Pommern und den Ostgebieten vertrieben, von dem Reichtum der neuen Wohnungen mit Kühlschränken, kompletter Ausstattung der Küchen, Pfannen, Töpfen und nützlichen Utensilien für den täglichen Bedarf. Fast reagierten einige Besucher sogar neidisch-bis heute hätten sie diesen nagelneuen Komfort nicht in ihren Küchen.

Freilich waren die Kosten der Ausstattung jeweils nur so hoch, wie die Gemeinden willens und finanziell in der Lage waren, Geld für die Neuankömmlinge auszugeben.

Erwartungsgemäß fielen die Wohnungen für die Neuankömmlinge in den unterschiedlichen Gemeinden sehr unterschiedlich aus.

Diese Szenen sind unvergessen – aber auch Vergangenheit. Verantwortlich dafür sind die Unterschiede in der Herkunftskultur: Nach kurzer Zeit fanden Afghanen das deutsche Essen ziemlich fad; die deutschen Menschen schienen nicht dauerhaft gastfreundlich, sondern eher zugesperrt. Wenn Afghanen nach längerer Zeit ihre deutschen Helfer aus Dankbarkeit und Gastfreundschaft zum Beispiel in ein afghanisches Restaurant einluden, auch dann, wenn das mit Sicherheit ihr Budget überforderte, kamen die Eingeladenen, tranken Wein und aßen mit einer gewissen Reserviertheit, weil sie sie nicht kannten, die angebotenen scharfen Speisen. Austausch von Erfahrungen kamen nicht in Gang. Einladungen zum Advent, mit Kerzen und Bach-Musik, konnten wiederum die Afghanen nicht so recht erfreuen. Gut gemeinte Sing- und Spielkreise, ausgedacht von gutmütigen Bürgern aus dem Helferkreis, wurden von den meist jungen Afghanen offensichtlich langweilig gefunden und nach kurzer Zeit nicht mehr besucht. Die Gäste sagten nichts, sie blieben einfach weg. Ratlos frug sich so mancher Helfer: Wieso gefällt ihnen das nicht? Rührende und berührende Feiern, die für Deutsche der Inbegriff von Gemütlichkeit sind? Afghanen hingegen reagierten irritiert, wenn auf ihre Einladungen die Antwort *Ich habe leider keine Zeit* folgte. Wieso nicht? Was ist wichtiger als Freunde, Zusammensitzen, miteinander die Zeit teilen?

> *"Wenn ich eine Einladung in Deutschland absagen möchte, sage ich, ich habe ein Projekt. Wenn ich in Afghanistan eine Einladung absage, sage ich, ich habe Gäste",*

sagt Nadja, die in beiden Ländern kundige Führerin Roger Willemsens auf seiner Reise durch Afghanistan.[30]

Auch wenn die Absagen deutscher Helfer sicher keine böse Absicht enthielten: Wie sollten sie verstanden werden? Sie schienen einfach nur unhöflich. Mehr Zuspruch fanden Fußballspiele im Sommer, Tischtennis, Ballspiele für Kinder. Alles, was Bewegung erlaubte. Aber das war nun wieder für afghanische Frauen eher schwierig. Sie saßen nach wie vor in ihren Wohnungen und litten an Schmerzen und Muskelverspannungen. Frauen unternahmen manchmal einen Spaziergang, aber nur vorsichtig und mit viel Angst. Was ist das anders als *clash of civilizations* im Alltag? Jener clash muss ja nicht immer dramatisch aussehen. Aber wie manchmal in einer Ehe die Kleinigkeiten zermürben und mit der Zeit die Nähe unerträglich machen, geschieht im Zusammenleben von Menschen aus verschiedenen Kulturen durch vordergründig kleine Irritationen eine langsame Entfremdung.

Auf tieferen Ebenen zeigen sich allerdings manchmal auch größere Konflikte.

5. Religionen: Säkulare Toleranz versus Fundamentalismus

Verständlicherweise erleben die meisten Menschen, wenn sie überzeugt einer bestimmten Glaubensgemeinschaft angehören, seien es Christen, Juden, Hindus, Moslems oder Buddhisten, hier ihre größte Verletzlichkeit. Juden, Christen, Moslems, um nur die drei so bezeichneten Buchreligionen zu nennen, führten nicht nur untereinander, sondern auch gegeneinander seit Jahrhunderten um die richtige Auslegung der Heiligen Schriften und, grundsätzlicher, die

---

30 Willemsen 2007, S. 87/88

richtige Religion und das richtige Gottesbild die heftigsten Kämpfe, schlimme Kriege und Auseinandersetzungen.

Im Fokus der Diskussion um Religionen in Deutschland steht seit längerem eine Auseinandersetzung mit dem Islam. Hier geht es nicht um den Islam als einer der Weltreligionen, die zu Beginn ihrer Entwicklung ihren Anhängern Mitte des 7. Jahrhunderts auch viele Vorteile und Freiheiten brachte, es geht nicht um den Islam, der sehr schöne Seiten hat, nicht nur bezüglich seiner Ethik, sondern auch zum Beispiel bezüglich der Architektur von Moscheen in aller Welt, die aufgrund des Gebots der Bilderlosigkeit hoch entwickelte Ornamentik, die man weltweit in islamischen Ländern bewundern kann. Sondern es geht um die Variante des politischen Islam und hier vor allem um den radikalen Islamismus. Seit in Ägypten der Zwanziger Jahre die Muslimbrüder eine radikale Identität von Politik und Religion predigten und damit einen autoritären Gottesstaat propagierten, der Angehörige anderer Religionen, insbesondere Juden und Christen, zu verfolgten und inzwischen fast ausgerotteten und zum Teil brutal vertriebenen Minderheiten im gesamten Orient machten, ist einer friedlichen Koexistenz der drei Religionen, wie sie früher auch in islamisch dominierten Ländern der Welt möglich und üblich war, im Laufe der Jahre der Boden entzogen worden. Insbesondere die Verfolgung und Vertreibung von Millionen Christen aus dem gesamten Orient ist den meisten Einwohnern des Westens nicht bekannt und den Medien fast keine Notiz wert.[31]

Im Jahr 2009, während einer Reise nach Syrien, konnte ich noch Reste des orientalischen Christentums erleben. Damaskus auch als Ort des Apostels Paulus war ein wunderbarer Ort, eine wunderschöne Stadt, die alle frühchristlichen Erinnerungsplätze als allgemein zugängliche

---

31 Vgl. ausführlich in Williams 2017

Gedenkstätten für Menschen aus aller Welt bereitstellte. Bazare waren noch lebendig, syrische Teppiche und Seiden von einer handwerklichen Pracht, die es im Westen schon lange nicht mehr gibt. Die Syrer lernte ich als angenehme Menschen kennen ohne jedes Vorurteil, höflich und liebevoll, sehr bemüht um die der arabischen Sprache unkundigen Besucher aus dem Westen. Palmyra war noch unzerstört, kein Islamist hatte bis dahin gewagt, Hand an dieses Weltkulturerbe zu legen. Wir konnten Palmyra noch besichtigen. Vorbei: Der mörderische Krieg seit 2011, die Intervention Russlands, die das Land in Schutt und Asche legte, war, so weit ist dies inzwischen deutlich geworden, ein Probelauf für Putins verbrecherischen Krieg in der Ukraine. Die Taliban, vor deren Terror die meisten Menschen, die nach Europa und Deutschland kamen, geflohen sind, stellen, weltweit betrachtet, nur eine der vielen radikal- islamistischen Gruppierungen dar, die sich derzeit und zunehmend in vielen Staaten und Ländern ausbreiten und organisieren konnten.

Auch wenn afghanische Geflüchtete durchschnittlich erwartbar keine religiösen Fundamentalisten sind, so sind sie dennoch nicht immer gefeit gegen die Versuchung, das üppige Leben nach dem Tod wichtiger zu finden als das schwierige Leben ihres irdischen Daseins. Die Ablehnung gelebter Sexualität und damit der Versuchung des Mannes durch die ausschließlich als verführerisch erlebte Frau ist die Ursache der islamischen Verschleierung der Frauen und ihrer Verdammung zur Unsichtbaren. Selbst wenn die Verschleierung nicht nur dem Islam zu verdanken ist, sondern der paschtunischen Stammeskultur, so ist ihre Verschärfung durch *Religionisierung* doch sehr wohl dem Islam zu verdanken. Die Abtötung all dessen, was gegen die erstrebte *Reinheit* sich auflehnt, wird daher erlaubt, angebracht, notwendig. Auch dies ist einer der Gründe für die

Inkompatibilität von Islamismus und meist säkular-christlicher Kultur im Westen.

Sowohl im orthodoxen Judentum als auch im Christentum existieren vereinzelt nicht unähnliche Denkfiguren, die die Reinheit des Körperlichen idealisieren. Der Unterschied ist, dass die Protagonisten dieser Strömungen ihre Glaubensinhalte eher selten mit dem politischen Kampf gegen eine andere Kultur und Zivilisation vermengen und jedenfalls derzeit eher marginal aggressiv auf die Durchsetzung ihrer Denk- und Fühlweisen bestehen.

Die seit längerem geführte Diskussion in Deutschland, ob der Islam nun zu Deutschland gehöre oder nicht, dürfte auf einer falschen Fragestellung beruhen. Es geht nicht um die Akzeptanz einer Weltreligion, die in einem demokratischen Land, das die Trennung von Staat und Religion kennt, selbstverständlich kein Problem sein dürfte. Hierzulande stört sich niemand an praktizierenden Buddhisten aus Vietnam, an Sikhs aus Indien, an Hindus, die ihren religiösen Gesetzen folgen und auch nicht an Menschen islamischen Glaubens, die die zentralen rechtsstaatlichen Gegebenheiten in unserem Land anerkennen. Es stört sich glücklicherweise auch niemand mehr an orthodoxen Christen, an calvinistischen Gläubigen, an altkatholischen Christen, auch dann nicht, wenn sie nicht der Mehrheit der beiden großen Kirchen angehören. Es geht überhaupt nicht um Minderheiten oder Mehrheiten, sondern es geht darum, dass jedes religiöse Glaubensbekenntnis selbstverständlich und verfassungskonform akzeptiert wird, wenn es sich nicht mit der von unserer Bevölkerung frei gewählten demokratischen staatlichen Ordnung anlegt.

Leider bekämpft der radikale Islamismus aber die staatliche Ordnung Europas und des Westens. Wer in unserem Land, aber nicht nur bei uns, sondern weltweit mit Terror und Krieg, mit Mord und Totschlag einen autoritären

Gottesstaat, beruhend auf der Scharia, einzuführen beabsichtigt, und dies vor dem Hintergrund einer unhinterfragten Totalität ihres Glaubens tut, verwirkt das Recht, als Staatsbürger in unseren europäischen Ländern zu leben. Das ist eigentlich eine Selbstverständlichkeit; aber die Diskussionen in den letzten Jahrzehnten haben gezeigt, dass das keineswegs von allen Mitbürgern so gesehen wird. Der IS (Islamischer Staat), ist nur die radikalste Variante islamistischer Bestrebungen.

Inzwischen gibt es einige Abhandlungen darüber, wie insbesondere das deutsche Schuldgefühl, entstanden nach dem Zweiten Weltkrieg, als das ganze Ausmaß eines maßlosen Verbrechens ans Licht kam und in einer unaussprechlich verheerenden Tötungsmaschinerie Millionen von Juden ermordet wurden, dafür sorgt, dass die Schuld der Vergangenheit den Diskurs der Jetztzeit bestimmt.

Tatsächlich wird nicht selten der Kampf gegen Antisemitismus mit Islamophobie gleichgesetzt. Das ist deshalb besonders verstörend, weil der radikale Islamismus Juden verfolgt, Israel ins Meer werfen will, seine Anhänger es wagen, auf deutschen Straßen israelische Fahnen zu verbrennen und Juden zu attackieren, wo immer dies möglich scheint. Auch deutsche Rechtsradikale sind an diesen Attacken auf Juden beteiligt. Eine Denkweise, die auf einer *Identitätslinke(n) Läuterungsagenda*[32] beruht, verwirrt die derzeitige Diskussion zusätzlich. Linke in Deutschland vertreten mit Recht die Auffassung, dass die nationalistische und antisemitische Einstellung vieler Deutschen zur Hitlerzeit, die unendlich viel Leid über die Welt gebracht hat, zur Gänze und für immer abgelegt werden müsse. Dem kann vorbehaltlos zugestimmt werden. Dann aber folgt eine Reihe von Fehlschlüssen: Fremde Kulturen und Ethnien müssten geschützt werden, gleichgültig, wie feindselig ihre

---

32 Kostner 2019

Religion und ihr politisch-kulturelles Glaubensbekenntnis sich gegenüber einer endlich stabilen Demokratie in unserem Land verhalten. Denn wir trügen ja die Schuld an den Aggressionen. Islamisten, trotz Terror, Mord und Totschlag weltweit, werden in Deutschland in Schutz genommen, weil und nur weil sie einer fremden Ethnie angehören. Ohnehin trügen wir, als ehemalige Kolonisatoren, die Schuld an dem unglücklichen Bewusstsein der uns angreifenden Menschen. So hat schon Al-Banna, der Gründer der Muslimbrüder in Ägypten, argumentiert. Dass Muslimbrüder weltweit auch die eigenen Staaten in Richtung Intoleranz, Instabilität, wirtschaftlichen und politischen Niedergang treiben, wird nicht gesehen. Dies ist auf die von Bassam Tibi immer wieder konstatierte Unkenntnis und Unbildung der so Argumentierenden zurückzuführen. Auch die von Ruud Koopmans zusammengestellten Statistiken sprechen eine eindeutige Sprache.[33] Wer noch genauer wissen möchte, welche Glaubensinhalte individuelle Islamisten umtreiben und welche unglücklichen Folgen diese haben, schaue bei Kamel Daoud nach.[34]

Eine der beliebtesten Denk- und Sprachfiguren von Unkundigen der Geschichte des Islam lautet in Deutschland: *Islamisten haben nichts mit dem Islam zu tun*. Dieses Mantra dürfte die Einflugschneise für Ideologien sein, die jedenfalls nichts mit Aufklärung zu tun haben. Politiker fast aller Parteien in Deutschland folgen bedauerlicherweise zu oft dem vermeintlichen Mainstream. Aus Angst, Mehrheiten aufgrund möglicher Verstöße gegen angeblich moralisch formulierte Standards zu verlieren, wird eilig zugestimmt, werden angeblich unpopuläre und unbeliebte Maßnahmen versäumt. Auch Medien haben hier einen großen Anteil. Über sie verbreiten sich bekanntlich schnell Shitstorms

---

33 Koopmans 2010
34 Daoud 2020

gegen angebliche politische Entgleisungen, die den Islam und Muslime diskriminieren könnten. So werden Meinungen, schnelle Vermutungen und Urteile Einzelner zu Auffassungen von Mehrheiten aufgeblasen.[35]

Vermeintlich lässt sich gegen diese in den Medien verbreiteten Halbwahrheiten und Dummheiten wenig tun. Politiker werden deshalb immer kleinlauter. Landauf landab erhalten Fragestellungen ein Framing, das kaum eine andere Antwort erlaubt, als die, *auf der moralisch guten Seite zu stehen*, deren Kern angeblich die Achtung vor Menschen fremder Kulturen ist. Von einem diesbezüglich breiten Konsens *der Menschen in unserem Land* wird ausgegangen, auch, wenn dieser bisher nicht exakt untersucht wurde. Dass diese Denkweise die seltsamsten Blüten treibt, könnte man an endlosen Beispielen aufzeigen. Mit Recht (und einer gewissen Empörung) fragt Bassam Tibi: Kennt keiner mehr die Unterscheidung Max Webers zwischen *Gesinnungs- und Verantwortungsethik?* [36] Ihm ist zuzustimmen: Zum Verzweifeln ist, wie hierzulande die Diskussion oft verläuft. Während der Islamismus dabei ist, die Grundlagen demokratischer Staaten aushöhlen und zerstören zu wollen, sagen hierzulande unsere ausgewiesenen deutschen Gutmenschen, *dies sei halt deren kulturelle Besonderheit*, die es zu achten gelte.

Bassam Tibi, Ahmad Mansour sind Mahner, die nicht müde werden, vor Islamismus zu warnen; Necla Kelek, Seyran Ates, Aayan Hirsi Ali und die vielen Frauen, die am

---

35 Der Arte-Film *Afghanistan-Das verwundete Land*, fand in weiten Teilen der interessierten und der intellektuellen Bevölkerung große Zustimmung. Dennoch: ein Recherche-Fehler oder typische Naivität? Hekmatyar, in der Beurteilung von Kennern Afghanistans als Massenmörder und skrupelloser Mudjahed beschrieben, wird in der Dokumentation als freundlicher Beobachter und kenntnisreicher Erzähler der Weltgeschichte geschildert, der mit der Zerstörung Kabuls und weiterer Städte nichts zu tun hatte. Vgl. oben und Brechna 2005, S. 343 ff

36 Dazu Max Weber 1919/ 20

eigenen Leib erfahren, wie ihnen nicht nur von bekannten Terroristen, sondern von ganz normalen Bürgern unseres Landes, nämlich von Islamisten mit europäischen Pässen, im Namen der Scharia mit Ermordung gedroht wird, warnen seit Jahren vor der Gleichgültigkeit und Bequemlichkeit deutscher Mitbürger.[37] Vorläufig scheinen die Mahnungen eingewanderter Muslime, die weitaus besser islamistische Umtriebe und die durch sie gefährdete demokratische Grundordnung kennen und beurteilen können als hier aufgewachsene naive Deutsche, die von Ideologien besessen zu sein scheinen, kaum Wirkung zu zeigen. Meist sind nämlich sie oder ihre Eltern vor Islamisten geflohen. Abdel-Samad ist deshalb aus der Islam- Konferenz, in der keine liberalen Muslime mehr eingeladen werden, ausgetreten.[38]

Viele Linke und nach wie vor zahlreich Grüne in Deutschland regredieren offensichtlich weiterhin auf ein Vorgestern, das sie daran hindert, das Heute klar zu sehen. Dass sie felsenfest davon überzeugt sind, auf der moralisch guten Seite zu stehen, macht die Auseinandersetzung mit ihnen nicht leichter.

Man müsste nicht diskutieren, ob der Islam zu Deutschland gehört oder nicht. Sondern es geht einzig und allein darum, ob eine autoritäre Variante des Islam, beruhend auf der weltweit ihr Unwesen betreibenden ägyptischen Muslimbruderschaft und anderen islamistischen Organisationen, ob radikal-islamistische Gotteskrieger also, die sich anmaßen, unser Rechtssystem zu zerstören, zugunsten der Einführung der Scharia, mit welchen Tricks auch immer, hier geduldet werden können oder nicht. Die Antwort muss einfach heißen: Nein, der radikal-islamistische Terror wird nicht geduldet, in keiner Form. Er versucht

---

37 Vgl. im Literaturverzeichnis die Publikationen der genannten Autorinnen und Autoren.
38 Hamed Abdel-Samads Austritt aus der Islamkonferenz, https://www.deutschlandfunkkultur,de-muslime-

nicht nur, die Demokratie in unserem Land zu zerstören, sondern seit langem auch ihre eigenen Herkunftsgesellschaften an einer Weiterentwicklung zu hindern, wie der Soziologe Ruud Koopmans, Professor an der Humboldt Universität zu Berlin, empirisch überzeugend nachweist.[39] Auch für Afghanistan trifft dies spätestens ab den späten siebziger Jahren zu (s.o.).

Dass die islamistischen Krieger nicht nur den Westen, sondern insbesondere auch ihre islamischen Brüder und Schwestern töten und angreifen, wurde erneut am 4. März 2022 an dem in Pakistan verübten Selbstmordattentat in einer pakistanischen schiitischen Moschee deutlich: 100 Tote, über 200 Verletzte. Täter waren sunnitische Taliban aus Pakistan oder die dort sich ungehindert weiter ausbreitende Al-Qaida. Auch in Afghanistan gab es einen Anschlag auf eine schiitische Moschee während des Freitagsgebets, treu der islamistischen Devise, dass auch geringe religiöse Abweichungen ein Grund zu Mord und Totschlag sind. Neuerdings, am 29.April 2022, wurden erneut Terroranschläge auf Moscheen aus Kabul und anderen Städten Afghanistans berichtet. Alles *kulturelle Besonderheiten*? Die mir bekannten afghanischen Einwanderer haben dazu eine völlig andere Auffassung. Sie sind vor diesen von deutschen Gutmenschen so bezeichneten *kulturellen Besonderheiten* geflohen: Unter Zurücklassung all dessen, was ihnen in ihrer Heimat lieb und teuer war. Es ist anzunehmen, dass auch der Anschlag auf eine Jungenschule im Westen von Kabul am 19.April, wo mehrheitlich schiitische Hazara leben, wiederum entweder auf das Konto pakistanischer Taliban, auf das der Al-Qaida oder des IS (Islamischer Staat) gehen. Ein großer Unterschied in der Bereitschaft, religiösen Fanatismus in Terror münden zu lassen, besteht zwischen den genannten islamistischen Gruppen nicht. Schüler kamen

---

39 Vgl. ausführlich in Koopmans 2010

um ihr Leben, viele wurden verletzt. Hazara gehören seit Jahrhunderten zu den Verfolgten, obgleich sie Moslems sind.

Kulturelle Besonderheiten von Islamisten führen nachweislich zu Frauenunterdrückung, Prügel für ungehorsame Frauen oder gar Tötung bei Nichtbefolgung angeblich gottgewollter Lebensführung. Das alles gehört nicht zu Deutschland. Allerdings auch nicht die rechtsradikalen Phantasien von *Umvolkung, Austausch der Bevölkerung* und ähnlich krude Ideen.

Auch für Koopmanns ist die Frage, ob der Islam zu Deutschland gehöre, offensichtlich die falsche Frage. Es komme darauf an, welche Gesellschaftsordnung die unsere ist bzw. sein soll und ob es uns gelingt, Einwanderung oder Integration von Flüchtlingen so zu organisieren, dass der Staat bzw. die Gesellschaft bzw. das Gemeinwesen stabil bleibt. Tibi plädiert – das scheint die einzige Lösung zu sein – für eine konsequente Förderung eines Euro-Islam, der die Kompatibilität demokratischer Grundrechte des Individuums mit dem Islam, der diese nicht kennt, zu verbinden in der Lage ist. Eine Trennung von Religion und Politik ist die Voraussetzung: Rechtsstaatlichkeit einschließlich des individuellen Rechts auf Religionsfreiheit sei so zu erreichen. Dazu gehöre dann selbstverständlich, die Religionen anderer Menschen zu respektieren und sich ihnen nicht überlegen zu fühlen.

Bewusst ist Flüchtenden aus in Schutt und Asche gelegten Ländern eher nicht, dass sie eine Flucht aus dem *verfallenen Haus des Islam* (Koopmans) in die stabilen Demokratien Europas angetreten haben. Bewusst scheint lediglich die Angst vor Tod und Sterben durch Verfolgung, Ermordung, Krieg und Gewalt und die Sorge um den Unterhalt ihrer Familien, vor Armut, Hunger und Perspektivlosigkeit zu sein. Religiös gewollte Unwissenheit, Mangel an

Aufklärung und Bildung, insbesondere der Frauen, hat großen Teilen der Bevölkerung z.B. Afghanistans kaum die Möglichkeit gegeben, in politischen Kategorien selbstständig zu denken.

Im Hintergrund geostrategischer Kämpfe findet derweil eine andere, eine übergeordnete Strategie der islamistisch regierten Länder statt. Die aufnehmenden Länder, auch Deutschland, werden überschwemmt mit Milliardensummen für Investitionen in Schulen, Moscheen, Ausbildung von Imamen, die die Auswandernden oder aus ihren Heimatländern Geflohenen auch in ihrem neuen Land weiter im Griff haben sollen. Wenn erst einmal die Diaspora der Islam-Gläubigen islamisiert seien, sollen deutsche Staatsbürger gleich mit missioniert werden. Man sollte sich nichts vormachen: Der Islam ist eine missionierende *erhabene* (Rita Breuer) Religion, die sich allen anderen Religionen haushoch überlegen fühlt. Sie wird nach eigenen Verlautbarungen ihre Mission nicht beenden, bevor die *Umma,* die weltweite Gemeinschaft der Muslime, weltweit gesiegt hat. Der Islamismus hat einen langen Atem: Im Orient hat es viele Jahrhunderte gedauert, bis Juden und Christen weitgehend verschwunden sind.

Der Terror, wortwörtlich der Schrecken, erreicht sein Ziel, wenn und nur wenn die Bedrohten Angst haben und nachgeben. Der Roman Michel Houellebecqs mit dem Titel *Soumission* (Unterwerfung) beschreibt nur eine Möglichkeit der politischen Unterwerfung von ratlosen Demokraten in Europa, aber eine, die nicht so unwahrscheinlich ist, wie manche Kritiker glauben.[40]

Einer der zweifelhaften Erfolge für die in der islamischen Diaspora in Deutschland grassierenden Verschwörungstheorien um die Corona-Pandemie ist zu beobachten: Es gibt tatsächlich zu uns eingewanderte Menschen

---

40 Houellebecq 2015

islamischen Glaubens, welche meinen, die Deutschen (wahlweise *Der Westen* oder *Die Europäer*) seien dabei, die islamische Population mittels einer Impfung gegen Covid 19 wenn nicht töten, so doch zumindest unfruchtbar machen zu wollen.[41]

Eine gute Nachricht wurde oben schon zitiert: Religiöser Fundamentalismus ist Afghanen traditionell fremd, so Martin Baraki.[42] Elemente aus anderen Religionen und Stammessitten mildern bis heute den dortigen Islam. Afghanische Frauen sind häufig tiefgläubige Muslima, aber ganz und gar nicht fanatisch. Es ist zu hoffen, dass dies so bleiben kann.

6. Rechtsstaat versus Scharia

Persönlich ist mir kein einziger Afghane bekannt, der die Einführung der Scharia in Deutschland fordern oder begrüßen würde. Afghanen, die nach Deutschland geflohen sind, haben nach eigenem Bekunden erlebt, wie sie durch die Taliban, Anhänger strenger Scharia Regeln, verfolgt, gefoltert und bedroht wurden.

Aber meine Gesprächspartner bilden selbstverständlich ein zu geringes Sample als dass ihre Auffassungen zu weitausholenden Verallgemeinerungen berechtigen würden. Es ist nicht ganz auszuschließen, dass unter dem Einfluss von Freunden die Gruppe derer größer wird, die nach längerer Zeit der Eingewöhnung und einer vielleicht stattgefundenen Enttäuschung über eine Nicht-Integration in Deutschland Wünsche auftauchen, einen festen Halt in einer islamistisch geprägten Kulturgruppe zu suchen. Häufiger scheint aber zu sein, dass eingewanderte Islamisten

---

41 Dies erzählte mir während einer Taxifahrt in Berlin ein aus dem Iran stammender Deutscher, der über die grassierenden Verschwörungstheorien seiner Freunde und Nachbarn sehr bekümmert war.
42 Baraki 2002

von Beginn an planen, einen Umsturz in Europa mittels einer langsamen Einflussnahme herbeizuführen, wozu die kulturelle Akzeptanz zunächst von Teilen der zur Scharia gehörenden Ordnung im Alltag gehören kann. Beispiele sollen dies weiter unten zeigen.

Bassam Tibi unterscheidet derzeit drei Hauptströmungen innerhalb des Islam: einen „Volksislam", einen „Scharia-Islam" und einen „Euro- Islam"[43].

Der Volksislam sei apolitisch und räume seinen Anhängern gewisse Freiheiten ein, weil er flexibel und nicht dogmatisch schriftgläubig sei.

Nach meinen Erfahrungen mit in den Süden von München eingewanderten Afghanen weisen demnach die meisten von ihnen einen von Tibi so genannten Volksislam auf. Mein langjähriger Dolmetscher, Paschtune, riet seiner Ehefrau, ihre Haare offen zu tragen. Er gab unter anderem einer unserer sehr strengen muslimischen Gesprächspartnerinnen den Rat, einer notwendigen Massage zur Linderung ihrer Schmerzen zuzustimmen, auch dann, wenn sie leider nur von einem Mann durchgeführt werden könne. Schließlich sei sie ja krank. Er feiert das afghanische Neujahrsfest, das auf zoroastrische Traditionen zurückgeht und reagiert im Übrigen sehr tolerant und gutmütig auf viele z.B. in meinen Augen merkwürdige Reaktionen mancher Helfer. Er scheint mir geradezu ein Musterbeispiel für einen Anhänger eines weitgehend toleranten Volksislam zu sein.

Der Scharia-Islam hingegen, so Tibi, stehe eindeutig in Widerspruch zu den Menschenrechten. Er werde gleichermaßen von orthodoxen Muslimen wie auch von Islamisten vertreten. Von ihnen würden sowohl individuelle Glaubensfreiheit wie auch andere Grundrechte abgelehnt. Das Gefährliche sei, dass sowohl

---

43 Tibi 2018, S. 337 f.

> „... die Ulema, also die traditionellen Schriftgelehrten, als auch die Fundamentalisten unter Berufung auf ihn vereint versuchen, die Islam-Diaspora nach ihren Vorstellungen zu gestalten."[44]

Der Unterschied zwischen den beiden Varianten des Islam sei, so Tibi, dass die orthodoxen Muslime nicht für einen Gottesstaat einträten, der politische Islam, also die Islamisten, aber sehr wohl. Beide seien sich

> „... einig in der Ablehnung der Integration in eine pluralistische Gesellschaft säkularer Demokratie, weil beide darin eine maskierte Christianisierung der Islam- Diaspora sehen, deutlicher formuliert: Eine Verschwörung der Kreuzzügler gegen den Islam."[45]

Die Scharia ist für ihre Anhänger das von Gott persönlich gegebene Gesetz menschlichen Zusammenlebens; Nach Auffassung der Gläubigen des Islam gibt es weder die Erlaubnis noch die Notwendigkeit, göttliche Texte zu ändern oder neue Gesetze zu erlassen:

> „Die größte Hürde, die sich Muslime selbst errichten, ist ihr Glaube daran, dass islamisches Recht eine lex divina (heiliges Recht) sei; es sei von Allah offenbart und dürfe deshalb weder historisch begriffen noch verändert werden; es gelte nach dem islamischen Wertverständnis für alle Zeiten und für die ganze Menschheit ewig".

Das sei aber, so Tibi weiter, ein Irrtum, denn:

> „Wir haben ... gesehen, dass die Scharia als Rechtssystem von den Menschen konstruiert ist und damit nicht von Allah stammt; sie ist eine postkoranische Konstruktion, die die Menschen kontrolliert, um sie einem angeblich göttlichen Willen unterzuordnen."[46]

---

44 Tibi 2018, S. 335 ff.
45 Ebenda, S. 338
46 Tibi 2018, S.335. Es ist im gegebenen Rahmen nicht möglich, Tibis reichem Wissen über den Islam, dessen Auswirkungen auf Europa und den damit zusammenhängenden Flüchtlingsproblemen auch nur annähernd gerecht zu werden. Dazu ist das ausführliche Studium der Publikationen Tibis notwendig. Insbesondere können hier die dringenden Appelle Tibis zur Erklärung des islamistischen Antisemitismus nicht behandelt werden. Die desbezügliche Debatte in Deutschland

Ein Kompromiss scheint nicht möglich, eine Einigung ausgeschlossen. Versuche, zum Beispiel in Großbritannien, einige Bestimmungen etwa zum Familienrecht gemäß der Scharia zu tolerieren, sind wenig ermutigend. Wieviel religiöse islamische Schiedsgerichte es in Großbritannien gibt, kann offenbar derzeit nicht einmal gezählt werden. In Deutschland sind islamische Schiedsgerichte verboten.

Dem deutschen Rechtsstaat begegnen afghanische Flüchtlinge nach ihrer Ankunft zunächst in der Gestalt des BAMF (Bundesamt für Migration und Flüchtlinge). Dort erleben sie – im günstigen Fall – neutrale Beamte, die keine Bestechungsgelder nehmen, also gegen Korruption gefeit sind, mit gleichbleibender Aufmerksamkeit ihre Arbeit verrichten, in ihren Augen die jeweils bestmögliche Entscheidung treffen. Ajmals Schilderung einer in seinen Augen ungerechten Beamtin zeigt allerdings, dass die dort Beschäftigten auch nur Menschen sind, die oft individuellen Vorlieben und Bevorzugungen folgen, welche ihnen selbst nicht einmal bewusst sein müssen. Auch die bestmögliche Rechtsnorm kann immer nur so gut sein wie die Menschen, die sie vertreten. Und da hapert es an vielen Stellen, wie Ajmal erleben musste und dementsprechend enttäuscht war.

Dies war aber kein Grund für ihn, den Rechtsstaat abzulehnen.

Ajmal war nämlich sehr froh, dass ihm mit Hilfe eines Rechtsanwaltes Einspruch gegen die ersten Entscheidungen des BAMF zustand und die Verhandlungen vor Gericht und einem unabhängigen Richter schließlich zu seiner Aufenthaltserlaubnis führten. Unabhängige Gerichte sind demokratische Errungenschaften, die er und andere Einwan-

---

wird zu Recht von Tibi scharf kritisiert; es ist unverständlich, wieso seine Arbeiten hierzulande nicht ausreichend rezipiert werden.

derer inzwischen sehr schätzen und auch gerne bei Bedarf ausgiebigen Gebrauch davon machen.

Grundlage der deutschen Demokratie ist bekanntlich die Verfassung oder das Grundgesetz. Zu den Prinzipien der Demokratie gehört die Gewaltenteilung. Diese umfasst die legislative (gesetzgebende), exekutive (ausführende bzw. vollziehende) und judikative (Recht sprechende) Gewalt. Alle sind unabhängig voneinander und sollen sich idealiter gegenseitig kontrollieren. Die dazu gehörenden Institutionen sind für die legislative Gewalt der Bundestag (Parlament), die exekutive Gewalt wird von der Regierung ausgeübt und die judikative Gewalt von Bundes -und Landesgerichten.

Ohne meine Leser langweilen zu wollen mit weiteren Ausführungen zu bekannten Institutionen: Auf den ersten Blick wird deutlich, dass eine so funktionierende staatliche Organisation eine fundamental andere Ordnung darstellt als die in islamisch regierten Staaten institutionalisierte Scharia oder auch die informellen Gesetze, die in einem Clan, einem Stamm, einer Ethnie herrschen. Zentral in einer demokratischen Gesellschaft ist der Schutz des Individuums gegen die eventuelle Übermacht des Staates. Idealiter ist damit einem möglichen Missbrauch staatlicher Gewalt ein Riegel vorgeschoben. Dazu dient die Gewaltenteilung, dazu dient die Meinungsfreiheit. In mehrheitlich islamisch regierten Ländern ist ein solcher Schutz des Individuums völlig unbekannt. Allerdings ist dies auch in anderen, nicht islamisch regierten Autokratien wie in Russland oder China der Fall. Der Schutz der Individuen gegen den Staat ist das Alleinstellungsmerkmal demokratischer Staaten.

Afghanen leben in ihrer Mehrheit staatsfern, stehen dieser Art moderner Organisation von Gemeinschaftsleben skeptisch gegenüber. Die USA und ihre Verbündeten haben versucht, nach 2001 eine annähernd demokratische Rechtsordnung eines zentral regierten Staates einzuführen. Das, so meint etwa Michael Wolffsohn, war ein Irrtum, weil ein Land wie Afghanistan besser eine föderale Ordnung erhalten hätte. Selbstverständlich meint er damit nicht, dass eine demokratische Ordnung nicht zu Afghanistan passen würde, sondern eine an die vielen unterschiedlichen Ethnien, Sprachen und Sitten angepasste demokratisch-föderale Organisation.

Auch der Sieg der Taliban am 15. August 2021 gegen den Westen und die mit diesem verbündete afghanische Zentralregierung zeigt, dass die USA mit ihrer Absicht, ein zentrales Regime zu installieren, nicht zufällig gescheitert sind: Eine nationalstaatliche Einigung unter einer Zentralregierung ist für ein in viele unterschiedliche ethnische Gruppierungen und mehrere Sprachen geteiltes Land weniger geeignet; auch die religiöse Spaltung verhinderte eine gewünschte Einheit. Nicht zuletzt deshalb konnte derzeit erneut die Gewalt und mit ihr die Einführung der Scharia siegen. Ein föderales demokratisches System oder eine Wiedereinsetzung des bis zum Jahr 1973 amtierenden früheren König Schaher Zah als konstitutioneller Herrscher über eine Vielzahl föderaler Länder mit zum Teil autonomer Sprach- und Wirtschaftspolitik wäre vermutlich eine der afghanischen Kultur adäquatere Lösung gewesen.

In demokratisch verfassten Staaten gibt es außer der Trennung von Staat und Religion auch die gesetzlich garantierte Meinungsfreiheit. Das heißt: Jeder individuelle Einwohner eines demokratisch verfassten Staates hat das Recht, sowohl seine Religion frei auszuüben als auch seine Meinung frei zu äußern, selbstverständlich auch dann, wenn sie von einer der veröffentlichten Meinungen oder der Meinung der regierenden Parteien und der Regierung abweicht. Für die Äußerung der Nichtübereinstimmung gibt es überdies das Demonstrationsrecht, das ausdrücklich von der exekutiven Gewalt das Staates und deren Institutionen, zum Beispiel der Polizei, geschützt wird. Das heißt nicht, dass jeder/ jede sagen kann, was sie oder er will, sondern nicht erlaubt sind Beleidigungen, Verleumdungen, falsche Beschuldigungen, Verstöße gegen die verfassungsrechtlichen Grundlagen. Für die Ahndung dieser Handlungen ist wiederum das Strafrecht oder das zivile Recht zuständig.

Meinungsfreiheit weckt in manchen Menschen allerdings den Eindruck einer unübersichtlichen Kakophonie von Auffassungen, die nur Verwirrung stifte. Dies scheint einer der Gründe zu sein, die extrem rechte und extrem linke Politiker mittels einfacher Wahrheiten zu erfolgreichen Verführerinnen und Verführern verunsicherter Bürger macht.

Es gibt islamisch regierte Staaten, die bereits Reformen, zum Beispiel bezüglich der Beteiligung der Frauen am Arbeitsprozess, durchgeführt haben. In Tunesien zum Beispiel arbeiten (fast) alle Frauen. Das zeigt, dass Frauen in islamischen Ländern durchaus das Recht haben können, zu arbeiten und sich damit langsam aus der Vorherrschaft ihrer Männer zu befreien. Nicht zufällig gilt deshalb Tunesien als die einzige Demokratie in Afrika. In Afghanistan gab es solche in Richtung größerer Freiheiten für Frauen und demokratischer Rechte für Alle in die Zukunft weisenden Reformen durchaus, aber immer nur für ein paar Jahre, je nach amtierender Regierung.

Weite Teile der Bevölkerung Afghanistans sahen jedoch in Reformversuchen auch den Beginn einer Zerstörung ihrer tradierten Lebensführung. Der Staat blieb in ländlichen Gebieten eine ferne Macht, oft als nicht-afghanisch erlebt, der eigenen Lebenswirklichkeit fremd; insbesondere in den manchmal weit ab liegenden oder sogar im Winter völlig abgeschlossenen Dörfern war und ist dies der

Fall. Stamm, Clan, Großfamilie und Religion waren und sind immer noch in weiten Teilen der Bevölkerung die bestimmenden Mächte in ihrer Nähe, waren und sind besser greifbar, erlebbarer.

In Deutschland und Europa gibt es inzwischen, vor allem von Einwanderern aus islamisch regierten Ländern, vorsichtige Versuche, einen Euro-Islam zu entwickeln. Dieser soll vor allem die Aufgabe erfüllen, mit den oben beschriebenen demokratischen Grundsätzen vereinbar zu sein. Theoretisch begründet dies am fundiertesten Bassam Tibi. Die Juristin, Imamin und Autorin Seyran Ates hat in Berlin eine Moschee gegründet, in welchen Frauen nicht mehr von Männern getrennt auf hintere Plätze verwiesen werden und in welchen sie religiöse Ämter einnehmen dürfen.[47]. Sie hat versucht, ein euroislamisches Experiment in die Praxis umzusetzen. Allerdings muss Frau Ates von institutionalisierten Kräften des deutschen Staates geschützt werden, weil sie Morddrohungen islamistischer Gewalttäter ausgesetzt ist.

Ahmed Mansour, deutscher Psychologe aus Berlin, geboren als Palästinenser in Israel, hat mehrere Bücher verfasst, die für die Integration von Muslimen in rechtsstaatlich verfasste europäische Länder werben und den Euro-Islam befürworten.[48] Navid Kermani hat sich mit der christlichen Tradition beschäftigt und – wen wundert es – zahlreiche Ähnlichkeiten zwischen Islam und Christentum festgestellt.[49] Diese Autoren sind keine Afghanen, sondern kommen aus Syrien, der Türkei, Israel und dem Iran, doch sie sind Muslime und gehören der weltumspannenden *Umma*, der Gemeinschaft aller Muslime an. Von ihnen sollten wir die Geschichte des Islam und die Inhalte ihres

---

47 Ates 2017
48 Mansour 2015, 2018, 2022
49 Kermani 2020

Glaubens kennen lernen. Es ist immer wieder erstaunlich, dass deutsche Gutmenschen zwar Islamisten schützen möchten vor vermeintlich islamophoben Diskriminierungen, die tatsächlich hilfreichen islamischen Einwanderer aber nicht selten als *islamophob* oder er *rechts* diffamieren. Wo bleibt da eine einigermaßen nachvollziehbare Logik?

Nicht-Araber, wenngleich Muslime, also zum Beispiel Perser, Türken und die Einwohner Khorasans, deren Nachkommen im weitesten Sinne die heutigen Afghanen sind, gehörten, wie Tibi schreibt, in etlichen Kriegen zum *Fußvolk* der Nicht-Araber[50]. Wer die Arroganz mancher Araber in ihren Ländern, etwa in Dubai oder, noch vor dem Krieg, in Syrien erlebt hat, hat keine Schwierigkeiten zu vermuten, dass diese Arroganz mancher Einwanderer auch nach Europa mitgebracht worden ist so wie, dass islamische Nicht-Araber in Europa nicht als mit Arabern islamischen Glaubens gleichberechtigt angesehen werden. Noch weniger angesehen werden christliche Europäer von manchen muslimischen Einwanderern, die die Zugehörigkeit zum Islam zum Maßstab von Anerkennung machen. Die meisten Europäer sind in den Augen von Islamisten oder traditionellen Muslimen, weil nicht Mitglieder der *Umma*, der weltumspannenden Gemeinschaft aller Muslime, deshalb Ungläubige. Von orthodoxen Muslimen sind die Gläubigen der Buchreligionen, also Juden und Christen, zwar keine Ungläubigen. Aber für Islamisten werden auch die Buchgläubigen zu Ungläubigen. Das haben Bassam Tibi und auch die deutsche Islamwissenschaftlerin Rita Breuer in aller Deutlichkeit dargestellt.[51]

Der Superioritätsanspruch vieler Muslime wird von Europäern interessanterweise gar nicht wahrgenommen. Es kann wohl nicht sein, was nicht sein darf. Man muss sich

---

50 Tibi 2018
51 Tibi 2018, Breuer 2020

nur anhören, wie muslimische Türken zum Beispiel in der Münchner S-Bahn über die deutschen Schlappschwänze spotten. Gemeint sind damit deutsche Männer, die ihre Frauen *nicht im Griff* haben. Auf höherem Niveau wird die Überlegenheit von Muslimen mit dem Besitz des in arabischer Sprache offenbarten Heiligen Koran begründet, den Juden und Christen, wenngleich auch Buchreligionen, nicht besitzen. Außerdem ist ein Gott, der die Schmach des Todes am Kreuz auf sich genommen hat, Muslimen in der Regel völlig unverständlich. Etwas genauer betrachtet, glauben manche Muslime, die Jesus als einen ihrer Propheten anerkennen, dass nicht Jesus selbst am Kreuz gestorben ist, sondern ein Ersatzmann; Gott habe Jesus im letzten Moment vor dem Kreuzestot gerettet. Also ist die Anbetung des am Kreuz Gestorbenen durch Christen falsch, das Christentum also insgesamt eine Fälschung.

Bassam Tibi hat Recht: Die *Völkerwanderung* aus islamischen Ländern nach Europa soll auch der Eroberung Europas dienen. Aus dem *verfallenen Haus des Islam (Koopmans)*, für dessen wirtschaftliches Elend immer wieder die ehemaligen Kolonisatoren verantwortlich gemacht werden, strömen Millionen Muslime in die ehemals überlegenen, jetzt aber zivilisatorisch angeblich schwächelnden Länder, um sie zu besitzen und damit die *Umma*, die Gemeinschaft aller Muslime, zum weltweiten Sieg zu führen. Nichts spricht dafür, dass Europäer in ihren angestammten Ländern im Falle eines Sieges islamistischer Muslime gleichberechtigt behandelt werden würden. Bedauerlich ist, dass die meisten Europäer nicht in der Lage sind, auf die Mahnungen von in der islamischen Theorie und Praxis bewanderten Muslime zu hören.

Ein Beispiel für die langsam beginnende Gegenreaktion zum durchschnittlich von Deutschen erwartbaren naiven Glauben an die *zu akzeptierenden Sitten kulturell unterschiedlicher Einwanderer* ist jener Fall eines syrischen Arztes, der bei der Übergabe seiner Einbürgerungsurkunde der Beamtin, die die Übergabe vollziehen wollte, den Handschlag verweigerte. Das sieht auf den ersten Blick nicht besonders verdächtig aus. Der betreffende Arzt, dem die deutsche Staatsbürgerschaft aus diesem Grund zunächst einmal verweigert wurde, klagte auf Durchsetzung seines Rechts auf die deutsche Staatsbürgerschaft. Er erklärte, er habe den Handschlag verweigert, weil er seiner Frau versprochen habe, niemals die Hand einer fremden Frau zu berühren. Das wurde in der Folge von den Gerichten sorgfältig geprüft und schließlich als nicht stimmig befunden. Hinter seiner Verweigerung und der sich daran anschließenden Klage steht vermutlich eine der nicht ungewöhnlichen Praktiken einiger Eingewanderter, Naivität und Unwissenheit der Deutschen auszunutzen für zukünftige subversive, in seinem Fall vermutlich salafistische islamistische Arbeit. Denn die Weigerung des Handgebens, Scharia gerecht, kann eine Einflugschneise für islamistische Sitten hierzulande sein. Falls sie gerichtlich als korrekt und mit dem deutschen Recht vereinbar durchgesetzt worden wäre, wäre ein Meilenstein einer gesetzlichen Durchsetzung Scharia gerechter Sitten hierzulande aktenkundig und erreicht worden.

Im Falle des Arztes wurde nach sorgfältiger Prüfung durch die Gerichte offenbar, dass seine Ehefrau, in Deutschland geborene Tochter syrischer Eltern, welche sie als „nicht religiös" bezeichnete, sich bereits als Jugendliche der Gruppe der islamistischen Salafisten angeschlossen, das Kopftuch angelegt und seitdem einen zwischengeschlechtlichen Handschlag als verboten betrachtet habe. Das Gericht stellte die Frage, ob durch eine gerichtliche Durchsetzung der Verweigerung eines Handschlags eines Mannes gegenüber einer Frau zum einen diese Sitte in

Deutschland gesellschaftsfähig gemacht werden sollte; ob zum anderen die Ablehnung der ausgestreckten Hand einer weiblichen Amtsperson der Herkunftsgesellschaft im Wortsinn die Ablehnung dieser Gesellschaft als Ganze bedeute: Nicht nur die Diskriminierung aufgrund der implizierten Sexualisierung ihrer Person, sondern auch die Ablehnung der Gesellschaft, für die sie stehe. Die Prüfung des Falls und seiner Hintergründe ist noch nicht abgeschlossen.

Dem Arzt ist nichts passiert: Er kann weiter in Deutschland als Arzt praktizieren, aber die deutsche Staatsbürgerschaft erhält er wohl nicht.[52]

Auf die Überzeugung, man könne auf die schon vor 170 Jahren von Balzac geschilderte deutsche Gutmütigkeit und Naivität, ja, geradezu auch *Tölpelhaftigkeit* von Polizisten und Politikern vertrauen, die Deutschen würden Verständnis für psychisch Kranke haben, setzte vermutlich auch jener Mann, der in einem Zug mit Messern auf Mitfahrende einstach und dabei gerufen haben soll: *Ich bin krank! Ich brauche Hilfe!* Auch dieser Fall wird derzeit noch genauer untersucht, aber es verdichten sich die Hinweise, dass auch dieser Gewaltakt eine islamistische Straftat war. Psychiater wissen, dass an Schizophrenie Erkrankte nicht in der Lage sind, ihre Erkrankung einzusehen und damit selbst eher keine Diagnose stellen oder nach Hilfe rufen, sondern im Gegenteil von Ihren Wahnbildern überzeugt sind und deshalb nicht wissen, dass sie krank sind; rechtzeitig haben Psychiater deshalb Zweifel an der vermutlich vorgespielten Unzurechnungsfähigkeit des Täters geäußert. Auch hier laufen weitere Ermittlungen. Kürzlich war den Medien zu entnehmen, dass auch in diesem Fall ein

---

52 https://erbw.juris.de/egibin/laender_rechtssprechung/document.py?Gericht=bw&nr=32523

islamistischer Hintergrund der Messerattacken als Auslöser anzunehmen ist.[53]

Kurz: Die Mahnungen von Necla Kelec, Seyran Ates, Ayaan Hirsi Ali, die Weckrufe Bassam Tibis, Ahmad Mansours und aller Kenner der islamischen Geschichte und Religion, aufmerksamer auf islamistische Angriffe gegen die demokratisch-liberale Gesellschaft Europas zu schauen, scheinen ganz allmählich gehört zu werden.

Nicht berücksichtigt ist bisher, dass China längst ante portas steht. China ist vielleicht mächtiger als alle derzeitigen islamischen Länder zusammen. Aus dem *verfallenen Haus des Islam* (Koopmans) kann möglicherweise auch die stärkste Völkerwanderung nicht mehr helfen, die still und heimlich Europa übernehmenden Chinesen aufzuhalten. Aber Völkerwanderungen sind ebenso wenig vorhersehbar wie Kriege und Ablösungen ganzer Kulturen durch eine andere. Die Resultate der seit der Entstehung der Menschheit stattfindenden Völkerwanderungen noch weniger.

Der aufmerksame Blick in die Gegenwart lehrt: Vorläufig sollten Europa und Deutschland im Rahmen des Rechtsstaates alle Kräfte unterstützen, die einen Euro-Islam favorisieren und verhindern, dass die Scharia hierzulande an Boden gewinnt. Wünschenswert wäre, dass die Bevölkerung in Deutschland engagierter und vor allen Dingen aufgeklärter an einem solchen Erfolg mitwirken würde als dies bisher geschieht.

Wie mehrfach betont: Afghanen ist islamistischer Fundamentalismus traditionell fremd. Die meisten Afghanen und Afghaninnen in Deutschland sind selbst vor der Gewalttätigkeit der Taliban und vor der Grausamkeit einer archaischen Stammeskultur geflohen. Die nach Deutschland geflohenen Opfer sind froh, hier eine Kultur vorzufinden, die sie zumindest in Sicherheit leben lässt. Nicht die

---

53 https://www.infranken.de

Scharia, in deren Rahmen Frauen festgelegt werden auf infantile Schwäche und Abhängigkeit, auf Steinigungen für Ehebruch und sexuelle *Unzucht*, sondern auf gerechte Beurteilung ihrer Fähigkeiten und Möglichkeiten. Das ist eine der vielen Chancen für Integration. Sehr schnell hat sich zum Beispiel in unseren Containerdörfern herumgesprochen, dass es Männern in Deutschland verboten ist, Frauen und Kinder körperlich zu züchtigen.

Die schwangere Mutter mehrerer Kinder und Ehefrau eines von den Taliban schwer traumatisierten Mannes, der selbst zutiefst unglücklich war über seine gewalttätigen Impulse und deshalb bei uns um Hilfe bat, erzählte lächelnd eines Tages in der Trauma-Sprechstunde, dass ihre Kinder gesagt hätten:

> *„Papa, wenn Du Mama und uns noch einmal schlägst, rufen wir die Polizei! In Deutschland ist Schlagen verboten!"*

7. Gesellschaft: Sozialer Wandel versus Statik

Von Claude Levi-Strauss stammt die Unterscheidung zwischen heißen und kalten Kulturen. Mario Erdheim hat die griffige Unterscheidung aufgenommen und sie in sein Buch über das gesellschaftlich produzierte Unbewusste eingearbeitet.[54]

Erdheim beobachtete die Existenz sich rasch wandelnder Gesellschaften einerseits und sehr langsam und auf die Erhaltung von Traditionen beharrender Gesellschaften andererseits. Zwischenformen sind möglich und auf der gesamten Erde zu beobachten. Afghanistan gehört – abgesehen von städtischen Brennpunkten wie Kabul, Herat und einigen anderen großen Städten – zu den sich nur sehr langsam oder fast gar nicht wandelnden Gesellschaften der Welt. In den Dörfern Afghanistans hat sich die Gesellschaft

---

54 Erdheim 1982

seit Jahrhunderten kaum verändert. Nicht zuletzt ist das ein Ergebnis der Handel und Wandel abweisenden schroffen Berge, die bis zu einer Höhe von 7000 Metern über dem Meeresspiegel reichen, und der lebensfeindlichen Wüsten, die einen großen Teil des Staatsgebiets Afghanistans bedecken. Viele Teile des Landes waren und sind so gegen äußere Einflüsse abgeschottet. Eisenbahnen und Straßen wurden nicht gebaut oder immer wieder zerstört, alte Routen wie die Seidenstraße zertrümmert.[55]

Die politische und kulturelle Entwicklung Afghanistans lässt sich auch unter dem Aspekt eines spätestens seit 1919, seit der Unabhängigkeit des Staates, permanenten Konfliktes zwischen kalter und heißer Entwicklung einer Gesellschaft verstehen. Aus den Durchzügen unterschiedlicher Völker bildeten die zurückbleibenden Menschen, wie oben unter einem anderen Aspekt beschrieben, Gruppierungen unterschiedlichster Ethnien. Sie blieben ihrer mitgebrachten Kultur treu. Eine Vereinheitlichung, etwa als Staatsvolk, das sich zu einer *Nationbuilding* eignen würde, gibt es deshalb bis heute nicht. Möglicherweise übten gerade deshalb die weltweiten geopolitischen Verwerfungen einen ungünstigen Einfluss auf die Entwicklung Afghanistans aus. Denn Afghanistan kann als Spielball der Weltmächte bezeichnet werden, als Joker im *Great Game* zwischen Russland und der Britischen Kolonialmacht im 17. bis 19. Jahrhundert, als Pufferstaat, dem von außen keine eigene Existenzberechtigung zugesprochen wurde und als ein Gebiet, dessen Bevölkerung – wie in anderen Ländern unter der Kolonialherrschaft auch – ohnmächtig der Teilung ihres Landes einschließlich der willkürlichen Trennung der Siedlungsgebiete ihrer Ethnien zusehen musste. Das gilt für die Paschtunen-Gebiete im Südosten Afghanistans ebenso wie für die Gebiete um den Abu Darja im Norden,

---

55 Vgl. Chiari 2009

wo die Siedlungen der Usbeken getrennt und geteilt wurden. Afghanische Einwanderer, aus abgelegenen Dörfern nach Deutschland kommend, haben es im Umgang mit dem schnellen Wandel einer inzwischen einheitlich wirkenden Gesellschaft wie Deutschland nicht leicht. Die hieraus resultierende Schwierigkeit für Neuankömmlinge, ein hochindustrialisiertes modernes Land kennen zu lernen, wird immer noch zu wenig gesehen, verstanden und berücksichtigt.

Dies gilt bereits für ganz einfache Alltagsgewohnheiten und Alltagsfelder wie Berufe, Schule, Gesundheit, öffentliches Leben und die dem permanenten Wandel angepassten Anforderungen an Flexibilität, Disziplin, Pünktlichkeit und Genauigkeit. Davon erzählt zum Beispiel Hassan Ali Djan, einem in einem kleinen Dorf in Zentralafghanistan, dem Siedlungsgebiet der Hazara, aufgewachsenen Jungen. Er kam als 16- Jähriger nach Deutschland, in einem Alter also, in welchem der Grad an Flexibilität noch hoch angesetzt werden kann. Er hatte mit den Anforderungen seiner neuen Heimat große Schwierigkeiten. Er war Analphabet, ein Mangel, der sich ohnehin negativ für den Prozess der Integration in ein hoch industrialisiertes Land bemerkbar macht. Aber nicht nur die deutsche Sprache, die er seinem Alter entsprechend schnell lernte, machte ihm Schwierigkeiten:

> *„Was macht 10 plus 11? fragt die junge Frau. Es ist mein erster Schultag, meine erste Mathestunde. Das ist einfach, denke ich, das haben mir schon meine Eltern beigebracht, das habe ich schon tausend Mal auf den Basaren von Almitu und von Teheran gerechnet. Ein wenig gelangweilt antworte ich: 21.Schreib die Gleichung bitte an die Tafel, verlangt die Lehrerin freundlich und gibt mir ein Stück Kreide. Gleichung? Noch nie gehört. Ich schreibe 10 11 21 auf die dunkelgrüne Tafel. Was hast du da geschrieben? fragt mich die Mathelehrerin, irritiert.10 und 11 macht 21 antworte ich. Aber was ist mit den Zeichen? fragt sie. Zeichen? Ich zucke vorsichtig mit den Achseln, lege die Kreide auf das Pult, gehe langsam zurück*

> *zu meinem Platz. Die Lehrerin ergänzt das Plus- und das Gleichheitszeichen, schaut mich an. Kennst du das? fragt sie, herausfordernd. Habe ich noch nie gesehen, antworte ich, trotzig. Ein paar meiner Mitschüler kichern."⁵⁶*

Kommt jemand in Deutschland auf die Idee, dass Gleichungen ein kulturelles Geheimnis sein könnten? Kulturtechniken sind selbstverständlich – in der eigenen Kultur. Kinder lernen sie früh im Elternhaus. Andere Kulturen haben andere Techniken und verstehen zu Beginn der Migration in ein fernes Land vielleicht nicht die in den Augen der Herkunftsgesellschaft einfachsten Dinge.

> *„Sechs Wochen später steht die erste Matheschulaufgabe an. Sechs Eier kosten 1,32 Euro, steht auf dem Blatt. Wieviel bekommt man für 2,20 Euro? Ich habe keine Ahnung."*

Ein einfacher Dreisatz, aber der Kummer und die Selbstzweifel Hassans sind riesengroß.⁵⁷

Auch Hamid, dessen Geschichte oben skizziert wurde, hatte die größten Schwierigkeiten zu verstehen, dass paschtunische Gewohnheiten in Deutschland nicht bekannt sind; dass Polizisten keine korrupten Mörder sind und dass seine rechtsstaatlichen Bemühungen noch nicht ausgeschöpft waren, die in seinem Falle voraussichtlich Erfolg haben würden.

Die meisten Flüchtlinge aus Afghanistan, die in den Jahren 2015 und 2016 im Süden Deutschlands ankamen, waren Analphabeten, insbesondere Frauen. Sie können sehr klug sein, aber Analphabetismus, je länger er dauert, ist eine der größten Hürden für eine Integration in Europa bzw. in jedes Land, das durch komplexe und schnelle Entwicklungen charakterisiert ist. Frauen können zusätzlich nicht, wie in den Sprach- und Integrationskursen verlangt, aufgrund ihrer Sorgen für die zahlreichen Kinder so viel

---

56 Djan 2018, S.140
57 Ebenda S.141/42

Zeit aufbringen wie ihre Männer. Es käme darauf an, die Motivation der Ankommenden zu stärken, statt zu schnelle Anpassung zu verlangen. Das ist leichter gesagt als getan: Die Helferkreise im Süden von München, engagierte Sozialarbeiter und Sozialarbeiterinnen, häufig Lehrerinnen und Lehrer in Pension, Rentner und Rentnerinnen, die Gutes tun wollen, Hausfrauen, die in der Hilfe für andere eine sinnstiftende Aufgabe finden, Frauen, deren Kinder erwachsen sind und die mittels einer Aufgabenhilfe oder eines Nachhilfeunterrichts für die Angekommenen Enormes leisten, sind und waren oft verzweifelt und fragten, was sie denn noch tun könnten, um wenigstens Mindeststandards für ihre *afghanischen Schützlinge* zu erreichen. Es kann aber nur eine langsame Eingewöhnung stattfinden. Dazu brauchen die vielen Helfer öffentliche, d.h. auch politische Unterstützung für ihr Tun, die sie eher selten erhalten.

Integration muss mit den einfachsten Grundlagen beginnen, die einfachsten Kulturtechniken vermitteln, deren selbstverständliche Voraussetzungen für aus anderen Gesellschaften Kommende nicht selbstverständlich sind. In einer so komplexen Gesellschaft wie der unseren, die von den Einheimischen nicht immer als komplex wahrgenommen wird, ist es nicht einfach, aus anderen Kulturen eingewanderte Personen zu integrieren – noch weit vor einer politischen oder staatsbürgerlichen Integration.

Aber auch gebildete Einwanderer haben zuweilen Schwierigkeiten, die sich ein hier Aufgewachsener kaum vorstellen kann.

Arman

Arman ist in Kabul geboren. Er hat an der Universität in Kabul studiert und kommt mit einem Bachelor-Abschluss in den Wirtschaftswissenschaften als 28-Jähriger nach Deutschland, nachdem er, der Gründer eines eigenen

Unternehmens und als Mitarbeiter der Regierung in Afghanistan, empfindlich von den Taliban bedroht wurde. Weil er als Beweis für seine Ausführungen alle Papiere vorlegen kann und perfekt englisch spricht, bekommt er bereits nach dem ersten Gespräch im BAMF eine Aufenthaltsgenehmigung.

Er möchte so schnell wie möglich aus der Flüchtlingsunterkunft ausziehen. Das tut er, ohne eine Wohnung in Aussicht zu haben. Sein Selbstbewusstsein bringt er aus seinem Erfolg in der Herkunftsgesellschaft mit, aber in München ist es für fast niemanden einfach, eine Wohnung zu finden. Nach kurzer Zeit arbeitet er zwar, aber er ist offenbar nicht darauf vorbereitet, dass seine neuen Chefs seine Situation ausnutzen, ihm kein Geld für seine Arbeit geben oder weniger auszahlen als zunächst mündlich ausgemacht. Er versteht zunächst nicht, dass hier ein kräftiger Handschlag eher selten gilt, sondern besser und zu seiner Sicherheit ein schriftlicher Vertrag abgeschlossen werden sollte. Als stolzer Paschtune meint er, er werde das alles selbst schaffen. Hilfe von Frauen will er auch nicht annehmen, das gehört sich nicht in seinem Land. Hilfe bieten Männer, Frauen sind schwach und brauchen Schutz. Nun ist es aber so, dass hier viele Sozialarbeiterinnen arbeiten, die gar nicht verstehen, wieso der sympathische junge Mann alles selbst erledigen will.

Ständig wird er betrogen, ständig belogen, er landet schließlich als Obdachloser auf der Straße. Er liest zunächst die tatsächlich manchmal schwer verständlichen Briefe der mahnenden Behörden nicht; als er sie besser versteht, will er deren Vorteile aber nicht in Anspruch nehmen. Er handelt offenbar nach dem Paschtunwali, dem Sittenkodex der Paschtunen. Das ist ehrenwert, nur kennt die Sitten der Paschtunen in Deutschland kaum jemand. So arbeitet er bald Tag und Nacht; aufgrund seiner Traumatisierung und den sich in der Folge einstellenden Kopfschmerzen meint er, er könne keine anspruchsvolle, etwa intellektuelle Arbeit mehr leisten, für die er mit seinem Universitätsexamen eigentlich ausgebildet ist, er werde lieber einfache Jobs annehmen. Dass er sich in der Aufnahmeunterkunft hätte abmelden müssen, kann er nicht sehen: Alle haben doch gewusst, dass er ausziehe: Der Sozialarbeiter, die Mitbewohner, die Helfer. Wieso also abmelden? Seine praktischen Talente stehen im Widerspruch zu seiner Intelligenz. So muss er noch monatelang Geld für eine nicht in Anspruch genommene Unterkunft bezahlen. Er zahlt in Raten, aber die Schulden werden immer größer, weil er die staatlichen Hilfen nicht in Anspruch nehmen will. Die erlebt er als Almosen, die er nicht brauche. Seine Emails an seine Helfer sind ein Muster an paschtunisch-afghanischer Höflichkeit, wunderschön in ihrer Diktion, in ihrer Dankbarkeit, in ihrer Gottesfurcht, in dem Wunsch, Gott möge auch seine Helfer schützen. Leider verstehen das die meisten Helfer nicht. Sie charakterisieren ihn als schwierig, schließlich als beratungsresistent.

Jede kommunale Hilfe lehnt er weiter ab, er will sie einfach nicht. Helfer sind verzweifelt, wenden sich schließlich genervt von ihm ab. Das Sozialsystem ist herausgefordert, seine Träger ratlos. Er wird einfach nicht verstanden. Tatsächlich bietet der in seinem Heimatland Gebildete den größten Widerstand.

Manchmal möchte er zurück nach Afghanistan. Seine Gesprächspartner in Kabul raten ihm ab: Das sei für ihn viel zu gefährlich. Also bleibt er erst einmal, aber er fragt sich, wie er die Widersprüche zwischen seiner Herkunft und der Gesellschaft aushalten soll.

III. Gibt es eine deutsche Afghanistan-Politik?

In der Gegenwart scheint deutsche Afghanistan-Politik Teil der USA-Politik zu sein, eher gewesen zu sein. Denn die USA haben inzwischen, im Jahr 2022, andere Prioritäten. Unter anderem helfen sie mit Waffen der bedrängten Ukraine.

In den Tagen des Nine Eleven, nach den verheerenden Anschlägen der Al-Qaida auf das Trade World Center und das Pentagon in Washington, stand Afghanistan kurzzeitig im Zentrum der USA-Politik. Damals sicherte der 2001 amtierende deutsche Bundeskanzler Schröder den USA seine und der Deutschen *umfassende Solidarität* zu.[1]

Schröders Absicht, nach Afghanistan Truppen zu entsenden, war dem NATO – Bündnisfall geschuldet. Die NATO (North Atlantic Treating Organization) ist ein Verteidigungsbündnis. Im Falle eines Angriffs auf ein Mitglied der NATO steht diesem die zu seiner Verteidigung notwendige militärische Hilfe aller anderen NATO-Mitglieder zu.

Lange vor den Ereignissen im Jahr 2001 gab es, wie oben ausführlich geschildert, zahlreiche Beziehungen zwischen Deutschland und Afghanistan. Die Beziehungen der beiden Länder reichen bis zu den gegenseitigen Konsultationen zu Beginn des 20. Jahrhunderts zurück. Deutsche gaben afghanischen Regenten Kredite, bauten Schulen, insbesondere auch für Mädchen, halfen mit deutscher Ingenieurskunst aus. Etwas mehr als 10 Jahre nach dem Zweiten Weltkrieg, im Jahr 1958, wurde erneut ein Vertrag zwischen Deutschland und Afghanistan über technische Zusammenarbeit geschlossen.[2]

Nach den Terroranschlägen der Al-Qaida und dem Eintreten des Bündnisfalles sagte der deutsche

---
1 Ladurner 2011, S.101
2 Chiari 2009, Afghanistan, S.39

Verteidigungsminister Peter Struck, dass Deutschlands Freiheit auch am Hindukusch verteidigt werde. Dieser Satz sollte diejenigen besänftigen, die nach dem Zweiten Weltkrieg aufgrund der immensen Zerstörungen, die Deutschland in Europa und weltweit zu verantworten hat, sich nie wieder an kriegerischen Auseinandersetzungen beteiligen wollten.

Deutschland und seine Bundeswehr übernahmen schließlich doch einen nicht unbeträchtlichen Teil der Besetzung des Landes, ihr Einsatzgebiet war im Nordosten Afghanistan, rund um Kunduz.

Von Beginn an war die deutsche Bevölkerung skeptisch. Durch Abneigung gegen die Bundeswehr und Krieg generell war die Bundeswehr eine von der deutschen Bevölkerung allenfalls geduldete Truppe, auf der, wenn überhaupt, wenig Aufmerksamkeit ruhte. In den vergangenen Jahrzehnten war an ihr gespart worden, bis heute ist ihre Ausrüstung bekanntlich dysfunktional und äußerst mangelhaft. Entsprechend eingeschränkt war sie in Afghanistan einsatzfähig. Der deutschen Bevölkerung konnte offenbar weder das Wort Krieg zugemutet werden, noch die Tatsache, dass ein ernst gemeinter Einsatz gegen die Taliban und für die Freiheit und Entwicklung Afghanistans möglicherweise auch Kampfeinsätze einschließlich des Einsatzes von Bodentruppen notwendig gemacht hätten.

Geradezu grotesk war die Anordnung, dass die Taliban, die nach einiger Zeit der Ruhe bald die Gegend von Kunduz überschwemmten, von der Bundeswehr nicht angegriffen werden durften. Nach Einbruch der Dunkelheit, so schildert es der Journalist Ahmed Rashid, durfte kein Soldat mehr das Lager verlassen.[3]

Dass die NATO – Partner, insbesondere die USA, sich nicht allzu viel Hilfe von den Deutschen erhofften, wundert

---

3 Rashid 2010

nicht. Die Skepsis gegenüber der deutschen militärischen Hilfe sollte sich später, beim überstürzten Abzug der Truppen aus dem Land, erneut aufs bitterste bestätigen. Der zentrale Satz der deutschen Verteidigungsministerin Annegret Kramp-Karrenbauer zum Ende des militärischen Einsatzes im Jahr 2021 lautete: *Wir sind gemeinsam hineingegangen, wir gehen auch gemeinsam hinaus*. Dass erfahrene Außenpolitiker wie zum Beispiel Norbert Röttgen zur Beendigung des Afghanistan-Einsatzes eine andere, differenziertere Auffassung vertraten, spielte offenbar keine Rolle.

Besonders erschütternd war und ist, dass afghanische Helfer, so genannte Ortskräfte, die jahrzehntelang die Infrastruktur für den deutschen Einsatz in ihrem Land zur Verfügung gestellt hatten, während des fluchtartigen Abzugs nicht geschützt wurden. Das kostet Vertrauen. Deutsche Einsatzkräfte müssen sich nicht wundern, wenn sich zukünftige Helfer bei Auslandseinsätzen weniger oder gar nicht mehr zur Verfügung stellen werden. Tausende Afghanen warten bis heute, im Jahr 2022, noch darauf, dass sie ein Aufenthaltsangebot von deutscher Seite erhalten und ausgeflogen werden. In den Augen der Taliban sind sie *Verräter an der afghanischen Sache* und deshalb mit dem Tod bedroht. Dass die Taliban sie schonen, ist nicht zu erwarten.

Führende Vertreter der deutschen Afghanistan-Politik streuten sich und anderen Sand in die Augen. Unter anderem wurde dies bereits längere Zeit vor dem schnellen Sieg der Taliban in einer Online- Veranstaltung mit prominenten Rednern und Diskutanten im Rahmen der Deutschen Gesellschaft für Auswärtige Politik (DGAP) sichtbar. Als Pars pro toto soll die allerdings stark verkürzte Diskussion hier in aller Kürze wiedergegeben werden.

1. Ein Webinar der Deutschen Gesellschaft für Außenpolitik (DGAP)

Am 17. Mai 2021 fand zum Thema Afghanistan eine Online-Paneldiskussion der DGAP statt. Prominente Redner waren

> **Leila Noor,** seit vielen Jahren afghanische Aktivistin;
> **Kava Spartak,** Vorstand der Initiative für afghanische Flüchtlinge, *YAAR e.V.*, Berlin.
> Die beiden Teilnehmer vertraten die afghanische Position zum geplanten Abzug der USA und ihrer Verbündeten.
> **General Hans Lothar Domröse,** von Januar 2008 bis 2009 Chef des Stabes der ISAF (International Security Assistance Force) in Afghanistan unter dem Kommando des US-Generals David Mc Kiernan.
> **Michael Zickerick,** deutscher Diplomat, 2000–2004 Botschafter in Moldawien, 2011–2014 Generaldirektor in Taipeh/Taiwan.
> **Omid Nouripour,** Bundestagsabgeordneter der Grünen, Beobachter der Friedensverhandlungen zwischen den Taliban und den Vertretern der USA in Doha/Quatar.
> **Markus Potzel,** von 2014–2016 Deutscher Botschafter in Afghanistan, ebenfalls Beobachter der Verhandlungen zwischen den USA und den Taliban in Doha/Qatar.

114 Teilnehmer am Webinar wurden gezählt, eine erfreuliche Anzahl von Afghanistankennern und -interessierten war im Online-Format versammelt. Die Hauptfrage des Meetings sei, so die Moderatorin, ob der 20 Jahre dauernde militärische, wirtschaftliche und bildungspolitische Einsatz der Deutschen, insbesondere der Einsatz der Bundeswehr und deren Ausbildung der einheimischen Polizei, erfolgreich gewesen oder doch eher gescheitert sei.

Der Tenor der meisten deutschen Beiträge war vorsichtig optimistisch: Nicht umsonst sei der Einsatz gewesen, man habe eben doch viel erreicht, man sei nicht ganz zufrieden, aber bedingt hoffnungsvoll. Sogar die Taliban hätten dazu gelernt, man müsse mit ihnen weiterverhandeln.

Der Beitrag der anwesenden Afghanen sah anders aus: Leila Noor erzählte von der Freiheit der Frauen in früheren Zeiten, die nach dem zu erwartenden Abzug der westlichen Kräfte vorbei sein dürfte. 1959 schon sei der Schleierzwang für Frauen aufgehoben worden. Vermutlich sei es auch damit vorbei. Sie suche vergessene Gegenden im Westen, Süden, Norden und Osten des Landes auf, um Schulen aufzubauen, um Bildung zu entwickeln, vor allem für Mädchen. Aber, so bat sie, fast flehentlich:

„Bitte nicht ausziehen und Afghanistan alleine lassen!"

Das klang berührend, war authentisch und von spürbarer Angst erfüllt. Die Taliban würden die Herrschaft übernehmen und man wisse, was dann sei. Oder es gebe wieder einen Bürgerkrieg, und dann...

Kava Spartak (YAA) machte zunächst einen temperamentvollen Versuch, noch einmal die vielen Probleme des Landes aufzuzeigen. Seine Hoffnung für die Entwicklung und Stabilisierung Afghanistans war angesichts des bevorstehenden Abzugs der NATO-Verbündeten gleich null. Er schien sich über die hoffnungsfrohen Äußerungen der deutschen Redner zu wundern, sich geradezu über sie zu ärgern.

Die Mienen der afghanischen Teilnehmer wurden zunehmend trauriger.

Das fröhlich-unberührte und inhaltlose Statement des Herrn Markus Potzel, von 2014 bis 2016 Deutschlands Botschafter in Afghanistan, der Auszug werde nun einmal stattfinden, daran sei nichts mehr zu ändern, ließ die beiden afghanischen Diskutanten, aber auch so manchen deutschen Zuhörer, ratlos, traurig oder auch wütend zurück.

Omid Nouripour, zu dieser Zeit außenpolitischer Sprecher der Grünen und inzwischen, zusammen mit Ricarda Lang, Vorsitzender der Grünen, forderte dringend eine Evaluation des Einsatzes. Das könne ja wohl nicht so schwer sein: Viele Fehler, von denen er einige nannte, seien gemacht worden. Wieso nicht schon früher eine begleitende Evaluation stattgefunden habe, sei unverständlich.

Michael Zickerick, Diplomat, sprach dankenswerter Weise ebenfalls Klartext: Offensichtlich sei der Einsatz gescheitert. *Wir hinterlassen eine völlig ungeklärte Situation.*

Mit begütigend-milden Worten der Moderatorin wurde die Versammlung geschlossen.

Das Webinar schloss am Abend des 17. Mai 2021. Führenden deutschen Afghanistan-Politikern war zu diesem Zeitpunkt, drei Monate vor dem Sieg der Taliban am 15. August 2021, der Abzug der Bundeswehr im Rahmen des Abzuges aller westlichen Verbündeten klar. Zu diesem Zeitpunkt hätte es noch Möglichkeiten gegeben, die Ortskräfte auszufliegen, auch die besonders bedrohten Frauen, Journalisten, Intellektuellen.

Es geschah – nichts.

Wie allgemein bekannt, wurde dann am 15. August 2021 von Seiten deutscher Politiker von einer *Überraschung* gesprochen, der man einmal mehr *fassungslos* gegenüberstehe.

Im Mai 2022 erschien der Grundrechte-Report, der seit dem Jahr 1997 jährlich von zehn Bürgerrechtsorganisationen herausgegeben wird. Kava Spartak, Vorstand der Initiative für afghanische Geflüchtete (s.o.), kritisiert darin den Umgang Deutschlands mit afghanischen Ortskräften sowohl bezüglich der missglückten Evakuierung der Helfer im Jahr 2021 als auch wegen der derzeit mangelnden Rechte afghanischer Flüchtlinge in Deutschland. Darüber gab in einer kleinen Notiz die FAZ vom 19. Mai 22 auf Seite 5 Auskunft.

2. Das Debakel am 15. August 2021

Am 15. August 2021 also, drei Monate nach dem Webinar, in welchem deutsche Fachleute noch optimistische Einschätzungen über einen Erfolg des Einsatzes verbreitet hatten, war es dann so weit: Die Taliban übernahmen die Herrschaft über das gesamte Land, auch über die Hauptstadt Kabul. Ashraf Ghani, der amtierende Präsident des Landes, floh über die nördliche Grenze nach Usbekistan.

Auf einem Foto sah ein einträchtiges Zusammensitzen der Taliban mit Hamid Karzai und Abdullah Abdullah so aus, als seien mäßigende und regierungserfahrende Elemente in der kommenden Regierung des Landes willkommen. Wenig später waren die beiden Politiker von den Fotos der siegreichen Taliban, die um die Welt gingen, verschwunden. Immerhin hat sich inzwischen Hamid Karzai gemeldet und die Rückgabe der in den USA eingefrorenen Gelder Afghanistans angemahnt.[4] Nach einem aktuellen Artikel im Spiegel und einem ausführlichen Gespräch mit Hamid Karzai ist es inzwischen offiziell: Der im Zuge der Petersburger Gespräche im Jahr 2001 als Übergangspräsident eingesetzte und später frei gewählte Präsident Afghanistans befindet sich inmitten der Stadt Kabul in einem von den Taliban angeordneten Hausarrest. Nach seinen Worten darf er sich in der Stadt selbst frei bewegen, ausreisen darf er nicht.[5]

Noch später folgten die erschreckenden Szenen auf dem Kabuler Flughafen, auf dem die Amerikaner den schnellst möglichen Abzug ihres Militärs und der Ortskräfte organisierten. Ebenso evakuierten Franzosen und Briten im

---

4　FAZ 12.01.2022, S.6
5　Spiegel Nr32 vom 6. 8. 2022 S.82-84

Eiltempo ihre ehemaligen Helfer. Von den deutschen Möglichkeiten für den Schutz afghanischer Bedrohten hielten die westlichen Verbündeten nicht viel. Deutschland hätte ohne die USA nicht die Fähigkeit gehabt, den Kabuler Flughafen zu sichern und zumindest die wenigen Ortskräfte auszufliegen, die noch ausgeflogen werden konnten.

Tatsächlich gelang es der deutschen Regierung nicht, alle Ortskräfte, die den deutschen Truppen und Organisationen seit Jahren geholfen hatten, nun aber als Verräter von den Taliban gesucht wurden, auszufliegen. Lediglich 5000 Ortskräfte und Angehörige von NGOs konnten im August 2021 ausgeflogen werden. Geschätzte 15 000 Gefährdete bleiben bis heute, Frühjahr 2022, immer noch schutzlos zurück. Wenigen Privatinitiativen gelingt es in Zukunft vielleicht, Auswege zu finden; diplomatische Sondierungen in Doha versuchen angeblich, zurück gelassenen Ortskräften zur Ausreise zu verhelfen. Ob und inwieweit dies gelingt, wird sich zeigen. Herr Maas ist nicht mehr im Amt. Die neue Außenministerin Annalena Baerbock scheint sich zu bemühen, einen Kurswechsel im Auswärtigen Amt durchzusetzen; bisher sind aber noch keine offiziellen Verlautbarungen oder eine ernsthafte und energische Initiative zur Rettung der Ortskräfte zu erkennen. Der russische Überfall auf die Ukraine bindet inzwischen die deutschen politischen Kräfte. Zwischen dem 15. August 2021 und dem 24. Februar 2022, dem Tag des russischen Überfalls auf die Ukraine, wäre viel Zeit gewesen, eine deutsche Initiative zur Rettung der Bedrohten zu starten.

Weil die Taliban Geld und internationale Anerkennung brauchen, geben sie sich derzeit offiziell relativ zahm. Tatsächlich suchen sie tagtäglich sowohl nach Mitarbeitern der letzten afghanischen Regierung Ghani als auch nach Helfern der westlichen Verbündeten. Ortskräfte, aber auch Künstler, Intellektuelle, Journalistinnen und Journalisten laufen von Versteck zu Versteck. Frauen wohnen in Kellern.[6] Listen mit ihren Namen und Adressen wurden bereits lange zuvor von den Taliban angelegt. Frauen dürfen nicht mehr mit Handys auf die Straße gehen, sie müssen eine Burka tragen. Wenn die Tugendwächter Frauen sehen, die keine tragen, deuten sie dies als ein Zeichen von Widerstand. Auf dem Land ist noch nicht einmal diese passive Art von Widerstand möglich. In der Hauptstadt Kabul verstecken sich Helfer des abgezogenen westlichen Militärs, sie wissen nicht, wovon sie ihren Lebensunterhalt bestreiten sollen. Frauen verloren ihre Jobs, weil die Taliban jede Berufstätigkeit von Frauen schlicht verbieten; auf den Dörfern ist alles so wie immer, nur dass die Frauen nun wieder eine Burka tragen müssen, nicht aus dem Haus gehen dürfen; die von den Taliban radikale Interpretation des Islam in Verbindung mit den nach wie vor geltenden Stammesgesetzen bietet für die Frauen erneut *Khor yor Ghor* – Haus oder Grab (s.o.).

Die Situation der Frauen in Afghanistan ist erneut verzweifelt und weltweit einzigartig; selbst auf dem afrikanischen Kontinent, wo Überbevölkerung, Hunger, Durst, Krieg, Vergewaltigung, Flucht und Not herrschen, wo durch maßlose Gier der herrschenden Eliten ganze Bevölkerungen in Not und Angst, in Hunger und Elend getrieben werden, wo Mord und Totschlag, Vergewaltigung und sexuelle Übergriffe tägliche Realität sind, dürfen Frauen aber wenigstens das Haus verlassen, sich frei bewegen und arbeiten, wenn sie denn Arbeit finden.

Frauen werden an pakistanische Soldaten verschenkt, „... um die nächste Generation an Taliban zu züchten. Angehörige der letzten frei gewählten Regierung werden gesucht, ermordet, gefoltert. Von

---

6 Amiri im BR24 am 02.01.22 sowie persönliche Mitteilungen von Afghanen in Deutschland

> *ihnen nehmen die Taliban wohl an, dass sie weniger Aufmerksamkeit erregen als ehemalige Ortskräfte oder Intellektuelle."*[7]

Ein Land, das jetzt mit noch mehr Berechtigung als *Failed State* bezeichnet werden muss, verharrt in rückwärtsgewandter Starre, zum Schaden der eigenen Bevölkerung. Es ist nicht abzusehen, wann und wie ein Wandel stattfinden soll.

Aus Deutschland ist derzeit wenig zu hören, was auf einen belastbaren Plan, Afghanistan zu helfen, schließen ließe. Mit Verzögerung werden weitere Flüchtlingsströme erneut in Europa und hier insbesondere in Deutschland ankommen.

---

7   Khademi in **FAZ** vom 14.10.21

IV. Gesellschaftlicher Wandel, Migration und Psyche

Afghanistan, so wurde gezeigt, ist trotz zahlreicher Reformversuche eines der rückständigsten, ärmsten, korruptesten Länder der Welt. Ein kürzlich durchgeführter Weltglücksbericht, jährlich durchgeführt von Wissenschaftlern in den USA auf der Basis von Umfragen des Instituts Gallup, zeigt, dass „ganz unten in der Liste mit mehr als 150 Ländern Afghanistan (steht)".[1]

Für kurze Zeit stand das Land immer wieder im Fokus des weltweiten Interesses: 1979, als die Truppen der Sowjetunion einmarschierten, 1989, als diese unter dem hartnäckigen Kampf der Bevölkerung, der Mudjahedin und der sie unterstützenden USA-Truppen schmählich abziehen mussten und damit auch der Untergang des Sowjetreiches eingeleitet wurde; 2001, als aus diesem Land mit der dort von den Taliban gastfreundlich beherbergten Al-Qaida und ihrem Anführer Osama bin Laden der Terror bis in die USA reichte sowie 2021, als die USA und ihre Verbündeten sich überstürzt zurückzogen. Weil sich die Situation nicht gebessert hat, weil westliche Staaten nach anfänglich guten Absichten und Erfolgen gründlich gescheitert sind, werden Flüchtlinge aus Afghanistan weiter vor den Toren Europas und hier insbesondere Deutschlands stehen.

Eine gute Nachricht ist am 6.Januar 2022 über die Medien verbreitet worden: Ab sofort, so die Juristin und neue Bundesministerin des Inneren und für Heimat, Nancy Faeser, können ankommende Afghanen, deren Asylverfahren noch nicht begonnen oder entschieden wurde, bereits an Integrationskursen teilnehmen. Das ist deshalb ein Fortschritt und *überfällig,* wie Frau Faeser sagte, weil

---

1 Gallup-Umfrage: Glücksbericht. In: **FAZ** 19.03.2022, S.8

Afghanen, die derzeit in Deutschland Schutz suchen, in absehbarer Zeit kaum zurück in ihr Land gehen können.[2]

Die lange Anwartschaft auf Bearbeitung der Asylanträge mit der Gefahr, abgelehnt zu werden, dann Ablehnung, eventuell erstrittene Duldung, deren Verlängerung, wieder Duldung, macht, wie dargestellt, die Asylsuchenden eher depressiv oder auch aggressiv als arbeits- und integrationswillig. Sprachkurse können die Rettung aus einer depressiv und traurig machenden Lethargie der Flüchtlinge sein. Wenn diese jetzt früher angeboten werden sollen, wäre das ein erheblicher Fortschritt. Tatsächlich sind die ersten Maßnahmen bei der Ankunft Geflüchteter die wirksamsten, es sind die, welche im Gedächtnis der Ankommenden haften bleiben und nicht selten über den Erfolg der Integration im Land entscheiden.

Die nach Deutschland flüchtenden Afghanen haben die Brutalität fundamentalistisch agierender Taliban selbst zu fürchten gelernt. Gerade sie sind nachvollziehbar dankbar für ein Leben in Sicherheit, das wir ihnen hoffentlich bieten können. Wir müssen im Allgemeinen von Afghanen nicht erwarten, was wir von Islamisten in unserem Land mit Recht fürchten: Salafisten, Moslembrüder sind unter afghanischen Flüchtlingen nicht verbreitet. Je aufmerksamer wir die afghanischen Familien behandeln, je größere Chancen wir ihnen geben, in Deutschland Fuß zu fassen, desto besser werden sie sich integrieren können. So jedenfalls haben wir, die Teilnehmer des Asylkreises im Süden von München, es erlebt und erfahren.

Nicht zuletzt sind die afghanischen Einwanderer auch eine Chance für Deutschland: Wir haben allen Grund, das Antlitz der Welt in dem Spiegel, der uns nicht gefällt, zu verbessern. Die meisten Bewohner der Containerdörfer aus den Jahren 2915/16 sind inzwischen ausgezogen. Durch

---

[2] Zeit online vom 06.01.2022

Integration in Form geregelten Schulbesuchs für Kinder und Jugendliche, durch Vermittlung von Arbeitsstellen für Erwachsene und die Vermittlung fester Wohnungen für ganze Familien sind die früheren Unterkünfte für die zuerst Angekommenen überflüssig geworden. Anhaltende Unterstützung für einige Afghanen durch den Asylkreis und bleibende Freundschaften haben sich entwickelt und sind stabil.

Ihr Herkunftsland Afghanistan ist heute ein Raum, dessen Zukunft ungewiss ist. Das bedeutet, dass viele Familienangehörige der nach Deutschland Geflüchteten eine ungewisse Zukunft haben. Viele werden versuchen, nachzuziehen. Vor deutschen Gerichten laufen derzeit Verfahren, dies auch zu erreichen. Die Vereinten Nationen (UN) sammeln derzeit viele Millionen Dollar für Hilfsfonds, die nach eigener Verlautbarung nicht den Taliban, sondern ausschließlich Hilfsorganisationen übergeben werden, die die Verteilung der Gelder an die notleidende Bevölkerung organisieren sollen.

Trotz mancher Schwierigkeiten sind die von uns befragten Afghanen froh, dass sie in Deutschland leben können. Sie sind froh, wenn sie arbeiten können, ihren eigenen Unterhalt verdienen, der nicht zuletzt die Voraussetzung für den Nachzug weiterer Verwandten darstellt.

Der Psychoanalytiker Mario Erdheim, vor vielen Jahrzehnten selbst Migrant, hat in einem sehr persönlich gehaltenen Artikel erzählt, wie er seine eigene Emigration erlebt hat. Seine Schilderung – trotz großer Unterschiede im Einzelnen – trifft aus meiner Sicht in großen Teilen auch auf afghanische Einwanderer zu. Denn, so Erdheim, Migration sei nicht nur ein Unglück. Sie könne auch großes Glück bedeuten. Sie ist seit Jahrtausenden üblich, nicht nur als Flucht vor Verfolgung, Mord und Krieg, sondern auch, um ein besseres Leben zu finden:

> „Wir stoßen hier auf eine Kraft, die aus der der Emigrationstheorie oft herausfällt: auf das Verlangen nach einem besseren Leben ... Erdheim fragt sich, ... ob dieses Verlangen nicht auch ein Grundmotiv einer jeden Emigration darstellt. Auch wer verfolgt wurde, fliehen und unfreiwillig in der Fremde ein neues Leben aufbauen musste, hofft, dass es ihm gelingen werde, ein besseres Leben zu führen als einst vor der Flucht und Auswanderung".[3]

Mir scheint, dass dies ein Motiv ist, das ich bei den meisten der hier vorgestellten Afghanen auch gefunden habe: Die Suche nach einem besseren Leben. Ich fand es trotz der schweren Schicksale, die hier besprochen wurden. Die Gewissheit: Jetzt sind wir in Sicherheit, wir können frei reden, unsere Kinder sind in Sicherheit, wir haben zu Beginn unseres Hierseins wenigstens ein Dach über dem Kopf und etwas zu essen; wir sind nicht mehr in Gefahr, wir können hier ein besseres Leben beginnen – das war und ist die Überzeugung der befragten Migranten.

Es ist das, was auch unsere Gesprächspartnerinnen und Gesprächspartner immer wieder betonten: Hier fühle ich mich sicher. Und was dann kommt, liegt nicht zuletzt auch in den Händen der Ankommenden selbst, liegt auch in unseren Händen.

Erdheim zeigt aus meiner Sicht zutreffend, was der Konflikt zwischen der immer wieder verlangten und möglichst schnellen Anpassung an die aufnehmende Gesellschaft und der kritisch betrachteten Beharrung der Migranten auf ihre eigene Kultur beinhaltet:

> „Das Land, in das er einwandert, ist per definitionem das bessere Land mit der höheren Kultur. Und das ist nicht leicht zu ertragen. Hinzu kommt, dass die Einheimischen meist etwas Selbstgerechtes haben. Ihnen ist klar, dass sie die besseren sind. Und sie erwarten deshalb auch Anpassung und zwar möglichst ohne Widerspruch. Ich glaube, dass dies ein zentrales Problem von Emigranten ist und zwar ein Problem, das kaum aus der Welt zu schaffen ist. Es hat mit der Fraglosigkeit zu tun, in der die Einheimischen leben. Sie

---

3 Erdheim 2003 S.85

> *kennen den Riss nicht, der entsteht, wenn das Selbstverständliche einer Kultur zerbricht.*"[4]

Es ist das, was der Jugendliche Hassan Ali Djan mehr gefühlt als gesagt hat; es ist das, was Ajmal immer wieder betonte, wenn er von seiner ersten Unterkunft und seinen Gesprächspartnern im BAMF erzählte. Und es ist das, was Nasrin mir mit Geschenken und ihrer afghanischen Umarmung zeigen wollte: Wir haben auch eine Kultur, die es wert ist, kennen zu lernen. Ihr seid nicht in jeder Hinsicht die besseren. Jeder der Helfer und Helferinnen kann sich an die Nase fassen und sich ertappt fühlen: Das Helfen ist immer auch eine Geste der Überlegenheit, ohne dass man sagen kann, sie sei deshalb überflüssig. Das ist sie natürlich nicht, es geht ja nicht ohne Hilfe. Aber wir alle aus der Aufnahmegesellschaft könnten diese Zusammenhänge genauer reflektieren. Aus meiner Sicht würde dies das gegenseitige Verständnis sehr erleichtern und nicht dazu führen, migrantische Kultur etwa abzuwerten.

Das Festhalten an der Herkunftskultur ist deshalb auch wertvoll, nicht einfach *Parallelgesellschaft.* Auch hier könnte man die zuweilen aggressive Begleitmusik herausnehmen. Es muss ja möglich sein, die eigene Kultur zu behalten ohne die neue Kultur eines gegebenen Aufnahmelandes zu bekämpfen. Wie oben dargelegt, ist die früh erlernte Kultur das Kleid, das nicht abgelegt werden kann, wenn eine neue Kultur hinzugewonnen wird.

So konnte vor Jahren eine Therapie mit einem geborenen Afghanen erst dann Fahrt aufnehmen, als der sehr gut mehrere Sprachen sprechende junge Mann endlich in seiner Muttersprache seinen Zorn auf seinen deutschen Arbeitgeber formulieren durfte. Ich verstand kein Wort, aber der emotionale Gehalt war deutlich und erlöste den Patienten so weit, dass er in der Folgezeit nicht mehr die

---

4   Ebenda

Symptome aufwies, wegen derer er eine Therapie aufgesucht hatte. Die erste Sprache, die nicht zufällig *Muttersprache* heißt, ist tief in der Struktur des Menschen verankert und kann nicht einfach eingewechselt werden gegen eine andere, eine neue Sprache. Ich dachte damals an *Sprachgräber,* die nicht selten Migranten mit sich herumtragen, die, oft schon als Kinder, von einem Land ins andere fliehen mussten, in immer neuen Spracherwerb und deren Begleitumstände. Diese Gräber müssen geöffnet werden, um die Sprachen und die sie begleitenden Inhalte, Bilder und Phantasien wiederzufinden, die einst begraben wurden.[5]

> *„Die Migration zeigt, zu welchen Änderungen und Wandlungen der Mensch imstande ist. Historischen Prozessen können wir auch entnehmen, zu welcher Art von Neubeginn der Mensch imstande ist."*[6]

Beinahe treffen sich hier die Einschätzungen des jüdischen Emigranten Mario Erdheim mit dem aus einer islamischen Migrantenfamilie stammenden Aladin El-Mafaalani.

Wieso sollte das alles nicht gelingen? Die Menschheit hat schon ganz andere Herausforderungen bewältigt.

---

5 Tömmel 2010
6 Erdheim 2003, S.87

Epilog

Nach dem großen Exodus im Jahr 2015/16 leben nunmehr seit rund acht Jahren viele afghanische Migrantinnen und Migranten in Europa und von ihnen die meisten in Deutschland. Der drohende Abzug der westlichen Truppen und der deshalb zunehmende Terror der Taliban ließ vielen Afghanen keine andere Wahl als zu fliehen.

In dieser Zeitspanne ist viel passiert, das sich zu berichten lohnte: Gelingende Integration ebenso wie misslungene.

Manches aus den ersten Jahren habe ich im Text berichtet, Vieles nicht. Das Buch hätte 1000 Seiten und mehr umfasst und kaum jemand würde einen solchen Text lesen wollen. In Zeiten zunehmender Kurzinformation, der jede tiefere Dimension fehlt, in Zeiten der Fülle und Breite dieser Information, die großes Wissen ebenso wie großes Unwissen vermehrt, ist in den Augen Vieler Afghanistan ein *Randgebiet des weltpolitischen Geschehens* und deshalb wenig interessant. Das Land ist in doppelter Hinsicht von Deutschland weit entfernt: Auf der Landkarte ebenso wie im Bewusstsein der hiesigen Bevölkerung.

Zwei Gespräche zum Thema kultureller Widersprüche zwischen Herkunft und Ankunft von Afghanen, die in der einen oder anderen Weise typisch im Zuge der Eingewöhnung in Deutschland auftreten und die Verständigung erheblich erschweren können, möchte ich im Folgenden berichten. Beide fanden erst nach der Erstveröffentlichung des vorliegenden Buches statt.

Sozialpsychologische und psychoanalytische Untersuchungen gesellschaftlicher Widersprüche zwischen unterschiedlichen Kulturen dienen dazu, verstörende normativ verursachte Mikroprozesse zwischen den Beteiligten aufzudecken. Kulturmerkmale der individuellen Persönlichkeit sind oft unmittelbar für das Gegenüber sichtbar und bestimmen damit den Erstkontakt. Gesellschaftlich wirksame Symbole wie *Kopftuch, Bedeckung des gesamten Körpers*, oft *demütige und zurückhaltende Gesten von Frauen, selbstbewusstes Auftreten von Männern* aus Afghanistan sind seit Generationen „*in die Körper eingeschrieben*", wie Bourdieu schreibt.[1] Umso erstaunlicher, dass jugendliche Migranten oft nach kurzer Zeit nicht mehr von europäischen Jugendlichen zu unterscheiden sind.

Es ist nicht nur *die Schuld der Deutschen*, wie manche Beobachter meinen, dass die Integration nicht besser zu gelingen scheint als dies erwartet wird. Auch ist es selten die Schuld der Afghanen, wenn diese zuweilen nicht gelingt. Abgesehen von politischen Versäumnissen werden Missstimmungen auf beiden Seiten vor allem deshalb verursacht, weil eine selbstverständliche Kulturzugehörigkeit im Alltag wirksam wird, deren Kenntnis beide Seiten voraussetzen. Die eigene Kultur scheint so selbstverständlich zu sein, dass anscheinend nicht einmal über sie nachgedacht werden muss. Davon sind fast alle Menschen betroffen, weil durchschnittlich erwartbar jeder von uns viele Jahre lang in einer Kultur großgeworden ist, die wie ein maßgeschneidertes Kleid passt, ohne welches jede/jeder sich nackt fühlen würde. Aber dieses Kleid bekommt Risse, es ist bedroht, wenn irgendein Individuum der Erde in eine andere gesellschaftliche Kultur einwandert, die nicht seine ist. Das passiert derzeit ständig und überall, aber die tatsächlich hinter vielen Konflikten stehenden kulturellen Missverständnisse sind meist weder den Ankommenden noch den aufnehmenden Menschen bewusst. Viele Konflikte könnten vermieden oder besser gelöst werden, falls es gelänge, die Ursachen bewusster zu machen.

---

1   Pierre Bourdieu,<1987>, 2011, Männliche Herrschaft, *Suhrkamp*

In dem außergewöhnlichen Roman *Blösch*[2] von Beat Sterchi, als noch wenige Migranten, damals fast ausschließlich Arbeitsmigranten, in die Schweiz kamen, wird auf verdichtete Art und Weise erzählt, wie zwei Arbeitsmigranten, der eine aus Spanien mit Namen Ambrosio, der andere aus Italien mit Namen Luigi, die ihnen fremde schweizerische Kultur in den Bergen erleben. Ihre Erlebnisse werden neben vielen anderen Themen berichtet und damit sowohl die mittelmeerische wie auch die schweizerisch-bäuerliche Bergkultur beschrieben. Die Erlebnisse der Protagonisten bedürfen keiner theoretischen Erklärung, um jedem Leser, jeder Leserin vor Augen zu führen, wie schwierig und kompliziert, wie befremdend Migranten die neue Umgebung erleben und wie abwehrend-verteidigungsbereit die Einheimischen auf die Fremden reagieren.

In unserem Zusammenhang geht es darum, dass fast nicht besser als in diesem Roman gezeigt werden kann, wie Migranten auf eine Willkommensgesellschaft treffen. Bedürftig ist zum Beispiel eine Gesellschaft, wenn sie Arbeitskräfte benötigt, die das eigene Land aus unterschiedlichen Gründen nicht stellen kann: Einen Melker, einen Stallknecht, Arbeiter im Schlachthof wie in dem Roman „Blösch" oder, wie heute, Facharbeiter für die Industrie.

Dies als Vorrede zu der nun folgenden Darstellung eines Gespräches, dessen *unbewusster Subtext* aus meiner Sicht verdient, als repräsentativ für die Entstehung von Missverständnissen zwischen Migranten und wohlwollenden Angehörigen der Aufnahmeländer verstanden zu werden. Es geht um die kulturell vermittelten unbewussten Zuschreibungen und normativen Erwartungen, welche die in ihr enthaltenen Widersprüche und damit Konflikte zwischen den Individuen der Ankunfts- und Herkunftskultur konstellieren. Oft sind es sehr subtile und nur für eine geschärfte

---

2 Beat Sterchi,1983, Blösch, Zürich, *Diogenes*

Wahrnehmung offensichtliche Charakteristika vordergründig einfacher Reden der Protagonisten, die sich im Laufe des Austauschs von Gesprächspartnern unbewusst ergeben. Sie können aber die beiderseitige Verständigung sehr einschränken.

Und damit zur ersten Geschichte.

Unbewusste kulturinduzierte Konflikte zwischen Herkunfts- und Ankunftsgesellschaft; ihre Bedeutung für Beratung und integrative Gespräche mit nach Deutschland eingewanderten afghanischen Migranten.

Eine Beratung

In Deutschlands Süden betreut ein ehrenamtlicher Helfer seit 2016 zunächst eine afghanische Familie, in der Folge nur noch die einzige Tochter aus dieser Familie. Die Familie nervte ihn so sehr, dass er deren Betreuung aufgab und sich ausschließlich der einzigen Tochter (zwischen vier Brüdern) zuwandte. In seiner Enttäuschung über die nicht schneller verlaufende Integration schien sie ihm als diejenige, deren Zukunft in Deutschland vielversprechend sein würde.

Mina [3] machte eine gute Entwicklung durch, sie schaffte den Realschullabschluss, scheiterte anschließend aber während der Lehre in einem medizinisch-technischen Beruf. Sie absolvierte deshalb und wegen häuslicher Schwierigkeiten mit ihren Brüdern und ihrer Mutter eine Therapie, die sie inzwischen nicht mehr in Anspruch nehmen will.

- – *Bringt mir nichts.* Sagt sie.

---

[3] Name geändert

Der Helfer wünscht nun, gemeinsam mit seinem Schützling, eine psychologische Beratung. Als Grund nennt er den Abbruch der Therapie, die verweigerte Arbeitsleistung in dem zuletzt ausgeübten Job, die schwierige Situation Minas in ihrer Familie.

Zum anberaumten Termin kommen er und die junge Frau. Sie ist 18 Jahre alt, sehr hübsch und gut gekleidet. Um den Hals, den Kopf und die Haare hat sie einen langen Schal geschlungen, der sie bis zur Brust bedeckt. Während des Gespräches rutscht der Schal mehrmals von ihren Haaren – das Temperament Minas lässt offenbar einen festen Sitz nicht zu. Oder ist es eine unbewusste Geste der Anpassung an ihren Helfer? Der Helfer wünscht sich, dass Mina erzählen solle, was ihr Schwierigkeiten mache. Sie nickt und beginnt:

> „Gestern kam eine Frau zu Besuch in meine Familie. Sie weinte und sagte, ihr Mann wolle nichts mehr von ihr wissen. Er wolle sich von ihr trennen, weil sie – so hatte er ihr Vergehen von afghanischen Freunden erfahren – in Afghanistan „Schlechtes" getan habe. Sie sei sogar von ihrem Mann als „Schlampe" bezeichnet worden. Das sei sie aber nicht. Sie sei in Kabul, bevor sie im Zuge der Familienzusammenführung als Ehefrau eines anerkannten Asylbewerbers nach Deutschland gekommen sei, alleine einkaufen gegangen. Aber ihr Mann sei doch in Deutschland gewesen, sie hätte ihn doch gar nicht mitnehmen können! Einen anderen Begleiter habe sie nicht gehabt."

Mina erzählt weiter, sie habe auf die junge Frau eingeredet:

> – Du bist nicht schlecht, glaube das nicht, Du hast alles richtig gemacht, Du konntest doch gar nicht anders!

An dieser Stelle unterbricht ihr Helfer ihren Erzählstrom und sagt, sie, Mina, habe dieser Frau wortwörtlich das gesagt, was er ihr stets gesagt habe, was sie sich sagen solle, wenn ihre Mutter sich auf ihre Brust setze, sie heftig schlage und sie eine *Schlampe* nenne.

Mina schaut verdutzt ihren Helfer an, dann lacht sie:

- – *Kann sein!*

Dann erzählt sie weiter:

- *Am Abend, als die Freundin weg war, sagte mir meine Mutter, vielleicht sei diese Frau aber doch eine Schlampe – vielleicht habe sie viel schlimmere Dinge getan als sie zugegeben habe. Sie habe sich vielleicht geschämt und würde nun lügen…und…*

Der Helfer unterbricht sie ein weiteres Mal und meint, in leicht tadelnder Tonlage:

- *Du musst erzählen, was DIR Kummer macht! Zum Beispiel die Heirat.*

Mina setzt sich zurecht, zieht ihren Schleier über das Haar und beginnt von Neuem:

- *Eine Freundin, so alt wie ich, hat einen Bruder. Als ich mich mit ihr ein paarmal getroffen habe, wollte sie, dass ich ihren Bruder heirate. Ich sagte nein, das will ich nicht. Eine andere machte es genauso. Kaum spricht man mit diesen Freundinnen, soll man einen Verwandten heiraten: einen Bruder, einen Cousin und so weiter.*
- *Waren Sie denn schon einmal verliebt?"* Frage ich.
- *Ja,* sagt Mina.
- *Aber Du hast den Mann doch noch nie gesehen!* Wirft ihr Helfer ein.
- . *„Nein",* bestätigt Mina, leicht eingeschüchtert, *„Er lebt in Amerika, in Kalifornien"*
- *„Gechattet über eine Internetplattform?"* frage ich.
- *Ja. Er ist schön und klug, ich habe gerne mit ihm gesprochen. Aber er hat Schluss gemacht. Seine Eltern haben ihm nicht erlaubt, mit mir zu sprechen. Ich habe im Hintergrund die strenge Stimme seines Vaters gehört. Ich wollte ja, dass wir uns verloben, weil wir dann hätten miteinander sprechen können. Aber er wollte nicht heiraten. Ich wollte auch nur, dass seine Eltern wissen, dass wir miteinander sprechen, dann wäre es doch gegangen. Ich habe Herrn L (den Helfer, SET) gefragt, ob das („der Liebeskummer",* wirft der Helfer ein*) vorbei gehe. Herr L. hat gesagt, es geht vorbei.*
- *Warum gehst Du nicht zu Deiner Therapeutin und verabschiedest Dich und sagst, Du willst nicht mehr kommen?* Fragt der Helfer.
- *Weil ich sie nicht verletzen will.*

Sie schaut sehr verschreckt angesichts der Vorstellung, sie müsse ihrer Therapeutin, die „doch so nett" sei, „so etwas" sagen.

- *Das ist ihr Job, sagt der Helfer, sie ist nicht verletzt, wenn ein Patient nicht mehr kommen möchte.*
- *Nein, das kann ich nicht, sagt Mina.*

Unvermittelt spricht sie vom afghanischen Stamm der Paschtunen. Sie ist sehr stolz, eine Paschtunin zu sein:

- *Jeder, der in Afghanistan Macht hat, ist Paschtune. Alle.*
- *Die meisten Taliban sind auch Paschtunen, sage ich.*
- *Ja, sagt sie stolz: Alle, die Macht haben, sind Paschtunen.*

Ich fühle mich – wie so oft, wenn ein Gespräch in eine Sackgasse gerät, an Freud und seine Geschichte über Katharina erinnert.[4] Dort ist zu lesen: „Nun war uns also der Weg verlegt". Ich muss nun – auch aus Zeitgründen – die Stunde beenden und auf eine bessere Gelegenheit warten, bis klarer wird, was Mina bedrückt, warum sie nicht mehr zur Therapie gehen möchte und weshalb sie in ihrer Arbeit bisher scheitert.

Das Verstehen des Konfliktes, der Mina bisher nicht erlaubt, eine gute Arbeit, die ihrer Begabung angemessen ist, zu finden und diese durchzuhalten, ist nicht so einfach wie es zunächst den Anschein hatte.

1. Mina beginnt ihre Rede mit der Schilderung des Leids einer jungen Frau, das für Afghanistan typisch ist und mit dem sie sich offenbar identifiziert. Sie wiederholt die Worte ihres langjährigen Helfers, ohne sich zunächst dessen bewusst zu sein. Der Helfer, Herr L., weist sie darauf hin. Sie bejaht mit einem bestätigenden „Kann sein". Dann aber wiederholt sie die Worte ihrer den afghanischen kulturellen

---

4 *Katharina* in: Breuer, Joseph und Freud, Sigmund, <1895> 1997, Studien über Hysterie

und moralischen Anforderungen verpflichteten Mutter. Der Konflikt zwischen afghanischen und deutschen Normen (hier: nicht aus dem Haus gehen dürfen ohne männliche Begleitung versus selbstverständliche Freiheit von Frauen beim Einkauf von Lebensmitteln), der Mina umtreibt, wird vorläufig für das „dritte Ohr" der Analytikerin verständlich, ohne dass sogleich eine Lösung angeboten werden kann.

2. Afghanen erzählen meist nur über Umwege etwas über sich selbst. Die als zu direkt empfundene Art und Weise der deutschen Kommunikation ist ihnen fremd, sie wird als *unhöflich* beurteilt. Mina erzählt zunächst eine Geschichte einer befreundeten jungen Frau, um sich langsam ihrer eigenen Geschichte anzunähern. Dem Helfer ist das zu umständlich, ohne Umwege visiert er sein Ziel an. Er unterbricht sie deshalb mehrmals, nicht, weil er unhöflich ist, sondern weil er eine Stunde Gespräch optimal für Minas Zukunft zu nutzen versucht.

3. Zwischen dem Helfer und seinem Schützling besteht damit ein deutlicher kultureller Unterschied, der die Verständigung erschwert. Beiden scheint die Herkunft der schwierigen Verständigung aber nicht bewusst zu sein. Sie geben sich seit Jahren große Mühe – ohne entscheidenden Erfolg. Der Helfer versucht, Minas Rede auf ein Ziel hin zu lenken und zu begrenzen. Mina weicht aus, erzählt so, wie man sich in Afghanistan normalerweise einem Thema nähert.

4. Mina befindet sich in einem Konflikt, den sie in doppelter Hinsicht zu bewältigen versucht: Sie fühlt sich aufgrund ihrer Herkunft, ihrer Familienverbundenheit, ihrer trotz der offenkundigen Schwierigkeiten mit ihrer Mutter bestehenden Solidarität mit ihr sowohl dem afghanischen Paschtunwali (dem Verhaltenskodex der Paschtunen)[5] verpflichtet als auch

---

5   Siehe Text Seite 96.ff, 112 ff.

der Kultur ihres deutschen Beschützers, der viel für sie getan hat und dem sie deshalb sehr dankbar ist.

Den Konflikt zwischen der Herkunftskultur, einem inzwischen verwässerten und gemilderten Paschtunwali, und der Ankunftskultur ihres Beschützers versucht Mina mit Hilfe ihrer unvermittelt stolzen Erzählung über die Macht und Größe der afghanischen Paschtunen zu bewältigen. Diese Erzählung dient unbewusst dazu, ihr angegriffenes Selbstbewusstsein und die Scham über ihr bisheriges Versagen in der Arbeit zu überwinden. Insgesamt scheint ihre narzisstische Balance damit ausgeglichener. Ihr individueller Kummer gerät damit allerdings aus ihrem Blickfeld.

Das Ergebnis des Gespräches ist, dass Mina sagt, eine neue Stelle in einer Bäckerei antreten zu wollen. Damit fügt sie sich den Wünschen ihres Helfers. Vermutlich wird sie diese Arbeitsstelle aber genauso verlassen wie die vorherige. Sie bleibt dabei, dass sie sich nicht bei ihrer Therapeutin verabschieden kann. Damit erfüllt sie wiederum die Erwartungen ihrer afghanischen kulturellen Ordnung, die es verbietet, andere Menschen zu verletzen. Der Konflikt zwischen Herkunfts- und Ankunftskultur ist in Mina virulent, aber den Handelnden nach wie vor unbewusst.

> *Kultur,* so der amerikanische Ethnologe Clifford Geertz, *„ist ein geschichtlich übermittelter Komplex von Bedeutungen und Vorstellungen, die in symbolischer Form zutage treten und es den Menschen ermöglichen, ihr Wissen über das Leben und ihre Einstellung zur Welt einander mitzuteilen, zu erhalten und weiter zu entwickeln. Kultur ist ein System gemeinsamer Symbole, mit deren Hilfe der Einzelne seinen Erfahrungen Form und Bedeutung geben kann. Sie ist ein öffentlicher gesellschaftlicher Diskurs, der im Hof, auf dem Markt und auf dem städtischen Platz anzutreffen ist.*[6]

Kann Deutschland unter diesen Umständen eine bleibende Zuflucht für geflüchtete Afghanen sein? Kann unser Land

---

6 Clifford Geertz, 1987, Dichte Beschreibung, Beiträge zum Verstehen kultureller Systeme, *Suhrkamp*

einhalten, was es verspricht? Finden die afghanischen Einwanderer tatsächlich die Freiheit des Handelns, die sie sich vor und während ihrer Flucht in ihren Phantasien ausmalten?

Eine weitere Geschichte kann als (vorläufige) Antwort und als Ergänzung dienen.

Ein Therapieversuch

Von der Leitung eines Asylkreises im Süden von München wurde ich Ende des Jahres 2022 gefragt, ob ich einen Therapieplatz frei hätte. Ich hatte keinen Platz, sagte aber zu, ein Vorgespräch mit einer jungen Afghanin führen zu wollen. Sie habe sich bereits seit einem halben Jahr vergeblich um einen Therapieplatz bemüht und gelte als schwer traumatisiert. Sie verhalte sich in ihrer Unterkunft auffällig und brauche dringend eine Therapie.

Weiter wurde mir mitgeteilt, dass der Schwager der jungen Frau dolmetschen würde. Die Bereitschaft von Partnern, Söhnen, Verwandten und anderen Nahestehenden, für ihre Frauen zu dolmetschen, kenne ich aus vielen Gesprächen seit Jahren. Aus nachvollziehbaren Gründen war ich damit nie einverstanden. Dieses Mal wollte ich erst einmal abwarten, ob nach so vielen Jahren des Hierseins ein Dolmetscher überhaupt notwendig sei.

Vida[7] kam zum Erstgespräch allein. Es stellte sich schnell heraus, dass sie sich relativ gut und verständlich ausdrücken konnte.

In die Sprechstunde kam eine der Jahreszeit entsprechend winterlich verhüllte junge Frau, das Gesicht bedeckt nicht mit einer (Corona-) Maske, sondern mit einem Schal, der auch Kopf und Schultern umfasste. Ihr Gesicht, soweit ich es sehen konnte, war verhärmt, vorgealtert und hatte eine fast graue Färbung

---

7   Der Namen ist geändert

Sie setzte sich auf den angebotenen Sitzplatz und begann sofort zu sprechen:

> *Ich bin froh, dass ich hier bin. Ich habe Kopfweh, habe furchtbare Angst, leide unter Schmerzen (dabei zeigte sie auf ihren Rücken und ihr rechtes Bein). In der Unterkunft ist es schrecklich. Ich werde gequält von der Security, dreimal in der Woche kommen sie und wollen kontrollieren: Die Rauchmelder, die Heizung, die Dusche. Ich sage ihnen, dass ich das nicht wolle, aber sie kommen trotzdem.*

Die Security besteht aus Männern, ausschließlich Migranten, die von den jeweilig zuständigen Jobcentern eingesetzt werden, um für „Ruhe und Ordnung" in den Unterkünften zu sorgen. Mit einigen von ihnen hatte ich schon seit Jahren die Möglichkeit, anlässlich meiner Besuche in den Unterkünften sprechen zu können. Sie sind meist ausgesprochene Machos, sind sich ihrer Bedeutung bewusst, haben durchaus etwas, was man aus europäischer Sicht als Machtallüren bezeichnen könnte und sind dementsprechend ruppig und autoritär. Ich habe erlebt, dass sie gegenüber Männern (groß gewachsenen und älteren Männern) mit Unterwerfung reagieren, vor Frauen aber keinen Respekt haben. Auch nicht vor mir, obwohl ich vom Helferkreis, also in „offizieller Mission" kam. Auch dies ist eine den Männern selbst selbstverständliche Äußerung ihrer heimischen Kultur.

Sie habe sehr viel Angst vor den Männern, erzählt Vida weiter. Diese Männer seien aus der Türkei. Sie beachteten ihren Einspruch nicht. Ihr Mann gehe am Morgen aus dem Haus, er sei Schneider und ganztags in einer türkischen Schneiderei angestellt und sei deshalb nicht zu Hause. Ihre beiden älteren Kinder seien in der Schule, sie bleibe tagsüber mit ihrem vor vier Monaten geborenen Kind alleine in der Wohnung.

Nach dem „Besuch" der Security brauche sie immer viel Zeit, um sich zu beruhigen. Sie zittere den ganzen Tag, könne nachts nicht schlafen, obgleich ihr Mann sie umarme (sie zeigt, wie er sie umarmt) und tröste. Er sei ein guter Mann.

Ich frage, wo und wann sie geboren sei.

„In Kabul, im Jahr 1992"

> – *Und seit wann sind Sie hier?*
> – *Seit 8 Jahren.*
> – *Sie waren schon in Kabul mit Ihrem Mann verheiratet?*
> – *Ja.*

Ein zentrales Ereignis ihrer Vorgeschichte erzählt sie bereits in der ersten Stunde:

Eines Tages in Kabul, als sie 17 Jahre alt war, also im Jahr 2009, sei ein Mann ins Haus ihrer Familie gekommen, habe eine Pistole in der Hand gehabt, habe einfach die Hand erhoben und ihren Vater erschossen.

> – *Von da an wurde alles dunkel,* sagt sie.
> – *Wer hat geschossen?* frage ich. *Ein Talib?*
> – *Ja, er war wohl von den Taliban.*

Kurz darauf heiratete ihre Mutter einen anderen Mann.

(*In Afghanistan kann man nicht nicht heiraten,* sagte einer meiner Gesprächspartner, der in Afghanistan zwangsverheiratet worden war).

> – *Der Mann meiner Mutter war so schrecklich..."* sagt Vida.

Er vergewaltigte die junge Frau täglich. Sie hatte sechs Fehlgeburten, zunächst unklar, ob von diesem Mann oder später von ihrem Ehemann.

Sie sei zusammen mit ihrem Mann geflohen.

Sie sei zunächst in einer Unterkunft in U... gewesen. Dort sei sie von einem Nigerianer vergewaltigt worden, als ihr Mann nicht zu Hause war. Sie habe das der Leitung der Unterkunft gesagt und sei deshalb in die jetzige Unterkunft umgesiedelt worden. Aber da sei es auch nicht besser. Jetzt bedrohe sie die Security.

Auf meine Frage, ob sie sie tatsächlich bedrohen oder ob sie „nur" Angst davor habe, meint sie
Nein, sie tun mir nichts, das ist alles in meinem Kopf! und weint bitterlich. Sie sei nach jedem ihrer Besuche voller Angst und unruhig, habe furchtbares Herzklopfen und Luftnot (dabei zeigt sie auf ihre Brust) und könne auch nachts nicht mehr schlafen, obgleich ihr Mann sie in den Arm nehme und tröste.

Sie kann also zwischen Realität und Phantasie unterscheiden, konstatiere ich.

- *Die asiatischen Männer sind schrecklich!"* Ruft Vida plötzlich sehr laut aus, *„sie sind alle schrecklich! Die Iraker, die Afghanen, die Türken, sie sind alle schrecklich."*

Ich glaube zu wissen, was sie meint, weil ich die Geschichten der Frauen in den Unterkünften jahrelang angehört habe.

- *Deutschland ist auch schrecklich,* sagt sie dann, *„wenigstens eine kleine Wohnung für mich, ein Zimmer würde reichen, ein kleines Zimmer! Hier ist auch Stress, dauernd.*
  Ein Mann sagte, er würde eine Wohnung suchen für uns. Aber jetzt ist er weg, Wir haben ihm dreitausend Euro gegeben, aber eine Wohnung haben wir immer noch nicht.

Ich wundere mich nicht über die Vertrauensseligkeit vieler afghanischer Flüchtlinge, weil ich sie seit Jahren kenne.

2. Stunde

Eine Woche später, vor der nächsten Stunde, steht Vida mit einem Kinderwagen vor der Haustüre: Sie hat ihren 4 Monate alten Säugling mitgebracht. Sie nimmt ihn aus dem Wagen, wickelt ihn in eine warme Decke und bringt ihn ins Behandlungszimmer. Dem Säugling geht es gut, er ist ruhig, hat ein liebes freundliches Gesicht und schaut fröhlich und neugierig in die Welt. Sie hat eine Flasche mit Milch dabei, aber im Laufe der Stunde, als er offensichtlich mit dieser Flasche unzufrieden ist, stillt sie ihn. Meine Gegenwart stört sie nicht, auch, weil ich ihr mit einem Nicken zu verstehen gebe, dass ich selbstverständlich damit einverstanden bin.

In der Zwischenzeit habe ich mit den zuständigen Leitern des Asylkreises gesprochen.

Der Mann meiner Patientin sei „schwierig". Er rede ununterbrochen, er sei nervig. Er habe die Reifen eines Autos gewechselt und die Reifen im Haus einfach unter einer Treppe liegen lassen. Daraufhin sei das Jobcenter von der Security benachrichtigt worden und dieses habe geschrieben, wenn dies noch einmal vorkomme, würde die Familie A. „rausgeschmissen".

Herr A. habe sich wortreich verteidigen wollen, aber das sei auch nervig. Die Security, das seien alles „ordentliche Männer", die nur ihre Pflicht täten. Der „Kümmerer" der Unterkunft, Herr M., ein Afghane, sei ebenfalls ein sehr netter Mensch und tue sein Bestes.

Ich bin irritiert über das in meinen Augen relative Unwissen der zuständigen Personen und nehme mir vor, Vida noch einmal zu befragen.

Nach dem Willkommensaustausch konfrontiere ich sie mit diesen Berichten. Sie sagt, dass für die Reifen kein anderer Platz zur Verfügung gestanden und dass ihr Mann sie längst weggeräumt habe. Auch, dass sie persönlich zu dem Gespräch mit dem „Kümmerer" gekommen sei und ihre Sicht der Dinge habe vorbringen wollen.

- Aber sie haben mich ausgeschlossen und die Männer haben unter sich die Sache besprochen.

Die Security, so hatte mir schon eine Dame aus dem Asylkreis erklärt, sei sehr bemüht, es allen Recht zu machen.

Ich musste einsehen, dass weder verstanden worden war, weshalb es gut wäre, wenn die Security nicht dreimal in der Woche in die Wohnung der Familie A. käme, noch, warum es ihrem Ehemann erlaubt sein muss, sich zu verteidigen.

Anpassung an deutsche Ordnung und Gepflogenheiten, und seien diese noch so unverständlich oder manchmal auch rigide, kommen offenbar besser an als das Recht auf Verteidigung bzw. eigenständige Sichtweisen der Bewohner der Unterkünfte. Ohne Nachfrage wird das Verhalten autoritärer Zuwanderer, die für ihr überangepasstes Verhalten an vermeintlich deutsche Forderungen nach Ordnung und Disziplin natürlich auch Gründe haben, anerkannt. Die Security erfüllt ihre Pflicht, oder das, was sie als eine solche erlebt. *„Das ist nicht Deine Privatwohnung, sondern eine Unterkunft"* würden die Männer sagen und damit begründen, dass jeder jederzeit zur Kontrolle in die Intimsphäre der dort Wohnenden eindringen könne. *„Und wenn Dir das nicht passt, dann verständigen wir das Jobcenter und Ihr werdet einfach rausgeschmissen"* lautet ihre Drohung. Die Geringschätzung von Frauen aus islamischen Ländern wird nicht in Frage gestellt, wahrscheinlich nicht wirklich in ihrem Ausmaß verstanden.

Ich ertappe mich dabei, möglichst sofort in die Unterkunft gehen zu wollen und „Ordnung" zu schaffen: Das Recht der dort Wohnenden gegen die falsch, nämlich sehr autoritär verstandene Anpassung der Security und des nicht wirklich informierten Jobcenters zu verteidigen, damit eine würdige, eine tatsächliche Eingewöhnung und Sicherheit überhaupt erst einmal möglich werden kann. Für eine niedrige Miete eine Wohnung zu finden ist in München und Umgebung so schwer, dass es unwahrscheinlich ist, in naher Zukunft eine zu finden.

Wir verabreden eine neue Stunde für den kommenden Freitag. Sie möchte ihren Mann mitbringen, weil er *gut deutsch spricht*, wie sie sagt.

> – *Sie sprechen auch gut,* sage ich zu ihr, aber tatsächlich verspreche ich mir noch einige Klärungen von ihm.

3. Stunde.

Herr A. ruft kurz vor 6 Uhr am Morgen an: Leider sei seine Frau krank. Auch die Kinder hätten Halsschmerzen und seien krank. Sie könnten nicht kommen. Aber dann gerne später, nächste Woche vielleicht, wenn etwas bei mir frei würde.

Ich meinte, dass ich nun zwei Wochen Ferien hätte, aber dass sie beide gerne am 9.1. um 8 Uhr kommen könnten. Er sagte zu.

Am 9.1. kamen sie, allerdings 20 Minuten zu spät. Die junge Patientin sah verändert aus: Sehr gepflegt, das Gesicht und die Haare nicht verhüllt, ihre langen Haare nur straff zurück gebunden. Ihr Mann, ebenfalls jung, begleitet sie. Sie haben ihr inzwischen fast 5 Monate altes Kind mitgebracht, einen wachen lebhaften Jungen. Dieser sitzt auf dem Schoß des Vaters, der sehr zärtlich zu seinem Sohn ist, ohne ihn einzuengen.

Herr A. erzählt, dass die Unterkunft nach wie vor „schrecklich" sei. Er lebe nun schon 8 Jahre hier, zwar habe er hier weniger Stress als in Afghanistan, aber doch auch Stress, nur anders. In der Unterkunft käme nach wie vor die „Security" ohne zu klopfen, und würde sich nicht daran stören, dass seine Frau das nicht wolle.

Ich sagte noch einmal, dass das nicht ginge. *„Doch, dann „wegschmeißen",* sagt Vida und wiederholt, dass das Jobcenter sie hinausschmeißen würde und damit schon oft gedroht habe. *Wenn es Euch nicht gefällt, dann müsst Ihr* *gehen. Das ist eine Unterkunft und keine Privatwohnung,* zitiert sie.

Die kleine Familie, so sagt er es auch, hat schon viel Geld – etwa 5000 Euro – verloren, um „schwarz" einen Wohnungsvermittler zu beschäftigen- bisher ohne Ergebnis.

Er wirkt sehr verantwortungsbewusst; wie alle guten afghanischen Männer übernimmt er die volle Verantwortung für seine Frau und seine Kinder. Er selbst sei körperlich verletzt (dabei zeigt er auf sein rechtes Bein), Nägel würden in seinem Bein stecken. Ich frage, wo das passiert sei.

– *In Afghanistan. Eine Mine.*

Er sieht es nicht oder scheint es nicht zu bemerken, dass seine Frau plötzlich zu weinen beginnt. Er redet weiter: Er habe ihr abgeraten, zu einem Arzt zu gehen, sie benötigten nur eine Wohnung, sonst nichts.

In der Unterkunft in U... erzählt er, habe sich eine Frau aus dem 7. Stock in den Tod gestürzt. Das sei schon öfters vorgekommen. Niemand kümmere sich darum.

Sie weint, sagt aber am Schluss der Stunde, als ich sie frage, beide frage, sie würde gerne wiederkommen. Der Mann schaut sie an und fragt: Soll ich wieder mitkommen? Aber es sieht so aus, als wenn seine Frau mit Absicht eine Zeit nenne (nämlich 9 Uhr statt 8 Uhr, zu einer Zeit, in der er schon arbeitet), zu der sie nur alleine kommen kann. Sie spricht sehr gut Deutsch, fast so gut wie ihr Mann, der die Sprache schon fließend sprechen kann, traut sich aber offenbar nicht so viel zu.

Beide gehen. Sie kann den Termin nicht aufschreiben, weil sie den Zettel vielleicht verliere. Er sagt, dass er dies tun werde und beide gehen mit ihrem Kind aus der Türe.

4. Stunde

Wie nun schon „seit immer", so kommt es mir vor, hole ich Vida, die mit ihrem Kinderwagen pünktlich zum verabredeten Stundenanfang vor der Haustüre steht und wartet, in die Praxis.

Sie sieht deutlich besser aus – etwa wie das letzte Mal. Es ist kalt draußen, sie hat ihr Kind warm eingepackt.

- *Wie geht es Ihnen?* frage ich zunächst, als sie auf dem Sofa in der Praxis sitzt, ihr Kind auf dem Schoß, diesem die Mütze vorsichtig auszieht, das Mäntelchen abnimmt und den Sohn gemütlich auf ihren Schoß bettet. Auch deshalb frage ich so, weil das die ritualisierte Frage zur Begrüßung in Afghanistan ist.
- *Ja, Stress, immer Stress.* Sie erzählt, wenn sie einschlafe, sehe sie Bilder – immer wieder Bilder.
- *Was sehen Sie auf den Bildern?*
- *Meinen Stiefvater, andere Männer, ich habe Angst.*

Sie erzählt, dass sie diese Bilder schon lange habe. In Afghanistan schon.

Eines Tages habe sie ihr Stiefvater wieder bedroht. Sie habe daraufhin ihren Cousin angerufen und gesagt: *Ich mache mich tot.* Sie zeigt dabei auf ihre Pulsadern. Sie habe ihn gebeten zu kommen. *Ja, ich komme!* habe er gesagt.

Sie sagte ihm, wenn er sie heirate, dann könnten beide zusammen fliehen. Er war sofort einverstanden. Sie bereiteten gemeinsam ihre Flucht vor. Sie gingen zuerst nach Pakistan, dann in den Iran, durch die Türkei und dann über Griechenland über die Landroute bis nach München.

Sie wurden nach U… gebracht.

- *Konnte Ihre Mutter Ihnen nicht helfen?* frage ich
- *Der Stiefvater hat sie mit einem dicken Telefonkabel geschlagen, sie blutete aus Mund und Nase. Ich kann nicht nach Afghanistan, er würde mich tot machen.* Dann zeigt sie auf den Boden meiner Praxis und sagt: *Loch graben und dann Steine werfen.*

Ich verstehe sofort, weil ich die anhaltenden Steinigungen für „untreue" Frauen aus den Erzählungen vieler Frauen aus Afghanistan kenne.

- *Ich möchte so gerne der Mutter helfen!* Bei diesen Worten steigen ihr erneut Tränen in die Augen.
- *Ich bin 11 Jahre in die Schule gegangen und dann kam der Stiefvater und* – sie zieht mit dem Finger einen waagerechten Strich durch die Luft und zeigt damit, dass es dann Schluss war mit der Schule.
- *Ich würde so gerne...* und nun gerät sie in einen Tag-Traum...*hier in einer großen Firma in einem modernen Hochhaus arbeiten oder in einem Kindergarten...*

Sie hat 3 Kinder, 3 Söhne. Sie lächelt stolz – nein, noch mehr Kinder möchte sie nicht. *Sind genug*. Sie möchte etwas lernen, arbeiten, und dann neigt sie ihren Kopf zu ihrem Sohn auf ihrem Schoß und sagt sehr liebevoll:

- *Die Mama arbeitet und Du gehst dann in den Kindergarten.*

Sie richtet sich auf und erzählt, ihr fünfjähriger Sohn wolle Polizist werden: Er möchte allen Leuten helfen: *Wenn jemand schlägt, gehe ich hin und sage: Das ist verboten!* teile er seinen beiden Eltern mit.

- *Die Deutschen sind nett, sehr viele sind sehr nett, Aber wenige (*sie zeigt mit Daumen und Zeigefinger wenige an*), sind nicht nett.*

Zwischendurch hat sie ihren Sohn wieder gestillt. Das ist jetzt selbstverständlich: *Ich stille alle meine Kinder so ungefähr eineinhalb Jahre.* Das Kind, der Sohn, ist nun 6 Monate alt, schaut neugierig in die Welt, ist eng an seine Mama gebunden und sieht sehr gesund und wach aus.

Magnesium, Vitamin C. und Therma Care, die ich ihr schon in der ersten Stunde gegeben habe, hätten ihr gegen ihre Muskelschmerzen geholfen. Sie hat alles Mittel inzwischen nachgekauft und hat keine Schmerzen mehr. Sie kann ihren rechten Arm wieder heben.

> – *Ich schlafe besser, schrecke aber manchmal noch auf und sehe Bilder, mein Mann nimmt mich dann in den Arm und sagt: Du bist hier, niemand kommt, Du brauchst keine Angst zu haben.*

Wir verabreden eine neue Stunde in der kommenden Woche. Sie geht und sagt: *Vielen Dank!*

5. Stunde

Zur verabredeten Zeit steht sie wieder mit dem Kinderwagen vor der Türe. Ich hole sie herein. Das Kind sieht geradezu grün im Gesicht aus.

> – *Er ist krank,* sagt Vida.

Sie selbst sieht aber deutlich besser aus, fast scheint es, als sei sie schon gesund. Ich freue mich darüber, frage sie nach ihrem Sohn: Ja, es habe einen Virus...

Dann erzählt sie weiter, als habe keine Unterbrechung stattgefunden.

Drei Kaiserschnitte habe sie gehabt. Zweimal habe der Kopf oben gelegen, einmal normal, aber da sei eine normale Geburt nicht mehr möglich gewesen.

Von Steinigungen junger Leute erzählt sie, junge Leute, die ineinander verliebt waren, wurden von den Taliban gesteinigt, beide seien tot.

Taliban holten die jungen Mädchen ab: Familien haben eine Tochter, dann nehmen sie sie einfach mit, verheiraten sie. Raub.

> – *Das steht in keiner Zeitung, auch die Steinigungen nicht. Das wird auf Plätzen, die niemand sehen kann, groß wie ein Fußballplatz, gemacht.*

Mit ihrer Mutter hat sie telefoniert. Diese hat viel geweint, Stiefvater schlägt sie sehr viel, die Mutter kann nicht weg. Früher hat sie geputzt, aber das geht jetzt auch nicht mehr. Die Frauen würden zu Hause sitzen, frieren wegen der

Kälte und dem Schnee, sie würden hungern, oft verhungern.

Sie will wissen, warum hier derzeit alles so teuer ist. Ich erkläre es ihr, Inflation, Krieg in der Ukraine, sie versteht das Gesagte sofort.

Dann sagt sie: Sie habe keine Schmerzen mehr. Der Arzt habe zuvor gesagt, dass ihre Schmerzen „ganz normal" seien. Dabei lacht sie, als ich sage, Schmerzen seien nie „ganz normal". Jedenfalls hat Vida jetzt keine mehr.

Die Stunde endet wie gewohnt. Der Termin ist klar, sie nickt am Ende der Stunde.

Aber zur nächsten verabredeten Stunde kommt sie, für mich überraschend, nicht mehr. Ich rufe sie an – weil ich zunächst denke, dass sie krank ist, meine Telefonnummer verloren hat oder sonst ein Umstand sie aufgehalten hat. Aber ich weiß, dass das alles nicht sein kann, weil sie durchaus organisiert ist.

Dann fallen mir Blicke ein, die Worte Ihres Mannes. *Du brauchst keinen Arzt – wir brauchen nur eine Wohnung ...*

Er bestimmt ihr Handeln, so nett er ist.

Zur Diskussion:

Vida litt an einer PTBS, einer posttraumatischen Belastungsstörung. Sie hatte Flash-Backs, die sie nachts nicht schlafen ließen und ihr große Ängste am Tag bereiteten. Jeder Auslöser – z.B. die Männer der Security in ihrer Unterkunft – triggert erneut das Trauma, als sei es gegenwärtig, *als sei es ganz frisch,* wie Freud dies schon so treffend formuliert hat.

Die Ermordung ihres Vaters durch die Taliban, der kurz darauf folgende schwere Missbrauch durch den Stiefvater, die Beendigung ihrer Schulkarriere, ebenso wie die andauernde Gewalttätigkeit des Stiefvaters gegen ihre Mutter, haben sie zutiefst erschüttert.

Vida war dankbar, dass sie so unkompliziert kommen konnte und zeigte dies auch deutlich. Dass sie nicht länger bleiben wollte oder konnte, führe ich einerseits auf den Rat ihres Ehemanns zurück. Dieser rettete sie aber vor einem drohenden Suizid, begleitete sie auf der gefährlichen Flucht nach Deutschland, steht treu und kämpferisch zu ihr: Gegen die Security und gegen das vermutlich oft überforderte und überfordernde Jobcenter versucht er Vida zu helfen so gut er kann. Wenn er, der Herr im Hause, der Meinung ist, dass sie *keinen Arzt brauche*, dann richtet sie sich danach, wie fast alle mir bekannten Frauen aus Afghanistan. Einmal hat sie, ohne ihm direkt zu widersprechen, aber doch mit Entschiedenheit, für ihre Therapie gekämpft. Ein zweites Mal, wahrscheinlich auch deshalb, weil es ihr schon viel besser geht, hat sie dies nicht mehr tun können oder wollen.

Vida hat aber Ressourcen, die sie nicht nur in den wenigen Stunden nutzen konnte.

Zunächst hat sie sich selbst um eine Therapie gekümmert und auch bekommen. Noch in Afghanistan, kurz vor ihrem sehr ernst gemeinten Suizidwunsch, als sie beschloss, *ich mache mich tot,* entschied sie sich offenbar sehr spontan und unvermittelt für den Anruf bei einem Heiratskandidaten – und damit für das Leben: Sie überraschte ihren Cousin mit einem Heiratsantrag. Sie konnte – vermutlich auf der Basis der bis zum Mord an ihrem Vater guten Entwicklung – einschätzen, welcher Mann fähig sein würde, sie zu lieben und mit ihr die nicht eben gefahrlose Flucht zu wagen.

Sie ist Tadschikin, spricht Dari, lernte schnell die deutsche Sprache. Vida konnte mir ihre Fruchtbarkeit, die Entwicklung ihrer Kinder, ihr Durchhaltevermögen zeigen. Sie scheint viel reifer und auch selbstständiger zu sein als europäische Frauen in ihrem Alter.

Eine Wohnung konnte ich ihr leider nicht bieten, aber doch die Schmerzlosigkeit ihrer Muskulatur, die Aufhebung ihres schlimmsten Kummers durch unsere Gespräche, die sehr offen und emotional verliefen, durch die Bestärkung ihres Wunsches, sich im neuen Heimatland weiter um ihr Wohl zu kümmern.

Eine Beendigung der Therapie schon nach kurzer Zeit ist nicht untypisch für afghanische Patienten. Auch die Nachfrage nach *einer Stunde* ist es nicht. Einige wenige länger dauernde Therapien habe ich durchführen können, aber meist sind die Therapien eher das, was in der Scientific Community der Psychoanalytiker unter dem Namen *Kurztherapie* läuft.

Der Ehemann Vidas war von Anfang an der Meinung, dass die kleine Familie *keinen Arzt, sondern eine Wohnung brauche.* Vielen Afghanen ist es fremd, dass die inneren Bilder und Ängste meist erst verschwinden, wenn die Patienten längere Zeit der Therapie und der Stabilisierung durchleben. Afghanen sind nicht gewohnt, dass jemand nach ihrer inneren Stimme, nach ihrem inneren Raum, nach ihrer Seele fragt. Wenn all das keinen Begriff hat, weil dem keine Bedeutung beigelegt wird, sondern die Familie und damit das Kollektiv die bestimmenden Einheiten sind, nach der sich ein Individuum richtet (anders als in unserer „Gesellschaft der Singularitäten" (Andreas Reckwitz), oder, weniger kritisch, der Gesellschaft der sich zunehmend weiter individuierenden Menschen (Ulrich Beck)) gibt es diese inneren Räume nicht bzw. liegen sie im Dunkeln.

Der entscheidende Unterschied zwischen unserer und der afghanischen Kultur ist damit ein weiteres Mal deutlich geworden. Es sind die *unbewusst vermittelten und unbemerkt übernommenen Kulturstandards,* die die Individuen einer gegebenen Gesellschaft prägen und aus welchen sie nicht fliehen und sich entfernen können. Es sind weitaus strengere und viel wirkmächtigere normative Erwartungen, als die meisten auf Integration bestehenden Personen aus den Aufnahmeländern ahnen. Und dennoch: Vida fühlte sich aufgrund ihrer guten Mutterbeziehung und, psychoanalytisch gesprochen, ihrer deshalb positiven Mutterübertragung auf mich, von Beginn unserer Gespräche an gut aufgehoben. Sie konnte offen und emotional sein und sie realisierte, dass sie bei mir sagen konnte, was sie wollte, ohne dass sie dafür, wie manchmal in ihrer Unterkunft, getadelt wurde. Das ist ein Pfund, mit dem Therapeuten, falls sie sich nicht zu streng an europäisch-westliche Durchschnittsstandards klammern, wuchern können.

Nur wenn dies genügend berücksichtigt wird und die Aufklärung des gesellschaftlich Unbewussten zumindest ansatzweise im Prozess der Integration auf unterschiedlichen Ebenen ihren Platz findet, wird ein gemeinsames gutes Leben möglich sein.

Ein halbes Jahr später, als ich mich bei einer der Helferinnen des Ortes erkundigte, wie es der Familie A. und wie es insbesondere Vida gehe, hörte ich, dass sie zweimal in der Woche an ihrem Englischunterricht teilnehme und zu ihren „besten Schülerinnen" gehöre. Keine Frage, dass ich mich freute: Vida und ihre Familie, sind trotz ihrer schweren Traumatisierung ein Beispiel dafür, wie gelingende Integration und aussichtsreiche Zukunft in unserem Land aussehen kann.

Es bleibt mir zu danken: Zunächst den Afghaninnen und Afghanen, die ich kennenlernen durfte. Nicht alle kann ich mit Namen nennen, aber doch einige der wichtigsten:

Sheila Nadery, meinem langjährigen Dolmetscher Djalal Aziz und Nabil Wahedullah. Ihnen allen danke ich dafür, dass sie die vielen Fragen, die ich immer wieder gestellt habe, geduldig beantwortet haben. Ich danke ihnen für die erzählerische Einführung in die kulturellen Besonderheiten Afghanistans.

Dann habe ich der *Theorierunde* zu danken, einer Gruppe wissenschaftlich tätiger Soziologen, die sich regelmäßig einmal im Monat zur Diskussion relevanter Neuveröffentlichungen trifft. Ihnen danke ich dafür, dass sie mir mit konstruktiver Kritik und zahlreichen Hinweisen halfen.

Ich danke vielen Kollegen in der Münchner Arbeitsgemeinschaft für Psychoanalyse (MAP), die einige der Geschichten als Vortrag gehört und das Buch in der ersten Auflage gelesen haben. Insbesondere danke ich *Peter und Juliane Bründl, Manfred Endres, Hediaty Utari-Witt, Clarissa Herdeis, Dagmar Seitz und Farnaz Soulati*.

Ich danke den Verlegern des *ibidem*-Verlages *Jessica Haunschild und Christian Schön*. Insbesondere Frau Haunschild brachte meinem Anliegen, über Afghanistan und unsere neuen Mitbürger zu schreiben, von Anfang an großes Interesse entgegen. Sie warb für die Aufnahme in das Verlagsprogramm und stand mir für die Zweite Auflage des Buches mit Rat und Tat zur Seite.

Nicht zuletzt danke ich meiner großen Familie, in welcher ich früh lernen durfte, Konflikte und anders denkende Menschen zu respektieren, ohne die eigenen Auffassungen verleugnen zu müssen. In ihrem sich stetig erweiternden Kreis kann ich bis heute lebhafte Diskussionen führen und zahlreiche Anregungen empfangen.

Sieglinde Eva Tömmel

München, im August 2023

ANHANG

Texte:

1. Initiative zur Unterstützung der Aufnahme afghanischer Ortskräfte, Berlin 11.052021, Erstunterzeichner Prof. Dr. Dr. Michael Daxner, Berater des afghanischen Hochschulministers 2003-2006. https://www.zdk.de>reden-und-beitraege>detail,michael daxner, 15.05.2021

2. Die **Verfassung der Islamischen Republik Afghanistan**, übersetzt von **Gholam Djelani Davary,** Wiesbaden, unter Mitwirkung des Max-Planck-Institutes für ausländisches öffentliches Recht und Völkerrecht, Heidelberg. https://www.zaoerv.de>6 4_2004_4_a_943_978 (pdf)

3. Agreement for Bringing Peace in Afghanistan between the Islamic Emirate of Afghanistan which is not recognized by the United States as a State and is known as Taliban and the United State of America. https://www.state.gov>uploads>2020/02 (pdf)

Literatur:

Ates, Seyran, (2007) *Der Multikultirrtum, Wie wir in Deutschland besser zusammenleben können*, Berlin

Ates, Seyran (2017) *Selam, Frau Imamin, Wie ich in Berlin eine liberale Moschee gründete*, Berlin

Abdel-Samad, Hamad (2018) *Integration, Ein Protokoll des Scheiterns*, München

Abdel-Samad, Hamad (2020) *Aus Liebe zu Deutschland. Ein Warnruf*, München

Amiri, Nathalie (2022) *Afghanistan, Unbesiegter Verlierer*, Berlin

Bacon, Tricia (2019) *Is the Taliban Making a Pledge It Cannot Keep? Militant Organizations Won`t Stop Using Afghan Territory for Terrorism*, In: *Foreign Affairs*, February 21, 2019, S. 203-206

Baraki, Martin, (2002) *Islamismus und Großmachtpolitik in Afghanistan*. In: *Politik und Zeitgeschichte* 8/2002, S. 32 – 38.

Barfield, Thomas (2012, 9. Aufl.) *Afghanistan, A cultural and Political History*, New Jersey

Bauman, Zygmunt (2017) *Die Angst vor dem Anderen*, Frankfurt a.M.

Bösch, Frank (2019) *Zeitenwende 1979, Als die Welt von heute begann*, München

Bohn, Laureen (2018) *Why Afghanistan is Still the Worst Place to BE a Woman?* https://time.com, letzter Abruf am 3. September 2019

Bush, Laura (2016) *We are Afghan Women, Voices of Hope*, New York

Borovik, Artyom (1990) *The Hidden War, A Russian Journalist`s Account of the Soviet War in Afghanistan*, New York (Grove Press)

Bohleber, Werner, (2016) *Heimat, Fremdheit, Utopie*. Sonderheft Psyche, *Zeitschrift für Psychoanalyse und ihre Anwendungen*, 70. Jahrgang, Frankfurt, September/Oktober 2016

Breuer, Rita (2015) *Im Namen Allahs? Christenverfolgung im Islam*, München

Breuer, Rita (2016) *Silvester beim Zentralrat der Muslime*, In: Schwarzer, *Der Schock*, S. 77- 90.

Breuer, J. und Freud, S., (1895/1997) *Studien über Hysterie*, Frankfurt a. M.

Brechna, Habibo (2005) *Die Geschichte Afghanistans, Das historische Umfeld Afghanistans über 1500 Jahre*, Zürich

Chiari, Bernhard (Hrsg.) (2009) *Wegweiser zur Geschichte, Afghanistan, Im Auftrag des Militärgeschichtlichen Forschungsamtes*, Paderborn, München, Wien, Zürich.

Chiari, Bernhard und Magnus Pahl (2009) *Wegweiser zur Geschichte, Usbekistan, Im Auftrag des Militärgeschichtlichen Forschungsamtes*, Paderborn, München, Wien, Zürich

Daoud, Kamel (2020), *Le peintre dévorant la femme*, Paris, dtsch: *Meine Nacht im Picasso-Museum*, 2020, Köln

Der Koran (2. Auflage 2015) Übersetzt und kommentiert von Adel Theodor Koury, Gütersloh

Djan, Hassan Ali (2018) *Afghanistan. Deutschland. Ich. Meine Flucht in ein neues Leben*. Freiburg, Basel. Wien

Dobbins James and Malkasian Carter (2015), *How to Talk to the Taliban*. In: *Foreign Affairs*, America´s longest War, Two Decades in Afghanistan, July/August 2015, S. 178 -186

Dossier Foreign Affairs (2021) *America`s Longest War, Two Decades in Afghanistan. 22 Articles*, May 2021

Ehrenberg, Alain (2018), *La fatigue d'etre Sois*, Paris, dtsch: *Das erschöpfte Selbst, Depression und Gesellschaft*, Frankfurt a.M.

Eikenberry, Karl W., (2013) *The Limits of Counterinsurgency Doctrine in Afghanistan, The Other Side of the COIN*, In: *Foreign Affairs*, America`s Longest War, Two Decades in Afghanistan, September October 2013.

El-Mafaalani, A. (2018), *Das Integrationsparadox, Warum gelungene Integration zu mehr Konflikten führt*, Köln

Erdheim, Mario (1982) *Die gesellschaftliche Produktion von Unbewusstheit*, Frankfurt

Erdheim, Mario (2003) *Glück und Unglück in der Emigration*, In: *Psychosozial*, 26. Jahrgang Nr. 93, 2003, Heft III, S. 81 – 87

Fazal Tanisha M. and Kreps Sarah (2018), *The United States` perpetual War in Afghanistan, Why Long Wars No Longer Generate a Backlash at Home*, In: *Foreign Affairs*, America`s Longest War, Two Decades in Afghanistan, August 20, 2018, S. 198-201

FAZ (2022) *Iran verweigert Regierung der Taliban die Anerkennung*, 12.Januar 2022, S. 6

Farr Grant (2016) *Die Hazara*, In: *AFPAK, Grundlagen der Stammes- und Clanstrukturen*, BFA, S. 61-80.

Fukuyama, Francis (1992) *End of History*. Deutsche Übersetzung: *Das Ende der Geschichte*, 1992, Hamburg

Fukuyama, Francis (2002) *Our Posthuman Future. Consequences of the Biotechnology Revolution*, New York. Deutsche Übersetzung: *Das Ende des Menschen*, Stuttgart München 2002

Ghani, Ashraf (2021) *Afghanistan's Moment of Risk and Opportunity*, In: *Dossier Foreign Affairs*, May 4, 2021

Hamburger, Andreas, Camellia Hancheva, Vamik D. Volkan, Ed. (2021) *Social Trauma – An Interdisciplinary Textbook*, Cham, Switzerland

Hashimi, Nadja, (2014) *The Pearl that Broke its Shell*, Deutsche Übersetzung *Hinter dem Regenbogen*, 2017 Köln

Handal, Nathalie (Ed.) (2001) *The Poetry of Arab Women, A contemporary Anthology*, New York, Northampton

Herman, Rainer (2022) *Afghanistan verstehen. Geographie, Geschichte, Glaube, Gesellschaft.* München

Hirsi Ali, Ayaan (2021) *Beute, Warum muslimische Einwanderung westliche Frauenrechte bedroht*, München

Hobsbawm, Eric (1999) *Das Gesicht des 21. Jahrhunderts, Ein Gespräch mit Antonio Polito*, München, Wien.

Hosseini, Khaled (2014) *Traumsammler*, 7. Auflage November 2018, Frankfurt

Houellebecq, Michel (2015) *Soumission*, Paris, dtsch: *Die Unterwerfung*, Köln

Huntington, Samuel P. (1996) *The clash of Civilizations and the Remaking of World Order*, London

Kelek, Necla (2019) *Die unheilige Familie*, München

Kermani, Navid (2020) *Ungläubiges Staunen. Über das Christentum.* Frankfurt

Koelbl, S., Olaf Ihlau (2007) *Geliebtes dunkles Land, Menschen und Mächte in Afghanistan*, München

Koopmans, Ruud (2010) *Das verfallene Haus des Islam, Die religiösen Ursachen von Unfreiheit, Stagnation und Gewalt.* München

Koopmans, Ruud (2017) *Assimilation oder Multikulturalismus? Bedingungen gelungener Integration*, Berlin

Kostner, Sandra (Hrsg. 2019) *Identitätslinke Läuterungsagenda. Eine Debatte zu ihren Folgen für Migrationsgesellschaften*, Stuttgart

Ladurner, Ulrich (2011) *Der Afghanische Gast. Wie hat der Einsatz Deutschland verändert?* In: *Internationale Politik*, November/Dezember 2011, S. 100 -106.

Lee, Jonathan L. (2018) *Afghanistan, A History from 1260 To the Present*, Glasgow

Leuzinger-Bohleber, Marianne et al. (2016) *Frühe Elternschaft bei traumatisierten Migranten und Geflüchteten und ihre transgenerativen Folgen. Psychoanalytische Überlegungen zur Prävention.* In: *Psyche* Sonderheft 2016, Stuttgart) In Psyche, 70. Jahrgang, 2016, S. 949-976

Luft, Stefan (2017), *Die Flüchtlingskrise, Ursachen, Konflikte, Folgen*, (München)

Malkasian, Carter (2020), *How the Good War Went Bad, American`s Slow-Motion Failure in Afghanistan*, In: *Foreign Affairs, American`s Longest War* 2021, S. 2 – 14.

Malkasian, Carter (2021) *The Taliban Are Ready to Exploit America's Exit, What a U.S. Withdrawal Means for Afghanistan*, In: *Foreign Affairs, America`s Longest War*, April 14, 2021, S.213-219

Mansour, Ahmad (2018) *Klartext zur Integration, gegen falsche Toleranz und Panikmache*, Frankfurt

Mansour, Ahmad (2020) *Solidarisch sein! Gegen Rassismus, Antisemitismus und Hass*, Frankfurt

Mansour, Ahmad (erscheint September 2022) *Operation Allah, Wie der politische Islam unsere Demokratie unterwandern will*, Frankfurt

Masala, Carlo, Tömmel, Till Florian (2018) Failed state, In: *Staatslexikon, Recht. Wirtschaft. Gesellschaft in 5 Bänden*, 8. Völlig neu bearbeitete Auflage, Band 2, S. 590 bis 594, Freiburg, Basel, Wien

McKinley, P. Michael (2021) *Biden Made the Right Decision on Afghanistan. The United States Can Withdraw Without Walking Away*, In *Foreign Affairs*, April 19, 2021 S.218 – 221

Meier Mischa (2020, 2.Auflage) *Geschichte der Völkerwanderung, Europa, Asien und Afrika vom 3. bis 8.Jhdt. n. Chr.*, München

Miller, Laurel (2021) *The Myth of a Responsible Withdrawal From Afghanistan, Counterterrorism Without Counterinsurgency Is Impossible*, In: *Foreign Affairs, America's Longest War*, Two Decades in Afghanistan, January 22, 2021, S. 208 – 212

Münkler, Herfried (2004) *Die neuen Kriege*, Reinbek bei Hamburg

Münkler, Herfried (2021) *Der Abzug aus Afghanistan ist eine politische Zensur*, NZZ online Gastbeitrag vom 04.05.2021

Naipaul, V.S. (1982) *Islamische Reise; Unter Gläubigen*, Frankfurt

Nazary, Ali Maisam (2022) *What the Taliban Rally Fear, A Resistance Movement Is Growing in Afghanistan-and it Needs International Support*. In: *Foreign Affairs online* vom 19. August 2022

Nordberg, Jenny (2014) *The Underground Girls of Kabul*, New York, dtsch (2015) *Afghanistans verborgene Töchter*, Hamburg

Passarlay, Gulwali (2015) *Am Himmel kein Licht*, München

Pfahl-Traughber, Armin, *Ausgrenzen im Namen der Minderheit*, FAZ 26.04.21, S.6.

Rahimi, Atiq (2003) *Erde und Asche*, Berlin

Rahimi, Atiq (2011) *Sengue Sabour – Pierre de Patience*, Paris, dtsch: *Stein der Geduld*, Berlin

Rashid, Ahmed (2008) *Descent into Chaos*, dtsch: *Sturz ins Chaos, Afghanistan, Pakistan und die Rückkehr der Taliban*, Düsseldorf

Rashid, Ahmed (2010) *Taliban, Afghanistans Gotteskämpfer und der neue Krieg am Hindukusch*, München

Rödder, Andreas (2015) 21.0, *Eine kurze Geschichte der Gegenwart*, München

Rohde- Dachser, Christa (2003) *Expedition in den dunklen Kontinent, Weiblichkeit im Diskurs der Psychoanalyse*, Hamburg

Rohe, Mathias (2013) *Das islamische Recht, eine Einführung*, München

Sadat, Kosh and Mc Chrystal Stan (2017) *Staying the Course in Afghanistan, How to Fight the Longest War*, In: Foreign Affairs, America`s Longest War, Two Decades in Afghanistan, November/December 2017, S. 189 – 196

Samimy, Said Musa (2016), *Afghanistan, Chronik eines gescheiterten Staates*, Berlin

Schetter, Conrad, (2017 4.aktualisierte und erweiterte Ausgabe) *Kleine Geschichte Afghanistans*, München

Schetter, Conrad und Mielke, Katja (2022) *Die Taliban, Geschichte, Politik, Ideologie*, München

Schlink, Bernhard (2014 8.Auflage) *Heimat als Utopie*, Frankfurt

Schlink, Bernhard (2015) *Das Moralische versteht sich von selbst*. In: *Erkundungen zu Geschichte, Moral, Recht und Glauben*, Zürich

Schmeidl, Susanne (2019) *Vier Jahrzehnte afghanische Flucht und Vertreibung*; www.bpb.de,gesellschaft/migration/länderprofile, 10.1.2019

Shahalimi, Nahid (2017) *Wo Mut die Seele trägt, Wir Frauen in Afghanistan*, München

Schwarzer, Alice (Hrsg.) (2010) *Die große Verschleierung. Für Integration, gegen Islamismus*. Köln

Schwarzer, Alice (Hrsg.) (2016) *Der Schock, Die Silvesternacht in Köln*, Köln

Sorokin, Vladimir, (2009) *Der Tag des Opritschniks*, München

Steinberg, Guido (2014) *Al-Qaidas deutsche Kämpfer, Die Globalisierung des islamistischen Terrors*, Hamburg

Tibi, Bassam (2002) *Europa ohne Identität? Leitkultur oder Wertebeliebigkeit*, München

Tibi, Bassam (2003) *Im Schatten Allahs, Der Islam und die Menschenrechte*, Düsseldorf

Tibi, Bassam (2017) *Islamische Geschichte und Deutsche Islamwissenschaft, Islamologie und die Orientalismus Debatte*, Stuttgart

Tibi, Bassam (2018) *Islamische Zuwanderung und ihre Folgen. Der neue Antisemitismus, Sicherheit und die „neuen Deutschen"*, Stuttgart

Tömmel, Sieglinde Eva (1985) *Die Evolution der Psychoanalyse, Beitrag zu einer evolutionären Wissenschaftssoziologie*, Frankfurt, New York

Tömmel, Sieglinde Eva (2001) *Containing und Kreativität, zu einem Gemälde von Pablo Picasso: Claude dessinant, Francoise et Paloma, Vallauris 1954*, In: Schlösser/Gerlach (Hrsg.) Gießen, S. 251 – 277

Tömmel, Sieglinde Eva (2005) *Flucht von Ost nach West, ein deutsch-deutsches Migrationsschicksal*. In: Bründl/Kogan (Hrsg.) *Kindheit jenseits von Trauma und Fremdheit, Psychoanalytische Erkundungen von Migrationsschicksalen im Kindes- und Jugendalter*, Frankfurt a.M.

Tömmel, Sieglinde Eva (2007) *Die westliche Welt und der Islam, Psychoanalyse und Kulturtheorie*, In: Ermann, *Was Freud noch nicht wusste*, Frankfurt a. M.

Tömmel, Sieglinde Eva (2007) *Flight and Fear in Afghanistan, A Case History and a Film At five in the Afternoon by Amira Makhmalbaf* (2003, 102 minutes), Unpublished Lecture EFPP Conference Kopenhagen, May 2007

Tömmel, Sieglinde Eva (2010) *Culture-oriented psychoanalysis: On taking cultural background into account in the therapy of migrants*, In: Schlösser/ Gerlach, Ed., *Crossing Borders-Integrating differences*, (London)

Tömmel, Sieglinde Eva (2012) *Kulturorientierte Psychoanalyse, Welche Rolle spielt die Berücksichtigung der kulturellen Herkunft bei der Behandlung von Migranten?* (Überarbeitete Übersetzung von s.o.) In: Schlösser/Gerlach (Hrsg.) *Grenzen überschreiten-Unterschiede integrieren*, Gießen

Tömmel, Sieglinde Eva (2016) Rezension in *Psyche*, Zeitschrift für Psychoanalyse und ihre Anwendungen, Sonderheft *Heimat, Fremdheit, Migration*, September/Oktober 2016, zu Utari-Witt, H. und Kogan, I., *Unterwegs in der Fremde, Psychoanalytische Erkundungen zur Migration*, Klett Cotta (Stuttgart).

United States, Department of State, 29. Februar 2020, abgerufen am 12.04.2022, *Agreement for Bringing Peace to Afghanistan between the Islamic Emirate of Afghanistan which is not recognized by the United States as a state and is known as the Taliban and the United States of America.*

Utari-Witt, Hediaty, Kogan, Ilany, (2016) *Unterwegs in der Fremde, Psychoanalytische Erkundungen zur Migration*, Stuttgart

Volkan, Vamik D. (1999) *Das Versagen der Diplomatie, Zur Psychoanalyse nationaler, ethnischer und religiöser Konflikte*, 3. Auflage 2003, Gießen

Volkan, Vamik D. (2017) *Immigrants and Refugees, Trauma, Perennial Mourning, Prejudice, and Border Psychology*, London, New York

Weber, Max (2019) *Politik als Beruf*, Vortrag nach der Erstausgabe in: *Geistige Arbeit als Beruf*; neu herausgegeben 2014. Köln

Winkler, Heinrich August (2019) *Werte und Mächte, Eine Geschichte der westlichen Welt*, München Köln

Willemsen, Roger (2007) *Eine Afghanische Reise*, Frankfurt am Main

Williams, Daniel (2017) *Christen des Nahen Ostens, verfolgt und vergessen*, Berlin, München

Wolffsohn, Michael (2020) *Tacheles, Im Kampf um die Fakten in Geschichte und Politik*

Wolffsohn, Michael (2015) *Zum Weltfrieden, Ein politischer Entwurf*, München